"十三五"江苏省高等学校重点教材 编号：2020-2-147
高职高专经济管理专业"十四五"规划精品教材

创业管理财税通

主　编　袁　亮　王　琳
副主编　陈俊金　王金龙

华中科技大学出版社
http://www.hustp.com
中国·武汉

图书在版编目(CIP)数据

创业管理财税通/袁亮,王琳主编. —武汉:华中科技大学出版社,2021.8(2024.8 重印)
ISBN 978-7-5680-7177-2

Ⅰ.①创… Ⅱ.①袁… ②王… Ⅲ.①企业管理-税收管理-中国 Ⅳ.①F812.423

中国版本图书馆 CIP 数据核字(2021)第 162205 号

创业管理财税通　　　　　　　　　　　　　　　　　　　袁亮　王琳　主编
Chuangye Guanli Caishuitong

策划编辑：聂亚文	
责任编辑：白　慧	
封面设计：抱　子	
责任监印：朱　玢	

出版发行：华中科技大学出版社（中国·武汉）　　　电话：(027)81321913
　　　　　武汉市东湖新技术开发区华工科技园　　　邮编：430223

录　　排：华中科技大学惠友文印中心
印　　刷：武汉市籍缘印刷厂
开　　本：787mm×1092mm　1/16
印　　张：15.75
字　　数：363千字
版　　次：2024年8月第1版第3次印刷
定　　价：48.00元

本书若有印装质量问题，请向出版社营销中心调换
全国免费服务热线：400-6679-118　竭诚为您服务
版权所有　侵权必究

前言
PREFACE

全国大力推进创新创业教育，学生创业热情高涨，创业团队初具规模，然而团队中缺乏财税人才，普遍存在财务意识薄弱的现象，如没有合理利用融资筹资渠道，缺乏合理的资金使用计划，成本管理意识薄弱，缺乏税收筹划的整体意识等。学生迫切需要将专业知识与创新创业相结合，教师迫切需要相关的教材进行授课与指导。但目前的财税专业知识类教材与创新创业类教材并没有实现有效的融合。

本教材作为"专创融合"教材，既能够使学生掌握开展创业活动所需要的基本财税知识，具备必要的财税管理能力，提高创办和管理企业的综合素质和能力，又能够使学生树立科学的创业观，正确理解创业与职业生涯发展的关系，自觉遵循创业规律，积极投身创业实践。

教材的编写主要采用成果导向教育（OBE）理念进行设计。通过聚焦成果（创新创业），再构建课程体系（创业过程中涉及的财税金融知识），从而确定教学策略。教材整体布局分为创业准备、创业财税、创业拓展三大模块。

第一，创业准备模块，引出创业方式与创办企业的准备工作，学生模拟创办企业贯穿于整个教学实践过程中。

第二，创业财税模块，涉及创业过程中的财、税、金融、风险等知识，具体包含：

钱要怎么融（创业投融资）；

钱要怎么赚（初创企业的商业模式）；

钱要怎么管（初创企业的财务管理方案）；

钱要怎么省（企业的税收筹划）；

钱要怎么报（企业纳税申报）；

钱要怎么收（应收账款的管理）；

钱要怎么保（创业风险防范）；

如何看懂财务报表（识别财务舞弊）。

第三，创业拓展模块，通过介绍区块链、数字货币、数字票据和跨境支付结算等新兴科技和创业新方式，引发学生对创业新形势的思考。

本教材的主要特色如下：

（1）专创融合教材。

目前市面上已有的相关教材，主要分为两类。一类为涉及财会类专业知识的会计类、金融类教材，另一类为创新创业类教材。目前两类教材之间的融合度较差。本教程将专业知识与双创教育进行有机结合，作为专创融合教材，弥补了现阶段此类教材的空白。

(2)教材内容的分解与重构。

创业过程中涉及方方面面的知识,本教材主要针对创业涉及的财税、金融知识进行项目化、案例化教学。打破传统的理论知识讲解,以模拟创办企业为主线,贯穿整个教材。模拟创办企业进行的前期准备工作,创办企业中的钱要怎么融、怎么赚、怎么管、怎么省、怎么报、怎么收、怎么保等项目,每个项目都有相关案例分析和模拟创办企业汇报的要求。通过财、税、金融等专业理论知识的讲解,融合创新创业意识培养,模拟公司成立和运营,实现"三全三融"人才培养模式。同时在课程中注重立德树人,培养学生知法守法、合规经营的意识,以及金融风险防范意识。

(3)线上资源与线下纸质教材的结合。

"创业财税通"课程已经在中国大学MOOC爱课程平台上线。本教材结合省级在线开放课程设计及成果,充分发挥纸介质教材体系完整、数字化资源呈现多样和服务个性化等特点,运用二维码技术,将在线平台的视频资源嵌入纸质教材,建立纸质教材和数字化资源的有机联系,并实现课程资源与教材同步更新与升级。

本书由扬州工业职业技术学院袁亮、王琳任主编,扬州工业职业技术学院陈俊金、无锡商业职业技术学院王金龙任副主编,扬州工业职业技术学院陈霏霏、苏运柱、田泽穗、陈晨、巫昊旻、王泉、姜雨丝、施逸文,扬州市职业大学左俏等参与了编写。

在本书的编写过程中,我们参阅了大量的国内外相关教材及电子资料,在此向相关作者致以诚挚的谢意!由于编者学识水平和能力有限,书中难免存在疏漏之处,敬请广大读者批评指正。

编者

目录
CONTENTS

项目一　创业准备：创业之行始于足下 1
　准备之一：慎思方明辨，创业动机与机会 2
　准备之二：独木不成林，创业团队的组建 7
　准备之三：资源定格局，企业资源整合 12
　准备之四：谋定而后动，企业创办流程 17

项目二　钱要怎么融——创业投融资 27
　融资之一：认识创业融资 28
　融资之二：创业融资渠道 32
　融资之三：投融资合作——尽职调查 34
　融资之四：大学生创业融资问题 37

项目三　钱要怎么赚——小公司的商业模式 41
　赚钱之一：认识商业模式 42
　赚钱之二：商业模式画布 45
　赚钱之三：创业的模式选择 48
　赚钱之四："互联网＋"商业模式 54

项目四　钱要怎么管——管钱的机构、原则和方法 65
　管钱之一：机构——会计机构与代理记账 66
　管钱之二：原则——货币时间价值 69
　管钱之三：流程——财务报销及发票 77
　管钱之四：前奏——企业计划与预算 82
　管钱之五：方法——成本控制 91

项目五　钱要怎么省——税收筹划 95
　省钱之一：企业税收认知 97
　省钱之二：增值税及税收筹划 104
　省钱之三：消费税及税收筹划 112
　省钱之四：企业所得税及税收筹划 117

项目六　钱要怎么报——纳税申报 127
　报税之一：纳税申报概述 128
　报税之二：增值税纳税申报 131
　报税之三：消费税纳税申报 134

报税之四：企业所得税纳税申报……………………………………… 136
项目七 钱要怎么收——应收账款的管理 …………………………… 137
收钱之一：应收账款概述……………………………………………… 138
收钱之二：应收账款的管理…………………………………………… 140
收钱之三：应收账款信用管理………………………………………… 144
项目八 钱要怎么保——创业风险防范 ……………………………… 153
保钱之一：创业风险及防范概述……………………………………… 155
保钱之二：创业财务风险……………………………………………… 160
保钱之三：创业营销风险……………………………………………… 164
保钱之四：创业技术风险……………………………………………… 172
保钱之五：创业法律风险……………………………………………… 173
项目九 如何看懂财务报表 …………………………………………… 177
报表之一：财务报表概述……………………………………………… 178
报表之二：资产负债表………………………………………………… 183
报表之三：利润表……………………………………………………… 191
报表之四：现金流量表………………………………………………… 197
项目十 创业拓展：创业新形势 ……………………………………… 207
拓展之一：区块链的认知……………………………………………… 208
拓展之二：数字货币…………………………………………………… 216
拓展之三：数字票据…………………………………………………… 223
拓展之四：跨境支付结算……………………………………………… 230
附录 A …………………………………………………………………… 237
参考文献 ………………………………………………………………… 246

项目一
创业准备：
创业之行始于足下

CHUANGYE GUANLI
CAISHUITONG

创业里程开始了

创办企业

欢迎同学们来到"创业管理财税通"。本课程将带领同学们共同学习创业过程中会涉及的财务、税务、金融等知识。创业之行始于足下,这一项目重点介绍目前开展较多的大学生创业项目,梳理了创业的类型和过程。当决定创业后,创业者该成立什么样的企业呢?企业成立又会涉及哪些方面的事项呢?本项目将一一为同学们解答。

教学目标及要求

1. 知识目标:认识创业过程,了解创业动机的产生,掌握各种创业组织形式的建立程序与要求,了解新企业的创办流程。

2. 能力目标:能够识别创业机会、整合资源,选择最适合自己的创业类型,并掌握企业注册流程及需要准备的材料。

3. 素质目标:激发创业热情,积极识别创业机会。

准备之一:慎思方明辨,创业动机与机会

互联网的高速发展,催生了大量的新兴行业和创业机遇,越来越多的大学生选择了创业。当然,创业并非易事,有成功亦有失败。

一、创业动机

创业动机是什么

1. 创业动机的概念

创业动机是创业者在自身意识和外在环境的影响下,能够激发、维持和引导创业行为,实现创业目标的一种内在驱动力。驱使人们创业的动机有很多,如挑战自己的能力、能够自由地工作、利用自己的工作经验、做自己感兴趣的事、品尝经营事业的乐趣、为社会多做贡献、找不到合适的工作等。

思考:驱使你创业的动机是什么?

2. 创业动机的分类

创业动机主要分为生存型动机、机会型动机和混合型动机。

1)生存型动机

生存型动机一般是因追求财务绩效和个人财富而产生的创业动机,创业者在生存型动机的驱动下,关注的是如何用最少的成本获取最大的利润。这一类创业者在企业的经营上相对保守,倾向于规避风险,注重打造良好的经营环境,通常把"金钱"和"利

润"作为首要考虑的问题。生存型创业者最初并不倾向于创业,而是倾向于就业,其最初的希望是找到满意的工作来实现自己的理想,而不是自主创业,由于就业不如意,才被迫转向创业。生存型创业者往往缺乏创业的信心,对创业成功的把握不大。

2) 机会型动机

机会型动机是以实现个人理想、体现个人价值为目的的。这一类创业者能抓住市场机会进行创业,自我意识强,创业的动机不仅仅是填饱肚子,而是将创业作为自己的追求和理想。在决定创业之前,他们已经做好了自主奋斗的准备。机会型创业者更倾向于利用市场机会,对创业充满信心,他们积极进取,树立良好的企业形象,竭力获得社会的认可。

3) 混合型动机

混合型动机是由生存型动机和机会型动机交织形成的动机。个体的动机是复杂的,往往由多种基本需求共同决定,因此混合型动机更具普遍性。现实中的大学生,其需求是多样的,既有生存的需求,又有发展的需求,这构成了大学生创业的混合型动机。

3. 产生创业动机的驱动因素

创业者产生创业的动机受到诸多因素的影响,如成就需要、个人性格、冒险意识、政策法规、创业能力、创业教育等。这些因素可以分为直接驱动因素和间接驱动因素两大类。

1) 直接驱动因素

产生创业动机的直接驱动因素主要是指创业者内心对创业的内在需求,它直接影响着创业动机的形成。这种创业的内在驱动力与不同个体的性格特征及价值观念有着密切的联系。直接驱动因素包括自我实现的需要、成就需要和履行社会责任的需要。

(1) 自我实现的需要。大学生对自我控制和独立自主有着强烈的渴望,已逐步树立起自己的人生追求,有很多的梦想和计划,总希望寻找机会去实现。大学生对创业有着浓厚的兴趣,愿意冒险,希望通过创业的方式实现自己的理想,发挥自己的才能,体现自己的价值。在这种自我实现的期望的驱动下,大学生认为自己有能力创业,从而产生创业的动机。

(2) 成就需要。创业成功会带给创业者一种深切的成就感、一种极度强烈的幸福感,会让创业者觉得创业的过程是有价值的。创业成就的需要影响着创业者的创业动机、行为方式和管理模式,能够激励创业者在创业实践中发挥最大的潜能,积极应对创业过程中的困难。成就需要强的人对工作和学习都非常积极主动,能够约束自己的行为,充分把握时间,做事效率非常高,容易取得优异的绩效和创造较高的社会价值。大学生的成就需要一旦被激发,就会产生为实现目标而克服困难、执着追求的高度热情和强劲动力,从而形成追求成功的动机,并为此积极努力。因此,成就需要是产生创业动机的必备条件,它能够激励人们奋发向上、勇往直前。

(3) 履行社会责任的需要。大学生作为一名社会公民,有履行社会责任的义务。大学生属于高级知识分子,受过多年的正规教育,肩负着社会寄予的厚望,应当为社会做出应有的贡献。有的大学生懂得承担社会责任和义务,认识到创业不只是为了赚

提示:社会责任远非一项成本,履行社会责任是推动企业健康和持续发展的重要因素。

钱,更是要为社会多做贡献。此外,履行企业社会责任,践行个人价值观,以实现企业经济、社会综合价值最大化为目标,关爱那些需要帮助的弱者,在服务社会、助人为乐中履行社会责任,能够体现个人的自我价值。因此,履行社会责任是一种高层次的创业动机驱动因素。

2)间接驱动因素

产生创业动机的间接驱动因素主要是指推动创业者实施创业的外在环境因素,包括创业政策、实例激励、就业压力、职业现状等。

(1)创业政策。政府鼓励和扶持大学生创业的政策对大学生创业的意愿能够产生积极的影响。我国教育部、各地方政府、各高校自1998年起大力倡导大学生创业,陆续出台了许多支持政策。现在的大学生创业者获得政府扶持的机会大大增加,因此越来越多的大学生愿意选择创业。

(2)实例激励。创业成功的典型实例能够从外部间接地激发大学生的创业动机。创业成功的实例会给大学生提供创业的良好示范,能够激励大学生像他们一样成就自己的一番事业。

(3)就业压力。当今社会,大学生就业形势逐年严峻,随着大量的大学毕业生涌向人才市场,必然有一些人暂时找不到工作或短时间内找不到合适的工作。在这种就业困难的情况下,有些大学生便会改变就业观念,选择自主创业的道路。

(4)职业现状。对职业现状的不满也会促使从业人员选择自主创业。一些自我意识很强的毕业生,在一些单位会因制度的约束,无法按照自己的想法做事,从而选择自主创业,获得一个能够让自己充分发挥能力的空间,实现自我价值,得到社会的认可。

值得注意的是,创业者在自我内在需要的能动作用下,会将其与外在影响因素结合起来,对创业的可能性做出分析,形成切实可行的目标,进而产生创业的动机。现代动机形成理论认为,只有个体将自身的内在动力与外在诱因进行有机结合,动机才得以形成和维持。因此,大学生创业动机的形成往往是内在需要(如自我实现的需要、成就需要等)和外在诱因(如创业政策、实例激励等)有机结合的结果。

二、创业相关政策

大学生创业依赖于国家的有关政策,大学生创业者应了解这些政策,并在创业过程中加以充分利用。目前,中国已出台了一系列支持大学生创业的政策,鼓励性创业政策主要体现在工商注册、融资、税收、创业教育、人事与培训等方面。

1. 工商注册方面的政策

1)市场准入政策

政府放宽了大学生创业的市场准入条件,如取消户籍限制、免收相关费用、降低创业注册资金要求、提供创业基地等。

2)注册登记手续

从企业注册登记方面来看,政府为大学毕业生开启的创业"绿色通道"精简了工商注册的审批环节,在一定程度上突出了大学生创业的便利性。大学生可以优先办理登记注册手续,在办理自主创业的有关手续时,除带齐规定的材料、提出有关申请外,只

> 提示:中国构建的大学生创业支持政策体系越来越全面,把握好这些政策和法规的走向,对大学生的自主创业活动会起到事半功倍的作用。

需带上大学毕业生就业推荐表、毕业证书等有关资料,即可享受相关的优惠政策。

2. 融资方面的政策

创业初期,资金是很重要的,它是决定创业者是否有创业能力的一个条件。大学生创业之初,企业很难获得利润,因此资金周转会特别紧张。为此,中央和各地方政府加大了金融扶持力度,主要从设立创业基金和金融贷款这两个方面进行扶持,帮助大学生创业。

1)创业基金

创业基金是当今世界上广泛流行的一种新型投资机构,目前我国常见的创业基金有中国青年创业就业基金和大学生自主创业基金。

(1)中国青年创业就业基金。中国青年创业就业基金会是管理型、宏观控制型机构,主要功能是向社会广泛募集资金,通过资金扶持、培训服务、信息服务、政策协调和社会倡导,帮助青年创业就业。该基金会的发起人和业务主管单位为共青团中央,旨在为青年创业就业提供资金扶持。

(2)大学生自主创业基金。大学生自主创业基金主要用于扶持大学生的创业项目,基金会专门组织专业评估专家和机构对创业项目进行认定,然后由相关金融机构对相应的创业项目给予资金支持。

2)金融贷款

各大金融机构在金融贷款方面的优惠更全面。对大学毕业生的贷款申请,提供优先贷款支持、适当发放信用贷款、简化贷款手续、利率优惠等,还增加了小额贷款服务。

3. 税收优惠政策

为了减轻大学生创业的税收负担,国家制定了大学生创业税收优惠政策,规定如下:

(1)凡高校毕业生从事个体经营的,自当地工商部门批准其经营之日起1年内免交税务登记证工本费。

(2)新成立的城镇劳动就业服务企业(国家限制的行业除外),当年安置待业人员(含已办理失业登记的高校毕业生)超过企业从业人员总数60%的,经相关主管税务机关批准,可免纳所得税3年。

(3)劳动就业服务企业免税期满后,当年新安置待业人员占企业原从业人员总数30%以上的,经相关主管税务机关批准,可减半缴纳所得税2年。

此外,大学毕业生创办不同的行业还可以享有不同的税收优惠:

(1)新办咨询业、信息业、技术服务业的企业或经营单位,提交申请经税务部门批准后免征企业所得税2年。

(2)新办从事交通运输、邮电通信的企业或经营单位,提交申请经税务部门批准后第1年免征企业所得税,第2年减半征收企业所得税。

(3)新办从事公用事业、商业、物资业、对外贸易业、旅游业、物流业、仓储业、居民服务业、饮食业、教育文化事业、卫生事业的企业或经营单位,提交申请经税务部门批准后,免征企业所得税1年。

4. 人事与培训政策

各地劳动保障部门和人才服务中心针对大学生创业者陆续推出了员工招聘和培

训方面的减免费优惠、人事档案管理费用减免、社会保险参保有单独渠道等优惠政策，从细节处支持大学生创业。

 案例讨论

小红书创始人兼CEO毛文超的创业史

毛文超，"海外购物红宝书"小红书的创始人兼CEO。2003年，他离开家乡武汉，考入上海交通大学，学的是机械电子，2007年毕业在即，他同时拿到麦肯锡和贝恩咨询的实习机会，最后留在了贝恩咨询。两年之后，他加入一家私募基金公司，开始从事投资工作。2011年，在工作4年之后，他拿到斯坦福大学MBA的offer，去他口中的"农场"加利福尼亚待了两年。2013年，他回到上海，顺利拿到真格基金等天使投资的启动资金，就此创立小红书，希望帮助大家聪明购物、精致生活。总之，一切顺风顺水。

毛文超曾说过，曾经与他一起上课的一个旁听生，不到半年就回来给他们上课，因为这个人创办的公司估值已经达到30亿美元，还一度被脸书创始人扎克伯格看中，扎克伯格想出8000万美元收购，但是被他拒绝了。在这样的耳濡目染下，毛文超内心创业的火苗被点燃了："创新、冒险、创业，这一切离你真的很近很近。"

2012年，属于毛文超的机会来了。这年夏天，腾讯资助了一个暑期创业夏令营，毛文超参加了这次活动，并凭借Orange Par项目赢得了到腾讯总部和高管们交流的机会。通过这一次经历，他意识到，现在回到国内创业的时机可能是最好的。在这个夏令营活动中，他还结识了"微信之父"张小龙（当时微信正以10个月5000万用户的速度横扫整个中国大陆）。

毛文超猛然意识到，创业的春天来了。就这样，毛文超拉来了大学校友瞿芳，走上了创业之路。在创业方向上，他选择了海外购物作为突破口，因为他喜欢旅游。大多数人都知道，中国人富了以后，花在旅游方面的钱越来越多。结果就是每到"五一""十一"等节假日期间，黄山、泰山、九寨沟等地全是人，结果就是短短四五年之后，伦敦、东京、纽约等地也全是中国人。仅仅2012年一年，中国人在海外的消费就超过了1000亿美元。

听说毛文超要创业，对斯坦福情有独钟的徐小平马上送来第一笔投资。随后，金沙江创业投资基金也挤了进来。于是，2013年，毛文超在上海创办了小红书。当时，在电子商务领域，淘宝、京东、聚美优品已经形成三足鼎立之势，优势无法撼动，而跨境电子商务方兴未艾。

 模拟实战

1. 小红书是如何"红"起来的？毛文超选择了怎样的创业模式？
2. 从毛文超的身上可以看出，创业者需要具备哪些条件？

准备之二：独木不成林，创业团队的组建

在市场竞争中，企业保持强大的生命力与竞争力的根源不在于某个创业者个人能力的卓越，而在于创业团队整体"合力"的强大。富有创业精神和创业动力的团队，能够不断地探寻创业机会、获取创业资源，从而更好地实施创业计划。因此，组建创业团队是创业的关键环节。

一、创业团队的概念

创业团队是指有着共同目标的两个或两个以上的个体形成的，为一起从事创业活动而建立的一个新的团队。随着行业竞争的日趋激烈，许多创业者想到了利用团队合作的力量，团队创业已成为一种普遍现象，尤其是在高新技术行业，出现了一大批由创业团队创建的企业。

二、个人创业与团队创业

企业不仅可以由一个创业者创立，还可以由创业团队共同创办。不论是个人创业者还是创业团队的成员，都被看作企业的始创者。个人创业与团队创业是两种不同的创业方式，其主要区别如下。

1. 人数方面

个人创业即创业者只有一个人，所创建企业的运营管理仅仅依赖创业者个人的智慧和力量；创业团队至少有两个成员，团队成员共同合作、创立事业。创业团队与个人创业者相比，更能够为新企业的创建提供多方位、有价值的资源，包括经济、社会和人力资本等方面，可以为新企业的生存和发展打下重要基础。

2. 能力方面

个人的能力有限，因此个人创业在某些情况下会显得很无力；而团队成员之间能够互相弥补各自能力的不足，发挥"1+1>2"的优势。一个优秀的创业团队能够汇集集体的智慧和力量，解决棘手的问题，避免错误的发生，使企业得以快速成长。

3. 配合方面

个人创业者一般是完全按照自己的意愿行动，独自面对创业的困难和风险的；而创业团队致力于共同的创业目标，团队成员必须从集体利益出发，互相配合，共同克服创业困难。

4. 所有权方面

个体创业者创立的企业，其所有权属于个人所有；创业团队建立的企业，其所有权归全体成员所有，团队成员在企业创建之初就拥有股权利益。

5. 决策的制定方面

个人创业者依据自己的判断亲自做出企业决策；创业团队的每个成员对公司的战

提示：个人创业和团队创业各有优势，需要根据实际情况进行选择。

略选择都拥有参与的权利,能够对企业产生直接的影响和作用。

6. 创业成功率方面

团队创业的成功率往往高于个人创业的成功率,这是因为团队成员的差异化为创业团队带来了多元化的技能、经验、社会资源等,提升了创业的绩效。

三、创业团队的组建方式

创业团队的组建方式一般有两种:第一种方式是先由单个人形成创业设想再组建创业团队,即领队创业;第二种方式是先组建创业团队再选择创业项目,即小组创业。

1. 领队创业

思考:你组建的创业团队,属于领队创业还是小组创业?

领队创业是指一个创业者产生了创意或有了想创业的念头后,由其发出倡议组建一支创业团队并作为团队的核心领导者。因为单个创业者拥有的资源是非常有限的,而实际创业中需要各种各样的资源,这时核心领导者必须寻找能够带来他所缺乏的资源的合作者。创业团队的核心领导者应该是一个全能的人才,能够对创业过程中可能出现的问题做出决策判断,使团队的决策程序简化、决策效率提高。

2. 小组创业

小组创业是指几个人在一起组成创业团队,大家共同研究,从多种创业设想中找出合适的创业机会,进而共同创业。在创业团队中,各成员可根据各自的专业特长和能力优势进行职责分工,团队中没有十分明确的核心领导者,各成员之间以协作为主,相互支持。这种创业方式下,应该由全体成员推选出一名领袖,围绕该核心领袖形成一股合力,避免团队松散、效率低下的状况。

四、组建创业团队的注意事项

配置合理的创业团队能有效地解决人力和资金等方面的问题,对于创业成效有着非常重要的影响。在组建创业团队的过程中应注意以下几个方面。

1. 保持团队成员的异质性

思考:你的创业团队是否具有异质性?

同构型创业团队的成员在年龄、性别、受教育水平、专业知识技能、职业能力等方面很相近,成员间的冲突相对较少。但有时高度的同质性很难满足创业时的多方位需求,例如,纯粹由技术人员组成的公司容易形成以技术为主、产品为导向的情况,从而使产品研发与市场销售脱节;全部由市场销售人员组成的创业团队则缺乏对技术的把握。

优势互补的团队能充分发挥组织的最大潜能。在团队成员的配置上,创业者应注意个人性格与看问题角度的不同,一般而言,如果团队里总有能提出有建设性、可行性建议的成员和不断发现问题的批判性成员,对创业的成功将是大有裨益的。但是,团队成员之间的差异性也不能太大。否则在项目的理解和执行上会有很大的困难。创业者应从对项目的理解能力、表达能力、执行能力、社会资源能力、思维创新能力等方面进行考虑,让团队成员之间实现优势互补。

因此,大学生应该组建一支具有异质性的创业团队,尽量保持团队的多元化,吸收不同专业、不同性格、不同年龄的成员加入。但要注意的是,大学生创业者应在创业中坚持和倡导相互学习、相互协作、相互包容,否则容易因异质性而产生矛盾。

2. 保证团队结构的完整性

团队结构的完整性是指团队结构在职能上的完整。在创业团队成员的选择上,创业者必须注意个人的专业知识结构,要求成员尽可能地具有不同的专业知识,能够胜任不同的工作岗位,这样才能形成一个结构完整的团队。一般来说,完整的创业团队至少应包括以下 6 种角色。

1) 团队的领导者

由多人组成的创业团队中应当有一个能够让别人尊敬和信赖的领袖人物,以便统一团队成员不同的意见、协调团队成员的工作步伐。团队领导者应具备较强的策划能力,能够全面而周到地分析问题,把握企业所面临的机遇与风险,考虑投资、收益的来源并预期收益;有独到的战略眼光与识别能力,能够决定企业未来的发展方向,是企业战略的决策者;具有个人魅力,可以把成员团结起来,具有感召力,使被领导者心甘情愿地为实现既定目标努力而奋斗;具备担当精神,面对困难敢于承担责任,并善于解决问题,能够履行自己应尽的义务。

2) 高端技术人才

企业要想在市场中占据一席之地,就必须不断推出新颖的产品或服务,而全新产品或服务的开发必须依靠先进的技术。企业离不开技术,这意味着企业需要拥有高水平的技术人才。尤其是在高科技企业中,具备高端技术知识的人才能够引领企业的技术进步。作为技术革新的主体,高端技术人才掌握了较高的专业研发技能,拥有较高的人力资本存量,决定着高新技术企业在同行中的优势地位。

3) 专业资深人士

专业资深人士一般具有多年的某行业工作经历,是某个行业的专家,对该行业的发展历程有着非常深入的了解,并始终不渝地投身于行业建设,在行业的大舞台上发挥着自己的聪明才智。创业团队最好邀请具有丰富经验、真正了解行业的专业资深人士加盟,因为他们懂得一个特定的行业需要的是什么,从而能够提出专门的、有价值的建议,提升企业的整体能力。

4) 市场销售人才

市场销售人才是那些懂得如何把产品卖给客户的人,他们直接与市场打交道,贯彻企业的销售决策,保证各种产品销售顺畅,在市场中获胜。市场销售人才应熟练掌握销售工作的每一个环节,主要负责市场的开发和现有客户的维护工作,具有较高的营销能力,能够顺利完成企业制订的销售计划,并对外树立和宣传企业的良好形象。

5) 计划执行者

创业团队需要执行能力较强的成员,使工作任务能够保质保量地完成。团队中如果没有可靠的执行者,工作就不会得到切实地执行或者执行不到位,企业的工作计划就会落空,既定的工作目标便无法实现。

6) 会计核算人才

企业是一个以营利为目的的经济主体,这必然要求创业团队中有一位成员全面负责企业的财务会计工作,分析和检查企业的财务收支状况与预算的实施情况,审核企业的原始单据,办理日常的会计业务。

以上是一般情况下创业团队所要具备的角色。但应当注意的是，在团队组建之初，并不需要全部配备以上各方面的成员。必要时，一个或多个成员去学习团队所欠缺的某种技能，也能充分发挥团队潜能。

思考：你的创业团队具有几种角色？

3. 增进团队运作的高效性

组建一支技术过硬、追求质量、工作效率高的队伍能够将人力资源优势转变为企业的竞争优势，在企业启动及运营的一系列活动过程中发挥重大作用。这样的团队能够朝着同一目标，高效率地完成工作，减少团队运营中的一系列问题，从而大大提升企业的绩效。因此，创业者应以战略的眼光寻找创业伙伴，吸收优秀的团队成员，以保证企业能够长期生存和可持续发展。

五、创业团队的管理

创业者不仅要组建高效的创业团队，还要懂得管理团队，把团队成员团结在一起，实现团队的高效运作。

1. 加强团队的沟通

沟通是一种在传递信息的基础上进行一定的情感交流的活动。良好的沟通能力是高效率团队必备的要素之一。在团队内部实现有效的信息共享与情感交流可以增强成员对团队的责任感，直接影响团队成员的行为，还会和其他因素相互作用，对团队产生影响，提升团队的工作绩效。

2. 明确团队的发展目标

创业团队是一种为了实现共同目标而一起工作的群体。个人目标与团队目标是密切联系、不可分离的。团队管理者应通过团队目标的制定让团队成员明确工作的意义，让团队成员有清晰的行动方向，增强其对目标的认同感。团队成员只有根据团队的总体目标才能确定自己的个人目标，提高自己对创业活动实施过程的参与程度。总目标与分目标可以作为一定时期内对成员工作完成情况进行考核和评价的依据，成为衡量团队绩效、个人贡献的标准。

3. 开展团队培训

加强团队建设，提升团队成员的工作水平，提高团队成员的综合素质，是企业发展和企业建设的客观要求。团队培训是提高团队成员综合素质的重要方法，加强团队培训有利于提升团队的凝聚力和战斗力，推进企业跨越式发展。在团队培训中，创业者应注意团队成长与个人成长的关系，不断采用创新的培训方法，打造一支力量强大的创业团队，为企业的发展提供智力支持和技术支持。

4. 实施团队激励

要建立一支积极向上的团队，激励是必需的。激励政策有利于团队的发展，对有突出成绩的团队带头人和团队成员给予相应的支持与鼓励，能够营造一种良好的竞争环境。不同的员工有着不同的需求，即使是同一个员工，在不同的时期也会有不同的需求。因此，激励的方式应该多样化，可以是物质激励，也可以是精神激励。

 案例讨论

"饿了么"创办之路

"饿了么"是我国成立较早的一家外卖平台,由张旭豪、康嘉等人在上海创办。

萌芽期

2008年,张旭豪和康嘉还在上海交通大学读研究生。三月份的一天,他们在宿舍里玩电子游戏"实况足球",感觉肚子饿了就点外卖。他们当时觉得外卖真是个好生意,聊了半宿很兴奋,就决定在这个领域创业。

他们执行力很强,很快就做起了外卖生意。一开始就是把几家餐厅的外卖业务包下来,网站也没有,自己印传单出去发,然后搞一个小型的呼叫中心,聘两三个女孩子接电话,再有个配送的团队。他们还经常亲自去送外卖。

因为他们是大学生创业者,没有丰富的创业或者工作的经验,很多时候都是在摸着石头过河。所以,头一两年就是在揣摩这个行业,揣摩商家的需求。2009年,他们的网站正式上线。

过渡期

为了给网站造势,张旭豪不停地参加各种创业大赛,以扩充创业本金。2009年10月,"饿了么"网站获得了上海市慈善基金会"玉佛禅寺觉群大学生创业基金"提供的最高资助额度——10万元全额贴息贷款。同年12月,网站获得了"欧莱雅大学生就业创业基金"提供的10万元特等基金……通过各种创业大赛,团队总共赢得了45万元创业本金,有了资金的"饿了么"如鱼得水。

到2009年底,"饿了么"平台已有50家餐厅入驻,日均交易额突破万元。为了网站的发展,张旭豪招来了网站技术总监汪渊,汪渊专门编写了一个小程序,可在校内BBS上给每个会员用户自动群发站内消息,其中规模最大的一次发了六万条。

发展期

2010年,"饿了么"推出超时赔付体系,建立行业新标准,手机网页订餐平台上线,规模扩张,喜迁新址;2011年,交易额突破2000万,成立北京分公司、杭州分公司;2012年,成功推出在线支付功能和餐厅超级结算系统,率先形成网上订餐系统闭环;2013年,成立苏州分公司、哈尔滨分公司、福州分公司、深圳分公司、南京分公司、长春分公司、厦门分公司;2014年,"饿了么"获大众点评网8000万美元入股,并与大众点评网达成深度合作。

高峰期

2015年,"饿了么"宣布日交易额突破1亿元,日订单量超过330万单,创下外卖O2O行业新高,白领、高校两大细分市场均稳居第一;2016年,"饿了么"创始人兼CEO张旭豪宣布与阿里集团及蚂蚁金服正式达成战略合作协议,获得12.5亿美元投资;2017年,"饿了么"收购百度外卖,作价5亿美元。

逆转期

2018年4月2日,阿里巴巴集团、蚂蚁金服集团与"饿了么"联合宣布,阿里巴巴

已经签订收购协议,将联合蚂蚁金服以 95 亿美元对"饿了么"完成全资收购。毫无疑问,这是截至目前中国互联网史上最大的一笔全现金收购。

讨论:

1. 从"饿了么"的发展历程来看,它的创业模式是什么样的?
2. 纵观"饿了么"的创办史,了解其每一个发展阶段的特点。

准备之三:资源定格局,企业资源整合

头脑风暴:从诸葛亮草船借箭学习如何整合资源!

同学们,"草船借箭"的故事相信大家都听过,那么诸葛亮利用了哪些资源实现了"借箭"这一过程呢?发挥想象力,找出身边可利用的资源。

创业资源

一、创业资源的概念

1. 资源概念

资源是指一国或一定地区内拥有的物力、财力、人力等各种物质要素的总称。资源可分为自然资源和社会资源两大类。前者包括阳光、空气、水、土地、森林、草原、动物、矿藏等;后者包括人力资源、信息资源以及人们通过劳动所创造的各种物质财富等。

2. 创业资源概念

创业资源是企业创立以及成长过程中所需要的各种生产要素和支撑条件。

二、创业资源的分类

如图 1-1 所示,创业资源按性质可以分为人力资源、财务资源、物质资源、技术资源和组织资源。

1. 人力资源

人是创业活动的主体,在创业活动中起着决定性作用。创业者及创业团队的知识经验是成功创业最核心的要素,一流团队比一流项目更重要。高素质人才的获取和开发,是初创企业可持续成长的关键,特别对于高科技初创企业,专业人才更为重要。

图 1-1 创业资源的分类

社会资本是基于人际和社会关系网络所形成的资源,是人力资源的一部分。社会资本能使创业者有机会接触大量的外部资源,借助关系网络降低潜在风险,加强合作者之间的信任。社会交往面广、交往对象趋于多样化、与社会地位高的个体关系密切的创业者,更容易发现创新性强的创业机会。

2. 财务资源

企业需要购买原材料、生产产品、进行广告宣传、支付员工薪酬、进行员工培训等,以上活动都需要支付资金。而产品或服务的开发周期一般比较漫长,这就使得初创企业在创建初期需要筹集足够的资金。

3. 物质资源

合理利用物质资源,可强化企业的经营管理,提高企业的经济效益。对于流通企业来说,不仅在商品数量上要满足市场需求,而且在商品的质量、品种、规格、价格以及服务等方面,要做到符合用户需求。因此流通企业应该按需进货,提高服务质量,从而扩大销售量,提高经济效益;生产企业则需要考虑节约生产资料,降低物质消耗,相应降低成本,提高经济效益。

4. 技术资源

惠普、英特尔等高科技企业,造就了硅谷神话,为美国创造了巨大的社会财富,主要依靠的就是核心科学技术。技术资源是初创企业存在和发展的基石,是生产活动和生产秩序稳定的根本,包括关键技术、制造流程、作业系统、专用生产设备等。企业只有不断开发新技术、新产品,拥有充足的技术储备和产品储备,才能在竞争中立于不败之地。

5. 组织资源

组织是对企业资源进行有效整合以达到企业既定目标与责任的动态创造性活动,它是企业众多资源的整合剂,其本身也是企业一项非常重要的资源要素,直接影响甚至决定着企业资源整体效力发挥的水平。组织资源应包括企业管理制度、组织机构、企业管理策略。

三、创业资源的获取途径

和普通创业者相比,大学生这一年轻的创业群体在资金、技术、经验等方面的劣势

提示:斯坦福大学研究中心的一份调查显示:一个人赚的钱,12.5%来自知识,87.5%来自在正常社会交往中所建立的人际关系。

较为突出,在初创时可能面临较大的风险。因此,需要获取较多的资源与外界支持。

1. 通过大学生的特殊身份获取资源

近几年,政府和高校通过制定和完善各项创业政策,为大学生创业提供了宽松的政策环境,比如,相对于一般企业,大学生创业者申请小额创业贷款更加容易。另外,各高校开展的创业活动以及创业教育课程通过理论教学与模拟实战的方式进行创业知识的普及,培养大学生的创业精神与能力。通过社会实践、在班级社团担任干部等方式,大学生既可以锻炼组织与管理能力,又可以积累个人的人脉。广泛的人脉资源,蕴含着潜在的信息、资金、知识,有利于积累人力资源与管理资源。受教育程度较高是大学生创业者的优势,大学生创业者具有分析与总结问题的能力,在对创业资源进行分析和辨认时较一般创业者会更清晰、理性,同时会降低成本。

2. 通过积极开拓社会资源获取资源

社会资源的形式多种多样,包括亲友、合作伙伴、创业联盟、代理、导师等。由于初创企业存在规模过小等问题,在很大程度上无法获得企业发展所需的资源或需要付出较高的成本。社会资本在某种程度上为创业者提供了一种较为廉价的资源获取途径。如果创业者具有良好的个人信誉并且企业已经取得初步成就,拥有丰富社会资源的创业者就容易获得更多有价值的创业资源。大学生的社会资源比较简单,由于大学生大部分时间是在学校内学习,接触社会的机会较少,因而其人脉资源主要是在校学生,几乎没有政府关系、商业关系。大学生在创业之初主要依靠的是亲戚、朋友等个人关系,如果在创业过程中能不断开拓社会资本,对其获取创业资源将有积极的促进作用。

3. 通过初创企业的初始资源获取资源

设立企业需要一定的初始资源,企业后续的生存、发展则需要运营资源。企业如果具有良好的初始资源,就可以不断地从外界吸引新的资源,并与初始资源相结合。新创企业所需资源的识别和获取中,已具备的初始资源是至关重要的,初始资源可以作为工具性资源,从而撬动其他资源。如世纪佳缘网站在2007年初步发展时期,就曾获得新东方的4000万元天使投资;目前尚处于开拓阶段的私家车短租平台也都有风投的身影。所以大学生要通过培养良好的商业思维与捕捉机会的能力,将已有的优势不断扩大并获得社会认同,以便获得更多资源。

资源整合

四、创业资源的整合

1. 创业资源整合的概念

创业资源整合是指创业者对不同来源、不同层次、不同结构、不同内容的创业资源进行识别与选择、汲取与配置、激活和有机融合,使其具有较强的柔性、条理性、系统性和价值性,并创造出新的资源的一个复杂的动态过程。

有效整合已有资源,最大限度地利用资源。资源获取的内容不仅仅局限在单纯的量的积累,通过对已有的各类创业资源进行细致化与丰富化处理,可以获取新的竞争优势。资源的整合贯穿资源的识别、资源的获取以及资源的利用整个过程。对于初始资源匮乏的大学生创业者来说,有效地整合与利用资源尤为重要。有限的资源并不能维持企业的正常运转,大学生创业者必须利用自身资源整合能力,将从外部环境获得

> 特别提示:创业成功并不需要拥有所有资源,拥有整合资源的能力远胜于拥有所有创业资源。

的资源与已获取的内部初始资源进行组合利用,来提升创业绩效,实现企业的长期生存与发展。

2. 创业资源整合的方法

1) 分析已有资源

资源整合的前提是要善于发现资源。培养一双善于发现资源的眼睛,及时捕捉到身边能够利用的资源,就能比竞争对手多走一步。将自己的资源列出一张清单,包括资金、团队、渠道、客户、品牌、专业、人脉等方面,对这些资源进行精确分析,一方面让自己的资源升值,实现资源价值的最大化;另一方面,询问自己还需要哪些资源,并为如何获得这些资源制定策略。

2) 在创业过程中发挥资源杠杆效应

尽管存在资源约束,但创业者并不会被当前控制或支配的资源所限制,成功的创业者善于发挥关键资源的杠杆效应,利用他人或者别的企业的资源来达到自己的创业目的:用一种资源补足另一种资源,产生更高的复合价值;或者利用一种资源撬动和获得其他资源。

思考:什么是杠杆效应?请举例。

3) 创业过程中分多个阶段投入资源

大学生在创业路途上要不断积累创业资源,并时常对已有的创业资源进行准确的分析和定位,并在此基础上进行进一步的整合利用,发挥资源效用最大化。同时,由于大学生创业者资源有限,要想企业稳健发展,就必须"步步为营"。在这过程中设法降低资源的使用量,降低管理成本,减少对外部资源的依赖,尽力降低经营风险,加强对所创事业的控制。但是,为了企业的长期发展,创业者们必须"有原则的步步为营"。有时候,创业者们也可借鉴大企业的发展概念,而并不只是一味地积累资源,大企业更擅长资源互换,进行资源结构更新和调整,积累战略性资源。

案例讨论

由蒙牛看"资源整合"与"资源配置"

所谓资源整合就是将分散的、独立的资源通过有效的手段合并成一个更高效的、有机的整体,从而实现整体功能大于局部功能之和的效果。蒙牛创建初期的"社会办企业"模式就充分体现了资源整合的优势。在"一无工厂,二无奶源,三无市场"的窘境下,蒙牛的创建者跳出了"企业办社会"的传统模式,凭借技术优势、人才优势和有工厂、有奶源但效益欠佳的工厂合作,成功地实现了市场的拓展和品牌的树立,继而实现了"一有全球样板工厂,二有国际示范牧场,三有液态奶销量全国第一"这个从"三无"到"三有"的过程,完全可以被视为资源整合的经典案例。在发展遇到瓶颈时,蒙牛的管理层更是果断而明智地选择了国际融资,在深知"对赌协议"巨大风险的前提下,义无反顾地接了国际投资巨头的资本,开始了全面扩张。最后不但在"对赌"中获胜,更重要的是迅速扩大了市场份额,为即将进入的竞争对手树立了更高的门槛。这种整合资本的魄力和能力并不是所有的企业都具备的,不然的

话,"跑出了火箭的速度"的也就不会只有蒙牛一家。

所谓资源配置就是在现有的体系内,通过严格的考核、合理的组织结构设计、科学的流程处理,将合适的人指派到合适的部门的合适的职位上,从而实现资源优化。资源配置的首要对象就是人力资源,而人力资源的合理配置必须建立在对现有人力资源充分了解的基础上。这就要求企业建立健全人才考评、选拔和激励制度。没有科学、全面的考评,就不可能掌握员工的技能和特长(需要指出的是,现有企业的通常做法是按照公司的要求,在不了解员工的真正特长的情况下,随意地安置员工,从而造成人力资源的极大浪费)。没有有效的激励和选拔制度,就无法让员工的潜力最大限度地发挥出来。组织结构的设计也是资源配置的重要环节,不合理的组织结构就意味着执行效率的低下,而执行效率的低下必然导致人力、物力资源的严重浪费。合理的组织结构的设计难度和企业的规模、业务数量、业务之间的联系都有很大的关系。企业规模越大,业务数量越多,业务之间的联系越紧密,组织结构的设计难度就越大,这时就有必要请专业的咨询公司来进行设计。蒙牛在发展到一定程度时,就请知名的麦肯锡咨询公司为公司的管理制度、组织结构、未来的发展规划进行了设计。

合理的工作流程可以有效地降低和控制成本,另外,通过对工作流程进行分析,还可以理顺企业的价值链,找出产生价值的关键环节,从而提升产品的附加值。

讨论:请就蒙牛集团的创业资源种类、作用、重要性进行讨论,得出自己的见解。

案例讨论

思迈人才网的失败

大学生小胡和7位同学筹资12万,成立了思迈人才顾问有限公司,并建立了思迈人才网。公司主旨是为企业和个人提供人才评估、咨询、培训、交流、猎头、人事代理等服务,为大学生提供求职培训、素质测评、推荐工作等服务。

该项目看起来很有市场前景,但团队中没有一个人拥有相关的核心技术以及运营经验。开业之初,由于人才网络、企业网络没有运作起来,各种服务项目没法开展。于是,小胡决定从最基础的帮大学生找家教和其他兼职做起,可这也不是他们擅长的。公司创立仅3个月,净亏7.8万元。最终他以1元钱把思迈卖给了别人。

讨论:思迈人才网为什么失败了?请从创业资源的角度分析思迈人才网的失败原因。

模拟实战

理清自己的创业资源:
1. 现在有哪些创业资源?请列举出来。
2. 理清创业项目所需的资源,并按重要性进行排列。
3. 还缺少哪些关键的创业资源?
4. 将如何寻找并整合创业资源?

准备之四：谋定而后动，企业创办流程

一、企业组织形式

选择哪种企业组织是创业者必须认真考虑的一个问题。随着市场经济的进一步发展，我国已经颁布和实施了《中华人民共和国公司法》《中华人民共和国合伙企业法》《中华人民共和国个人独资企业法》《个体工商户条例》《个体工商户登记管理办法》等法律法规，这些法律和法规规定了设立公司、合伙企业、个人独资企业和个体工商户应该具备的条件。对于个人创业来说，由于资金、人力等条件的限制，相当数量的创业者会选择成立个体工商户，或采取个人独资企业和合伙企业的形式。当企业发展到一定规模时，就可以转向公司的形式。总之，创业者在选择企业组织形式时要依照有关法律规定，具备相应的条件。

企业组织形式是企业进行生产经营活动所采取的组织方式或结构形态，它表明一个企业的财产构成、内部分工协作以及与外部社会经济联系的方式。企业组织形式的选择与当前的经济发展水平、市场经济运行情况、企业所有者的选择有关。根据市场经济的要求，现代企业按照财产的组织形式和所承担的法律责任进行划分，可以分为个人独资企业、合伙企业和公司企业。

二、不同类型的企业组织形式

1. 个人独资企业

个人独资企业是指依照《中华人民共和国个人独资企业法》在中国境内设立的，由一个自然人投资，财产为投资人个人所有，投资人以其个人财产对企业债务承担无限责任的经营实体。

根据法律规定，设立个人独资企业应当具备以下条件：

(1) 投资人为一个自然人。法律、行政法规禁止从事营利性活动的人（如在职国家公务员，现役军人，国有、集体企事业单位在职管理人员），不得作为投资人申请设立个人独资企业。

(2) 有合法的企业名称。企业名称应当符合名称登记管理的有关规定，并与其从事行业相符。企业只能使用一个名称，且名称中不得使用"有限""有限责任"字样。

(3) 有投资人申报的出资。个人独资企业的出资人承担的是无限责任，对于投资人申报的出资，投资人无须提交验资报告或者出资权属证明文件。登记机关对投资人申报的出资数额、是否实际缴付等情况不做审查，仅要求有自己申报的出资即可。这一规定方便独资企业的设立，有利于独资企业的发展。

(4) 有固定的生产经营场所和必要的生产经营条件。个人独资企业要进行生产经营，就需要一定的场地设施，也要具备必要的生产经营设施，如机器设备、营销柜台等。这里强调生产经营场所是"固定的"，是指要有比较固定的地点来提供相应的服务或商品。

思考：没有固定门面的摆摊经营是否属于个人独资企业？

(5) 有必要的从业人员。个人独资企业可以依法招用职工,在没有招聘职工的情况下,只要个人独资企业的投资人也从事业务活动,也应理解为从业人员。

2. 合伙企业

合伙企业是指自然人、法人和其他组织依照《中华人民共和国合伙企业法》在中国境内设立的,由各合伙人订立合伙协议,共同出资、合伙经营、共享收益、共担风险的营利性组织。合伙企业分普通合伙企业和有限合伙企业,如表 1-1 所示,普通合伙企业和有限合伙企业有一些区别。

根据法律的规定,设立普通合伙企业应当具备以下条件:

(1) 有两个以上合伙人。合伙人为自然人的,应当具有完全民事行为能力;法律、行政法规禁止从事营利性活动的人(如在职国家公务员、现役军人)不得成为合伙人。

(2) 有书面合伙协议。合伙协议是合伙人之间确定权利义务关系最重要的依据,合伙人按照合伙协议享有权利、履行义务。合伙人应当以书面形式载明以下事项:合伙企业的名称和主要经营场所的地点;合伙目的和合伙经营范围;合伙人的出资方式、数额和缴付期限;利润分配、亏损分担方式;入伙与退伙;争议解决办法;合伙企业的解散与清算;违约责任等。合伙协议经全体合伙人签名、盖章后生效。

(3) 有合伙人认缴或者实际缴付的出资。合伙人可以用货币、实物、知识产权、土地使用权或者其他财产权利出资,也可以用劳务出资。出资需要评估作价的,可以由全体合伙人协商确定,也可以由全体合伙人委托法定评估机构评估。

(4) 有合伙企业的名称和生产经营场所。与个人独资企业相同,普通合伙企业的名称中不得使用"有限"或"有限责任"字样,并且应当标明"普通合伙"字样。

表 1-1 普通合伙企业与有限合伙企业的区别

项 目	普通合伙企业	有限合伙企业
合伙人类型	所有合伙人均为普通合伙人	至少有 1 个普通合伙人,可有多个有限合伙人
出资方式	合伙人可以用货币、实物、知识产权、土地使用权或者其他财产权利出资,也可以用劳务出资	有限合伙人可以用货币、实物、知识产权、土地使用权或者其他财产权利作价出资,但不得以劳务出资
合伙人责任	合伙人以其财产对合伙企业债务承担无限连带责任	普通合伙人对合伙企业债务承担无限连带责任,有限合伙人以其认缴的出资额对合伙企业债务承担责任
经营管理方式	所有合伙人共同经营、共同管理	有限合伙人不执行合伙事务,不得对外代表有限合伙企业
合伙份额的转让	合伙人将自己的份额转让给合伙人之外的人,须经其他合伙人一致同意	有限合伙人向合伙人以外的人转让财产份额,应当提前 30 日通知其他合伙人
相互转化	两者可以因合伙人类型的变化而发生企业类型的相互转化,但有限合伙企业若只剩有限合伙人,则必须依法予以解散	

3. 公司企业

公司是指按照《中华人民共和国公司法》在中国境内设立的有限责任公司和股份有限公司。有限责任公司是指股东以其认缴的出资额为限对公司承担责任,公司以其全部资产对公司的债务承担责任的企业法人;股份有限公司是指全部资本分成等额股份,股东以其认购的股份为限对公司承担责任,公司以其全部资产对公司的债务承担责任的企业法人,如表1-2所示。

表1-2 有限责任公司与股份有限公司的区别

项　　目	有限责任公司	股份有限公司
股东数量	1～50人	2人以上,200人以下
设立方式	发起设立	发起设立或向公众募集设立
股份表现形式	出资证明	股票
注册资本	取消注册资本最低限制,注册资本实行认缴登记制	取消注册资本最低限制,注册资本实行认缴登记制
股份转让程序	出资证明转让须经半数股东同意,其他股东有优先购买权	股票可以自由转让
设立门槛	程序可以简化	法定程序严格
募股集资形式	封闭,只能在出资者范围内进行,财务无须向社会公开	开放,设立、募集和财务均向社会公开
内部机构	可以只设执行董事、监事,不设董事会、监事会	内设股东会、董事会、监事会

根据法律的规定,设立有限责任公司应当具备以下条件:

(1) 股东符合法定人数。有限责任公司由50个以下股东出资设立。

(2) 股东出资达到法定资本最低限额。2013年10月25日,国务院部署推进公司注册资本登记制度改革,除法律、法规另有规定外,取消有限责任公司最低注册资本3万元的限制,不再限制公司设立时股东(发起人)的首次出资比例和缴足出资的期限。

(3) 股东共同制订公司章程。章程由公司依法制订,是记载公司组织与活动基本原则的书面法律文件,股东会会议做出修改公司章程、增加或者减少注册资本的决议,以及公司合并、分立、解散或者变更公司形式的决议,必须经代表2/3以上表决权的股东通过。

(4) 有公司名称,建立符合有限责任公司要求的组织机构。公司名称一般由所在行政区划名称、具体名称、公司的行业或经营特点和公司的种类4部分组成;组织机构包括股东会、董事会、监事会,规模较小的公司可以不设董事会,只设1名执行董事,也可不设监事会而只设1～2名监事。

(5) 有公司住所。

根据法律的规定,设立股份有限公司应当具备以下条件:

(1) 发起人符合法定人数。设立股份有限公司,应当有2人以上200人以下为发起人,其中须有半数以上的发起人在中国境内有住所。

(2) 发起人认购和募集的股本达到法定资本最低限额。2013年10月25日，国务院部署推进公司注册资本登记制度改革，除法律、法规另有规定外，取消股份有限公司最低注册资本500万元的限制，不再限制公司设立时股东（发起人）的首次出资比例和缴足出资的期限。

(3) 股份发行、筹办事项符合法律规定。发行股份的股款缴足后，必须经依法设立的验资机构验资并出具证明。发起人应当自股款缴足之日起30日内主持召开公司创立大会。

(4) 发起人制订公司章程，采用募集方式设立的经创立大会通过。发起人制订的公司章程，还应当经其他认股人参加的创立大会，以出席会议的认股人所持表决权的半数以上通过，方为有效。

(5) 有公司名称，建立符合股份有限公司要求的组织机构。组织机构包括股东会、董事会、监事会，董事会成员数为5~19人，可以决定聘任或者解聘经理，监事会成员不得少于3人。

(6) 有公司住所。

4. 个体工商户

按我国目前的法律，个体工商户并不是一种企业组织形式。结合我国国情，相当数量的创业者在创业开始阶段选择该方式，特别是自2011年11月起，我国以法令的形式明确取消了原有的个体工商户管理费和年度验照费用，只规定个体工商户在办理登记时应缴纳登记费。这既减轻了个体工商户的负担，又在一定程度上促进了个体工商户的发展。

根据《中华人民共和国民法通则》的规定，个体工商户是在法律允许的范围内，依法经核准登记，从事工商业经营的自然人或家庭。它不采用企业形式，不具备法人资格，由经营者对债务承担无限责任。个体工商户在生产经营方面更加灵活，从事客货运输、贩运以及摆摊设点、流动服务的个体工商户无须固定的经营场所。在纳税方式上，对于账证健全、核算准确的个体工商户，税务部门实行查账征收；对于生产经营规模小又确无建账能力的个体工商户，税务部门实行定期定额征收；具有一定情形的个体工商户，税务部门有权核定其应纳税额，实行核定征收。

个体工商户的登记事项包括以下几点：

(1) 经营者姓名和住所。申请登记为个体工商户的公民姓名及其户籍所在地的详细住址。

(2) 组成形式，包括个人经营和家庭经营。家庭经营的，参加经营的家庭成员姓名应当同时备案。

(3) 经营范围。个体工商户开展经营活动所属的行业类别。

(4) 经营场所。个体工商户营业所在地的详细地址。个体工商户经登记机关登记的经营场所只能为一处。

(5) 个体工商户使用名称的，名称作为登记事项。

表1-3展现了各种经营组织形式的主要差异，准备创业的大学生在选择经营组织形式时可作为参考。

表 1-3　不同经营组织形式的对比

项　　目	个体工商户	个人独资企业	合伙企业	公司企业
法律依据	《个体工商户条例》和《个体工商户登记管理办法》	《中华人民共和国独资企业法》	《中华人民共和国合伙企业法》	《中华人民共和国公司法》
法律基础	无章程或协议	无章程或协议	合伙协议	公司章程
法律地位	无	非法人经营主体	非法人营利性组织	企业法人
责任形式	经营者对债务承担无限责任	无限责任	无限责任	有限责任
投资者	自然人或家庭	完全民事行为能力	完全民事行为能力	无特别要求，法人、自然人均可
注册资本	经营者申报	投资者申报	协议约定	无限制
出资	经营者申报	投资者申报	约定：货币、实物、土地使用权、知识产权或其他财产权利、劳务	法定：货币、实物、工业产权、非专利技术、土地使用权
财产性质	经营者	投资者	合伙人共同所有	法人财产权
盈亏分担	经营者	投资者个人	约定、未约定均分	投资比例
事务决定	经营者	投资者个人	全体合伙人约定	股东会

三、企业注册流程

企业注册的流程如图 1-2 所示，主要有以下几个步骤。

图 1-2　新企业注册流程

企业注册流程

1. 工商登记

1）工商登记步骤

第一步　核准名称

时间：1～3 个工作日。

操作：确定公司类型、名字、注册资本、股东及出资比例后，可以去工商局现场或线上提交核名申请。

结果：核名通过，失败则需重新核名。

常见的公司名称一般有 3 种形式，不同形式之间并没有本质区别，注册时任选其一即可。

思考：请为模拟创办的企业起个名字。

①地区＋字号＋行业＋组织形式。

例：北京快又好信息技术有限责任公司。

②字号＋(地区)＋行业＋组织形式。

例：快又好(北京)信息技术有限责任公司。

③字号＋行业＋(地区)＋组织形式。

例：快又好信息技术(北京)有限责任公司。

建议在起名时，在"国家企业信用信息公示系统"上查询字号是否已经被注册，尽量保证没有重名，这样通过率会高一些。

第二步　提交材料

时间：5～15个工作日。

操作：核名通过后，确认地址信息、高管信息、经营范围，在线提交预申请。在线预审通过之后，按照预约时间去工商局递交申请材料。

结果：收到准予设立登记通知书。

第三步　领取执照

时间：预约当天。

操作：携带准予设立登记通知书、办理人身份证原件，到工商局领取营业执照正、副本。

结果：领取营业执照。

第四步　刻章等事项

时间：1～2个工作日。

操作：凭营业执照，到公安局指定刻章点办理公司公章、财务章、合同章、法人代表章、发票章。至此，一个公司注册完成。

2) 营业执照

2016年6月30日，国务院办公厅发布了《关于加快推进"五证合一、一照一码"登记制度改革的通知》，要求从2016年10月1日起正式实施"五证合一、一照一码"，同时设立过渡期，2017年12月31日过渡期结束。

五证合一：五证是指工商营业执照、组织机构代码证、税务登记证、社会保险登记证和统计登记证。从2016年10月1日起只需要办理营业执照。

一照一码：一照是指营业执照，一码是指统一社会信用代码。统一社会信用代码一般有18位，第1位是登记管理部门代码，第2位是机构类别代码，第3～8位是登记管理机关行政区划码，第9～17位是主体标识码(全国组织机构代码)，第18位是校验码。

营业执照的构成如图1-3所示。

2. 税务登记

完成公司注册后，需先办理税务登记，登记时需提供一名会计的信息(包括姓名、身份证号、联系电话)。公司成立后一个月起，需要会计每月记账并向税务机关申报纳税。企业准备好资料到专管所报到后，税务局将核定企业缴纳税金的种类、税率、申报税金的时间，以及企业的税务专管员。企业日后将根据税务部门核定的税金进行申报与缴纳。

项目一 创业准备：创业之行始于足下

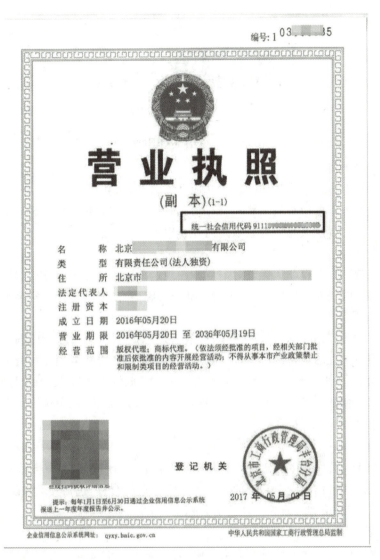

图1-3 营业执照的构成

3. 银行开户

公司注册完成后，需要办理银行基本户开户。企业在日常运营当中，一定会涉及资金往来。按照国家法律法规的相关规定，企业在商业行为中的每一笔资金往来，都应该通过企业开设的对公账户进行。确保每一笔资金的进出有账可查，并且和发票一一对应。

如图1-4所示，公司对公账户分为四类：基本存款账户、一般存款账户、临时存款账户及专用存款账户。《人民币银行结算账户管理办法》规定：一个企业只能开立一个基本存款账户，但是可以开立多个一般存款账户。

1) 基本存款账户

基本存款账户是存款人因办理日常转账结算和现金收付需要开立的银行结算账户，是存款人的主办账户。一个单位只能在一家金融机构开立一个基本存款账户。

思考：企业发生业务往来，是否可以使用创业者的个人账户？

图 1-4　银行账户的分类

2）一般存款账户

一般存款账户是存款人因借款或其他结算需要，在基本存款账户开户银行以外的银行营业机构开立的银行结算账户。存款人开立一般存款账户没有数量限制，但一般存款账户不能在存款人基本存款账户的开户银行开立。

3）临时存款账户

临时存款账户是存款人因临时需要并在规定期限内使用而开立的银行结算账户。在异地从事临时经营活动的，可以申请开立异地临时存款账户，用于资金的收付。

4）专用存款账户

专用存款账户是存款人按照法律、行政法规和规章，对其特定用途资金进行专项管理和使用而开立的银行结算账户。专用存款账户用于办理各项专用资金的收付，包括基本建设资金、更新改造资金、财政预算外资金、证券交易结算资金、期货交易保证金、信托基金、金融机构存放同业资金、政策性房地产开发资金、单位银行卡备用金、住房基金、社会保障基金等。

4．社保登记

创业者成立公司需要办理社保开户，公司成立后的用人过程中会涉及五险一金。五险一金是用人单位给予劳动者的几种保障性待遇的合称，包括养老保险、医疗保险、失业保险、工伤保险和生育保险及住房公积金，如图 1-5 所示。

> 思考：企业是否一定要为员工缴纳五险一金？

1）养老保险

养老保险的全称是社会基本养老保险，是国家和社会根据一定的法律和法规，为解决劳动者在达到国家规定的解除劳动义务的劳动年龄界限，或因年老丧失劳动能力的基本生活而建立的一种社会保险制度。养老保险的目的是保障老年人的基本生活需求，为其提供稳定可靠的经济来源。基本养老保险费由企业和被保险人按不同缴费比例共同缴纳。以北京市养老保险缴费比例为例，企业每月按照缴费总基数的 19% 缴纳，职工按照本人工资的 8% 缴纳。

2）医疗保险

医疗保险一般指基本医疗保险，是为了补偿劳动者因疾病风险造成的经济损失而建立的一项社会保险制度。通过用人单位与个人缴费建立医疗保险基金，参保人员患病就诊发生医疗费用后，由医疗保险机构给予一定的经济补偿。用人单位的缴费比例为职工工资总额的 6% 左右，个人缴费比例为本人工资的 2%。

3）失业保险

失业保险指国家通过立法强制实行的，通过用人单位、职工个人缴费及国家财政

图 1-5　五险一金

补贴等渠道筹集资金,建立失业保险基金,对因失业而暂时中断生活来源的劳动者提供物质帮助,以保障其基本生活,并通过专业训练、职业介绍等手段为其再就业创造条件的制度。在我国,失业人员在满足以下三个条件后,方可享受失业保险待遇:非因本人意愿中断就业;已办理失业登记并有求职要求;按照规定参加失业保险且所在单位和本人已按照规定履行缴费义务满 1 年。

4）工伤保险

工伤保险是指劳动者在工作中或在规定的特殊情况下,遭受意外伤害或患职业病导致暂时或永久丧失劳动能力以及死亡时,劳动者或其遗属从国家和社会获得物质帮助的一种社会保险制度。

5）生育保险

生育保险是国家通过立法,在怀孕和分娩的妇女劳动者暂时中断劳动时,由国家或社会对生育的职工给予必要的经济补偿和医疗保健的社会保险制度。我国生育保险待遇主要包括两项:一是生育津贴,二是生育医疗待遇。

6）住房公积金

住房公积金是指企业为其在职职工缴存的长期住房储蓄金。

 模拟实战

1. 每个公司整理好自己公司的相关资料,准备汇报。
2. 了解公司的创立过程,思考如何选择公司的创立形式。

项目二
钱要怎么融
——创业投融资

CHUANGYE GUANLI
CAISHUITONG

项目导入

同学们,上一项目中我们已经成功创办了自己的企业。不论是哪种类型的企业,创业者都需要考虑资金的问题。这一项目中我们共同探讨如何进行创业投融资。

教学目标及要求

1. 知识目标:了解创业融资的概念和分类,掌握融资的常见渠道。
2. 能力目标:掌握创业融资的办法、选择策略和融资应做的准备。
3. 素质目标:积极寻求企业创业资金,对有限的资源进行创造性的利用。

融资之一:认识创业融资

案例导入

在第二次世界大战期间,宾夕法尼亚大学的普雷斯波·艾克特和约翰·莫奇带领一个小组从事计算机研制工作。1946年,他们开发出了第一台具有工作用途的计算机,紧接着成立了艾克特-莫奇公司,将计算机商业化,并在1948年将它推向市场,这比IBM公司的第一台商用计算机整整早了6年。但由于艾克特-莫奇公司无法承担庞大的研究开发费用,缺乏财务资源的支持,最终被其他公司所兼并。

一、创业融资的概念

创业融资是指创业者为了将某种创意转化为商业现实,通过不同渠道,采用不同方式,以一定的经济利益付出为代价筹集资金以建立企业的过程。

二、融资的分类

1. 内源融资和外源融资

内源融资来自公司经营活动产生的资金,即公司内部融通的资金,是指企业不断将自己的储蓄(主要包括留存收益、折旧和定额负债)转化为投资的过程。内源融资对企业资本的形成具有原始性、自主性、低成本和抗风险的特点,是企业生存与发展不可或缺的重要组成部分。事实上,在发达的市场经济国家,内源融资是企业首选的融资方式,是企业资金的重要来源。

什么是创业融资?

链接:融资有很多不同的分类方法,同学们可查找相关资料。

外源融资是指企业通过一定方式向企业之外的其他经济主体筹集资金。外源融资方式包括银行贷款、发行股票、发行企业债券等,此外,企业之间的商业信用、融资租赁在一定意义上说也属于外源融资的范围。外源融资是吸收其他经济主体的储蓄,将其转化为自己的资本的过程。随着技术的进步和生产规模的扩大,单纯依靠内源融资已很难满足企业的资金需求,外源融资已逐渐成为企业获得资金的重要方式。

2. 债务性融资和权益性融资

债务性融资是指企业通过向个人或机构投资者出售债券、票据来筹集营运资金或资本开支。债务性融资操作起来相对容易,同时具有时间短、利率高、额度小的特点。其不足之处在于:一方面,企业利用债务性融资很难获得长期的资金支持;另一方面,企业在发展过程中要承受很大的还款压力。

权益性融资是指为获取其他企业的权益或净资产所进行的投资。投资者持有某企业的权益性证券,代表在该企业中享有所有者权益。主要的融资渠道有创业投资、天使投资等。权益性融资的特点是风险高、利润大,没有十分固定的还款期限。

对于创业企业而言,权益性投资很适合企业初期发展,但是权益性投资不易得到也是事实。创业者通过股权融资不仅能得到资金,很多时候还能获得创业企业所需要的各种资源,如关系网络、人力资源、管理经验等。股权融资的缺点主要体现在控制权方面。由于股份被稀释,创业者可能失去企业控制权,在做出重大战略决策时,创业者可能不得不考虑投资方的意见,如果双方存在意见分歧,就会降低企业的决策效率。

三、融资决策程序

对创业者而言,创业不仅需要具备吃苦耐劳、努力奋斗等传统美德,还必须能审时度势,对产业形势有清晰的判断。创业精神是一种开放的、不断发展的、指向无限可能的理念。创业本质上是一种新进入行为,进入战略是创业团队的决策重点,是新企业克服新进入缺陷、谋求生存的关键因素。

作为一种初始战略,进入战略是指企业将什么样的产品或服务通过什么样的交易结构推向市场。新技术企业的进入战略创新性越强,即其产品/服务或交易结构相对于产业内在位企业的差异程度越大,越可能避开在位企业的报复性竞争,赢得市场认可,从而收获更好的结果。企业融资决策过程是一个动态的过程,融资决策程序就是按时间顺序进行的融资决策过程,具体如下所示:

①融资时机的把握;
②确定融资的规模;
③制定各种可能的融资方案,包括融资的方式、融资的成本以及融资的风险;
④寻找、挑选和考察投资者,即确定融资的来源;
⑤进行融资协议的谈判;
⑥实施和监督,然后决定是否进入下一轮融资。

融资行为包括选择有效的融资方式,形成最优的融资结构,把握融资规模以及融资的条件、成本和风险,其行为结果可以通过融资结构反映出来。图2-1为创业融资的逻辑顺序和决策因素。

> 小贴士:战略选择是决定技术创业成败和商业价值创造的关键因素。

为什么需要融资	确定融资目标	选择融资方式
• 创业目标分析 • 创业环境分析	• 融资规模 • 融资渠道 • 融资成本 • 融资时机	• 股权融资：亲朋好友、天使投资人、创业投资机构等 • 债务融资：亲朋好友、商业银行、典当融资、租赁融资等

图 2-1　创业融资的逻辑顺序和决策因素

四、创业所需资金的测算

创业者需要对创业大概需要的资金进行测算，主要有企业开办资金、营运资金，以及个人支出。

1. 企业开办资金

企业开办资金（固定投资资本）是指企业开始运营以前必须支出的资金，包括购买土地、建设厂房、购买机器、购置办公设备、登记注册费、通水通电等的费用。

2. 营运资金

营运资金（流动资金）是指企业开始营业后，用于购买原材料、燃料，支付工资及其他经营费用等所必不可少的周转资金。

3. 个人支出

个人支出是指企业者生活必需的各项支出，包括衣、食、住、行、保险、医疗及必要的社交和娱乐等支出。许多初创企业不能很快获利，因此必须要考虑这期间的个人生活费用问题。

初创企业运营资金常被创业者低估，从而出现企业生意兴隆却没钱支付员工工资、补充库存的情况。资金链的断裂甚至会使一个前景良好的创业项目夭折。因此，创业者在计算所需投资资金的时候，可按适当的比例放宽。

创业公司早期融资怎么确定融资额

提示：不同类型的企业，创业所需资金也不相同，需要根据实际情况进行测算。

案例讨论

地产公司融资

通过一项长达 4 年的融资计划，汇丰投资银行为新世界集团融资逾 14 亿美元。1999 年，汇丰投资银行亚洲有限公司企业财务董事兼中国事务主管许亮华先生接受了记者的采访，就刚刚完成的香港新世界中国地产有限公司一项长达 4 年、累计逾 14 亿美元的融资项目做了详细介绍。

20 世纪 90 年代以来，香港著名企业家郑裕彤通过旗舰企业新世界发展有限公司开始大举进军内地的中低档房地产市场，并成为北京、武汉、天津和沈阳等城市的房地产战略发展商,为此,需要筹集庞大的资金进行投资。1993年的楼市高峰期后,许多城市的楼房尤其是高档楼房大量空置,使得国际资本市场对中国房地产市场的看法相当消极。在这种情况下,要说服他们为新世界发展有限公司拓展内地房地产市场进行投资,难度可想而知。

1995年11月,汇丰为新世界中国地产有限公司(现称新世界中国)首次通过私募方式发行了5亿美元的股本。本次发行是香港有史以来最大的私募发行,私人股本投资者占了新世界中国地产有限公司43%的股份,新世界发展则持有57%的股权。接着又为新世界中国金融有限公司发行了3.5亿美元的强制可换股担保债券。在私募债券成功发行一年后,新世界中国希望筹集更多的资金,用于其在中国的房地产投资活动。

作为新世界发展的全资子公司,新世界中国的规模还太小,采用发行普通债券的方式筹集资金成本较高,如果上市又不具备三年业绩连续增长的条件。于是,汇丰针对上一次私募未触及的可换股债券,为债务投资者设计了可换股债券的发行方式。但是,这种方式也有很大的结构性缺点:公司上市后,债券尚未到期就可以转为股票,在换股期间,可能会有大量股票突然涌入市场,这会给当时的股价造成压力,甚至影响初次公开发行的价格,因为投资者预计初次发行后股价不会立即上行。为此,汇丰设计的结构是,所有债券强制转换成股票,并在初次公开发行时股票作为发行规模的一部分,公司上市前必须决定是否换股,上市后就没有可换股债券了,这就给了投资者关于市场流通股数的确切信息。当然,这也给债券的发行增加了难度。最终,汇丰承担了2.1亿美元的分销份额,却创造了8.6亿美元的总需求,发行后债券交易价格一直高于发行价格。

在可换股债券发行两年半以后,新世界中国准备在1999年到股票交易所上市,股票发行规模为5.68亿美元。这次发行面临的最大障碍在于,国际投资者对中国房地产业有很多误解,对实际发生和酝酿中的变化知之甚少。如何改变投资者的不良印象就成了决定发行成败的关键。

为了让股本投资者能够更好地了解中国的房地产市场,汇丰集团属下的汇丰证券于1999年5月6—7日在中国香港和新加坡举办了中国住房改革研讨会。为配合全球发行,汇丰组织了两次独立的访问活动,事先都有详尽的研究报告作为铺垫。6—7月,汇丰又组织了大规模的全球路演,横贯了亚、欧、北美三大洲,访问了三大洲的11个城市。为一次发行举行3次全球规模的推介活动,这是非常罕见的做法,经过这3次声势浩大的活动,汇丰集团终于完成了对投资者的教育工作。

在此次发行过程中,可换股债券的换股程序是一个关键环节。债券持有者的换股方式有三种:在初次公开发行中认购最大数量的股票;将债券折算成股票出售,获得现金收入;只认购最大债券股的一部分,其余债券兑现。经过路演,结果相当令人振奋:来自股本投资者的需求为7.83亿美元,来自债券持有者的需求为1.43亿美元,总需求达9.26亿美元。至此,由汇丰一手策划的为新世界中国融资总额超过14亿美元的这个故事也画上了一个圆满的句号。

融资之二：创业融资渠道

一、融资渠道

1. 个人资金

研究发现，近70%的创业者依靠自己的资金为新企业提供融资。个人资金具有使用成本低、获取容易和使用时间长等优势。其他投资者在提供资金支持时，也会考虑创业者个人资金投入的情况。

2. 向亲朋好友融资

除创业者的个人资金外，亲戚朋友的资金支持是创业资金来源的另一种主要形式。其优点是成本低、易获取，能够减少信息不对称；缺点是投资人和创业者在管理权及利益分配上容易产生冲突，大多数只能作为启动资金在创业初期使用。

思考：什么是信息不对称？

3. 天使投资

"天使"最早是对给美国纽约百老汇的演出进行风险性投资，以支持歌剧创作的投资人的一种美称。天使投资是自由投资者或非正式机构对有创意的创业项目或小型初创企业进行一次性的前期投资，是一种非组织化的创业投资形式。

天使投资的过程一般分为四步：筛选评估、投资决策、投后管理、获利退出。其中筛选评估和投后管理是投资过程的重点。研究表明，天使投资人更关注有据可查的企业家能力和信用记录。在投后管理中，部分创业者型天使投资者会积极参与到创业企业的经营管理活动中，这主要基于三点考虑：一是为谋求更多的收益回报；二是为获得充分信息，克服信息不对称风险；三是为寻求乐趣和精神满足。

天使投资人通常采用多阶段的决策过程，至少包括两个阶段：初始筛选阶段和尽职调查阶段。与创业投资公司不同的是，创业投资公司是用别人的钱投资，而天使投资人是用自己的钱投资。天使投资主要面向的是初创期和种子期的企业，投资资金数量一般比较少，而且投不投、投多少，主要依据投资者个人的眼光和喜好。

链接：尽职调查详见项目二第三节。

4. 商业贷款

商业银行货款的业务类型包括个人生产经营贷款、个人创业贷款、个人助业贷款、个人小型设备贷款、个人周转性流动资金贷款、下岗失业人员小额担保贷款和个人临时贷款等。目前各类银行都有针对中小企业的贷款政策，可帮助初创企业进行短期借贷。

很多人认为找银行贷款，金额大了批不下来，再加上对政策、手续的不熟悉，觉得审查会很麻烦，要投入大量的时间和精力成本，有些得不偿失。但实际上，很多银行都设有小额担保贷款，可满足企业日常生产经营的资金周转，帮助创业公司突破瓶颈。

二、创业融资准备

融资准备工作必须从"内外"两大因素入手：一是做好内部建设，对企业现状和发展前景有清晰的认识；二是逐步了解外部的融资环境，并聘请专业融资顾问以获得帮助，为成功融资创造条件。

1. 制定融资战略

制定融资战略需要考虑的问题有融资的时机、所需资金的数量、采取的融资方式等。企业应根据不同的发展阶段来考虑所需资金的数量和融资的时机。融资方式的选择需要结合自身条件和各种融资渠道的风险、成本综合考虑。

2. 资料与人员的准备

将企业的情况和融资计划整理成简明、有说服力的书面文档，可以凸显企业价值，使投资者通过相关材料对企业有清楚的认识，激发其投资兴趣。需要注意的是，随着各项融资工作的到位，内部操作人员专业素质的缺乏亦可能导致融资谈判失败，所以适时组织内部人员参加专业培训也是准备工作的重点。

3. 聘请外部专家

企业家往往缺乏融资经验，也缺乏时间与精力，因此寻求外部人士的指点和帮助十分必要。聘请专业融资顾问应该是最好的选择，他们将站在企业的立场上，为融资的各个步骤提供专业意见，帮助企业选择正确的融资渠道和合适的投资者。

4. 接触潜在投资者

企业家和投资者之间是一种长期合作关系，相互之间需要达成充分的了解与信任。企业应在广泛调研的基础上，根据自身的发展模式和价值取向进行选择与接触。事实上，在与投资者的交流中，企业家往往能够获得很多有利于企业发展的宝贵建议。

> 提示：做好融资准备工作，知己知彼，百战不殆。

案例讨论

3W 咖啡——会籍式众筹

许单单从互联网分析师转型成为知名创投平台 3W 咖啡的创始人，他创立的 3W 咖啡采用的就是众筹模式，向社会公众进行资金募集，每个人 10 股，每股 6000 元，相当于一个人 6 万元。

那时正是微博最火热的时候，3W 咖啡靠微博很快就汇集了一大帮知名投资人、创业者、企业高级管理人员，其中包括沈南鹏、徐小平、曾李青等知名人士，股东阵容堪称华丽。2012 年，3W 咖啡引发了"咖啡馆"式众筹创业在中国的流行，几乎每个城市都出现了众筹式的 3W 咖啡。

3W 很快以咖啡为契机，将品牌衍生到了创业孵化器等领域。3W 的游戏规则很简单，不是所有人都可以成为 3W 的股东，也就是说，不是有 6 万元就可以参与投资的，股东必须符合一定的条件。3W 打造的是互联网创业和投资的顶级圈子，这里面没有人会为了6万元未来可能带来的分红而投资,更多的是为了3W回报给股东的圈子和人脉的价值。

试想,如果投资人在3W中找到了一个好项目,那么能赚回多少个6万元呢?同样,创业者花6万元就可以认识一大批同样优秀的创业者和投资人,既获得了人脉资源,也得到了学习资源。很多顶级企业家和投资人的智慧不是区区6万元可以买到的。

会籍式众筹在英国的M1NT Club也表现得淋漓尽致。M1NT在英国有很多明星股东会员,并且设立了诸多门槛。M1NT曾经拒绝过著名球星贝克汉姆,理由是他当时在皇家马德里踢球,常驻西班牙,大部分时间不在英国,因此不符合条件。后来M1NT在上海开办了俱乐部,也吸引了500个上海地区的富豪股东。

融资之三:投融资合作——尽职调查

尽职调查

一、尽职调查的概念

尽职调查也称审慎调查,是指收购者在收购过程中针对目标公司的资产和负债情况、经营和财务情况、法律关系以及目标企业面临的机会与潜在的风险所进行的一系列调查。尽职调查是企业收购兼并程序中最重要的环节之一,也是收购运作过程中重要的风险防范工具。在调查过程中,通常利用管理、财务、税务方面的专业经验与专家资源,形成独立观点,用以评价并购的优劣,为管理层提供决策支持。在创业企业与创投机构合作过程中,尽职调查的必要性表现在以下几个方面。

1)可以合理评估股权投资活动存在的各项风险

在进行创业投资时,投资机构面临的来自被投资公司的风险是多方面的。首先,投资机构会面临来自被投资公司的道德风险,被投资公司会为了私利而夸大企业经营成果、提供虚假的经营数据;其次,会面临来自被投资公司的财务风险,比如高风险的资产负债率、不良资产、资产抵押;再次,会面临来自被投资公司的经营风险,如不健全的销售渠道、恶劣的服务态度、落后的生产技术;最后,投资机构还会面临一系列潜在的法律风险,创业投资业务的开展受到许多现行法规的监管约束,在创业投资过程中可能还存在许多难以预见和评估的风险。通过尽职调查,投资机构可以对各种问题早做准备、提前把握。

2)可以确定股权转让的合理价格和股权转让的条件

创业投资机构应对被投资公司的历史经营业绩与市场开发情况、目前的财务情况、潜在的运营前景等各因素进行全面的调查,这些调查可以帮助投资机构确定合理的股权转让价格和股权转让条件。经过调查,投资机构可以更深入地了解被投资公司的过去、现在和将来的发展状况,极大地减少了创业投资机构在投资过程中所面临的信息不对称的问题。同时,一系列的尽职调查可以明确交易中可能存在的潜在风险和法律问题,交易双方根据调查结果就相关的风险和义务可以谈判,可以更好地进行投资决策。

3）可以合理设计投资方案

创业投资活动本身是一项复杂的系统性工程,从股权转让到双方整合重组工作的结束,这仅仅是整个投资项目的一小步,却是决定投资成败的关键。通过开展全面的尽职调查,投资机构可以确定股权转让完成之后的重组方案,决定是否设立新的管理层、投资机构是否直接参与企业的经营管理、投资企业重组后的下一步发展目标,并对一系列妨碍目标企业发展的问题早做安排。因此,在股权投资过程中,尽职调查是必不可少的环节。

二、尽职调查的关注要点

尽职调查阶段,投资人要对创业者的商业模式、产品、商业计划书、定位等进行最终确认。下面是投资人在尽职调查中所关注的几个方面(见图 2-2)。

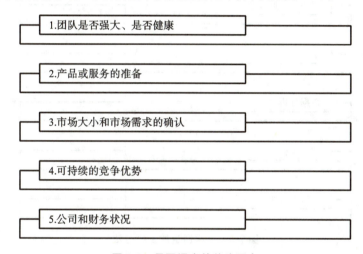

图 2-2　尽职调查的关注要点

1）团队是否强大、是否健康

如果创业团队比较小,天使投资人可能会约见每个成员。天使投资人会调查每位团队成员的智力、忠诚度、优点、弱点及团队合作和管理风格等。如果团队的功能不健全,或者在关键位置上有一个老爱唱反调的人,都会影响融资的成功率。

2）产品或服务的准备

技术方面的调查通常是从工程技术人员和产品营销人员身上开始的。天使投资人会评估创业公司的创业进程,也会评估产品。创业者所有的准备工作都是为了让天使投资人对其宣称的产品所具有的功能和质量达到百分之百的满意,研发团队还要确保产品将来能实现预期功能。最后,天使投资人还需要确认产品的知识产权保护状况。

3）市场大小和市场需求的确认

一个优秀的天使投资人可以从很多方面帮助创业公司,但是不能保证用户一定会买创业公司的产品。天使投资人会从创业者给的市场调查表中挑选一些潜在客户,跟他们谈话,了解市场情况。天使投资人也会利用他们的人际关系网,联系有关技术高

提示:尽职调查的目的是增进双方的相互了解,以便两者在未来更好地合作和发展。

手和业内人士来进行调查。不经历验证的痛苦,就没有成功的交易。

4)可持续的竞争优势

天使投资人要通过行业分析来确认创业者所拥有的差异确实是独一无二的,未来没有潜在的竞争者。

5)公司和财务状况

天使投资人需要了解创业公司的财务状况以及此前设立的里程碑的完成情况。天使投资人会查验创业公司之前已有的融资和股权情况,做一份精确的市场投资表。创业者的信用差、还有未了结的官司、没有偿付能力等都会增加融资失败的风险。

三、尽职调查的主要方法

尽职调查的主要方法如图2-3所示。

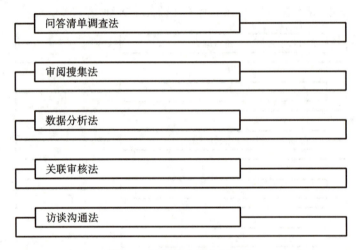

图2-3 尽职调查的主要方法

1)问答清单调查法

问答清单调查法又称书面调查法,是指调查者以书面的形式获得目标企业相关信息的方法。在采用问答清单调查法时,尽职调查人员应遵循客观性、必要性和可能性的原则。

> 思考:问答清单调查法中,问卷应该怎么设计?可以提哪些问题?

第一,根据调查目的对被调查的企业进行初步探讨,设计一份有较强针对性的调查问卷;

第二,设计与发放调查问卷;

第三,回收调查问卷,仔细检查调查问卷的填写内容,判定有无漏填或错填情况,并及时让被调查企业进行补填或进行其他替代程序;

第四,为了让问卷答案更客观,调查者还应对调查中的重要内容进行后续核实。

2)审阅搜集法

审阅搜集法是指尽职调查人员通过对目标企业的一些基础资料,如企业的基本情况、内外部环境资源、相关财务资料等进行合法性检查,以及对目标企业的财务指标进行复核分析,判断目标企业是否存在违反会计准则及国家其他相关法律法规的经济行为。此方法能够客观全面地查阅所收集到的各种资料,为数据分析做好准备。

3）数据分析法

数据分析法是指尽职调查人员针对从目标企业收取回来的财务信息、法律信息以及企业的内外部环境信息等各种资料，运用分析法对其进行分类汇总，为创业投资机构提供更加客观与合理的分析，降低其投资风险。此方法是尽职调查中比较重要的调查方法，被广泛应用在尽职调查的各个阶段。

4）关联审核法

尽职调查人员对目标企业的相关文件，如企业的某些重要交易记录、法律文件，企业间的交易合同等进行审查与核对，以得出较为准确可信的调查结果。关联审核法是尽职调查中的重要手段，通过对目标企业的内外审核，可以及时地发现目标企业在投资前是否出现过一些问题，让创业投资机构更清楚目标企业的发展状况。

5）访谈沟通法

访谈沟通法是指尽职调查人员通过与目标企业各层级管理人员的面谈来获取信息资料。此方法可以让尽职调查人员快速取得目标企业最直接的经营信息，因此在实务操作过程中也被广泛应用于尽职调查的各个阶段。在尽职调查的实务操作中，没有明确规定使用哪几种调查方法或者只用某种固定的方法，而是要根据尽职调查者所面临的实际情况来做出适当的选择，其最终目的在于更全面地收集目标企业的相关资料，并依据自身的专业经验来判断所得数据的真实性及实用性，以此得出更具有价值的调查结果。

融资之四：大学生创业融资问题

伴随着大学生自主创业优惠政策的落地和"大众创业，万众创新"浪潮的来袭，加之就业压力与日俱增，越来越多的大学生选择创业。中小企业融资很难，对于大学生创业来说融资更难，但是大学生创业有其特有的融资渠道，可以帮助其渡过难关。

大学生创业融资问题

一、大学生创业融资渠道

大学生创业融资渠道如图 2-4 所示。

图 2-4 大学生创业融资渠道

1）政策基金

政府提供的创业基金通常被称为创业者的"免费皇粮"。优势：利用政府资金，不用担心投资方的信用问题；政府的投资一般都是免息的，降低或者免除了融资成本。劣势：申请创业基金有严格的程序要求；政府每年的投入有限，需面对其他融资者的竞争。

2）亲情融资

大学生筹集创业启动资金最常见、最简单的途径就是向亲友借钱，它属于负债筹资的一种方式。其优势在于向亲友借钱一般不需要承担利息。这个方法筹措资金速度快、风险小、成本低。其缺点体现在向亲友借钱创业，会给亲友带来资金风险，甚至是资金损失，如果因创业失败而无法还钱就会影响双方感情。

3）银行贷款

银行贷款有抵押贷款、信用贷款、担保贷款、贴现贷款等。银行贷款的优点是利息支出可以在税前抵扣，融资成本低，运营良好的企业在债务到期时可以续贷。缺点是一般要提供抵押（担保）品，还要有一定比例的自筹资金，由于要按期还本付息，如果企业经营状况不好，就有可能导致债务危机。

4）高校创业基金

高校在大学生创业期间能起到鼓励、促进的作用，大多数高校都设立了相关的创业基金，以鼓励本校学生进行创业尝试。优势：相对于大学生这个群体而言，通过此途径融资比较有利。劣势：资金规模不大，支撑力度有限，面向的对象不广。

5）天使投资

天使投资是自由投资者或非正式风险投资机构，对处于构思状态的原创项目或小型初创企业进行的一次性的前期投资。优势：民间资本的投资操作程序较为简单，融资速度快，门槛也较低。劣势：很多民间投资者在投资的时候总想控股，因此容易与创业者发生一些矛盾。

6）风险投资

风险投资是一种融资和投资相结合的投资方式，是指创业者通过出售自己的一部分股权给风险投资者来获得一笔资金，用于发展企业、开拓市场。当企业发展到一定规模时，风险投资者卖出自己拥有的企业股权以获取收益，再进行下一轮投资，许多创业者就是利用风险投资使企业渡过初创阶段的。风险投资比较青睐那些有科技含量、创新商业模式、豪华团队背景以及现金流良好、发展迅猛的项目。

7）合伙融资

合伙融资是指按照"共同投资、共同经营、共担风险、共享利润"的原则，直接吸收单位或者个人投资来合伙创业的一种融资途径和方法。优势：有利于对各种资源的利用和整合，增强企业信誉，能尽快形成生产力，降低创业风险。劣势：容易产生意见分歧，降低办事效率，也有可能因为权利与义务的不对等而使合伙人之间产生矛盾。

二、各类型企业融资方式的选择

创业企业可分为制造型、商业服务型、高科技型和社区型等几种类型。各类型企业的融资特点和融资方式的选择如下。

1）制造型企业

制造型创业企业的资金需求是多样而复杂的，这是由其经营的复杂性决定的。无论是用于购买原材料、半成品和支付工资的流动资金，还是用于购买设备和零配件的中长期贷款，甚至产品营销的各种费用和卖方信贷都需要外界和金融机构的支持。一般而言，制造型企业资金需求量大，资金周转相对较慢，经营活动和资金使用的涉及面

小贴士：不同类型的企业，创业融资特点和融资方式不同。

也相对较宽,因此,风险相应较大,融资难度也较大,可选择的融资方式主要有银行贷款、租赁融资等。

2) 商业服务型企业

商业服务型创业企业的资金需求主要是采购库存商品所需的流动资金和促销活动产生的经营性开支。其特点是量小、频率高、借款周期短、借款随机性大。中小型银行贷款是其最佳选择。

3) 高科技型企业

高科技型创业企业的主要特点是"高风险、高收益",除了通过一般创业企业可获得的融资渠道进行融资外,还可采用吸收风险投资、天使投资、科技型中小企业创业投资引导基金等方式进行创业。风险投资公司的创业基金是有效支持高新技术产业发展的理想的融资渠道。

4) 社区型企业

社区型创业企业,如餐馆、美容美发店、水果店、便利超市等,具有一定的社会公益性,容易获得各项优惠政策,如税收优惠政策、资金扶持政策等。该类创业企业应首先考虑争取政府的扶持资金。

三、大学生常见融资问题

多数大学生在自主创业时会遇到"缺经验、少资金"的困难。初出茅庐的大学生在初次创业的道路上除了要面对自己在社会经验、管理能力等方面的不足外,还常常在创业融资方面走入误区,主要表现在以下三个方面。

误区一:急于得到企业启动或周转资金,为小钱让大股份,贱卖技术或创意。有不少核心技术拥有者在公司运营一段时间后,对当初的投资协议深感不满并提出毁约,而这样做的后果只能是在市场上臭名昭著。

误区二:即便投资人不能提供增值性服务和指导,仍与其捆绑在一起。

误区三:对风险投资的使用不负责任,烧别人的钱,圆自己的梦。每一轮融资中的投资者都将影响后续融资的可行性和价值评估。因此,对于尚处于初创期的创业公司来说,应引入一些真正有实力、能提供增值性服务、与创业者理念一致的投资者,哪怕这意味着暂时放弃一些眼前的利益。

针对上述三个误区,创业者在融资的过程中需要做好以下工作:

(1) 在制定融资方案之前要准确评估自己的有形资产和无形资产的价值,千万不要妄自菲薄,低估了自己的价值。

(2) 融资过程中要做好融资方案的选择。多渠道的比较与选择可以有效降低融资成本、提高效率。

(3) 如果采用出让股权的方式进行融资,则必须选择合适的投资者。只有与创业者经营理念相近,且业务或能力能够为投资项目提供渠道或指导的投资者才能有效支撑企业的成长。

(4) 创业不仅是实现理想的过程,更是使投资者(股东)的投资保值增值的过程。

创业者和投资者只有通过企业这个载体才能达到双赢的目标。"烧投资者的钱,圆自己的梦"的问题,说到底还是企业家的信用问题,拥有这种思想的人不会成为一个

> 特别提醒:大学生创业一定要警惕融资误区!

成功的创业者。能为股东创造价值的企业家才能得到更多的融资机会和成长机会。因此创业者不仅要加强自身的技术能力,还需要具备企业家的道德风范。

 角色扮演:创业者与投资者

请分别扮演创业者与投资者,互相提出创业融资可能遇到的各种问题。

项目三

钱要怎么赚
——小公司的商业模式

CHUANGYE GUANLI
CAISHUITONG

项目导入

同学们,在上一项目中我们学习了创业该如何进行融资,接下来就要考虑怎么赚钱,也就是小公司的商业模式。一个好的商业模式能够帮助企业获取更多的利润,对于刚起步的小公司来说尤为重要。

教学目标及要求

1. 知识目标:掌握商业模式画布,了解各种新兴商业模式。
2. 能力目标:能够熟练运用商业模式画布进行分析;能够结合互联网的大背景选择适合自己的商业模式进行创业。
3. 素质目标:激发创新精神,培养实践能力。

赚钱之一:认识商业模式

什么是商业模式

一、商业模式的概念

商业模式是指为实现客户价值最大化,通过整合企业运行所需的内部和外部资源,培育和形成企业独特的核心能力,使企业达成持续盈利目标的整体解决方案和运行方式。

二、创建商业模式

创业企业要实现盈利,首先要搭建清晰的商业模式。不同的投资机构在提供资金时都会重点考察创业企业的商业模式定位,以及实施难度。很多创新型商业模式尚未得到市场验证,具有较高的不确定性,因此在面对预期盈利主要依赖于创新商业模式的项目时,各类提供融资的机构都会更为审慎。

《科学投资》杂志曾对我国企业失败的原因做过调查,调查结果表明:因为战略选择不当而失败的约占23%;因为计划执行不当而失败的约占28%;因为商业模式不合适而失败的约占49%。国外学者莫里斯对关于商业模式的主要观点进行了归纳,并划分为经济类、运营类和战略类。经济类视角将商业模式定义为盈利模式,解释企业如何赚钱的问题。运营类视角则更加关注公司内部结构与外界要素的互动转化,将商业模式视为连接公司内外要素的运作系统。战略类视角将价值概念纳入商业模式的范畴,把商业模式描述为组织通过价值创造与价值获取,以获得可持续竞争优势的方式。

1) 精心研究客户需求

以客户为中心,就是要精心研究客户需求,从客户的角度出发,重要的不是企业能够为客户提供什么,而是客户希望得到什么。客户的期望值比产品本身更重要,提高客户满意度的关键是企业必须按照客户的要求,有效地满足客户对自己产品或服务的期望值。消费者对消费体验提出了更高的要求,企业应以创造用户全流程最佳体验为宗旨。顾客参与是让顾客参与到产品的开发、设计、生产、运营等系统中,用户不再是被动地接受产品,而是真正地参与到产品的生产运作中。没有人比顾客更了解自己的需求,通过顾客参与,企业不仅可以有效捕捉消费者真实和潜在的消费需求,将产品的研发、服务与客户需求相结合,激发创新团队的创意,缩短产品开发周期,降低开发成本和开发风险,还能将不同顾客需求进行归类,细分消费市场,满足不同消费者的消费需求。随着市场竞争的日益激烈和顾客地位的不断提高,顾客参与已成为商家在竞争中采用得越来越多的战略手段。

2) 实施客户互动管理

以客户为中心必须深化服务,实施客户互动管理。让顾客在企业经营过程中占据主导地位,将客户前置,让其参与产品或服务的设计、制作、定价等过程。企业可以运用互联网、移动终端和社交网络等与顾客交流,让顾客提供意见、建议,参与产品开发。通过这种方式产生的新产品才能真正满足顾客的需求,有效提高顾客的忠诚度。让企业在选择目标市场和制定营销管理决策时进行定量分析和提前预判,通过对其生态系统中的客户信息进行全面分析和处理,就能实现精准营销,降低营销成本,提高营销效果。

3) 创造新的附加值

一个产品的价格,实际上是由"产品成本+附加值"构成的。创造新的附加值的形式有很多,在实践中有三条途径:文化附加值、服务附加值、附件附加值。随着移动互联网和大数据技术的快速发展,用户与数据中心之间的连接变成了用户与用户之间的连接,形成了基于社区的、以用户为核心的服务生态体系。而用户需求的核心也不再是以使用为导向,而是以使用过程中的价值为导向。消费者越来越主动地参与到企业的设计、研发、销售等过程中,彰显自己的个性,体现自己的创意,随时发表自己的观点。消费者在零售消费中更加关注娱乐与社交功能的体验,对体验的期望值变得越来越高。这也对创业企业不断提出新的要求,企业需要增强用户获取数据的便利性,实现从产品价值导向到以客户体验价值为中心导向的转换。客户体验的提升也正是激发信息消费的根本原因。数据将彻底改变客户服务的方式,因为成功的客户服务过程中,数据是关键要素。

三、不同创业阶段的商业模式

商业模式是商业战略生成的基础,商业战略是在商业模式基础上的行为选择。商业模式的价值主张、价值网络和价值实现等要素之间的不同组合方式,形成了不同的商业战略。无数的创业者充满热情地去创业,但是因为缺乏正确的思路,缺乏创业方

小贴士:精准营销就是在精准定位的基础上,依托现代信息技术手段建立个性化的顾客沟通服务体系,实现企业可度量的低成本扩张之路,是有态度的网络营销理念中的核心观点之一。

法的指导,80%的初创企业无法活过3年。它们最缺乏的就是软实力,软实力才是企业成长的关键点。

1. 创业的初始阶段

创业者必须进行市场定位并适时进行调整,以保证自身生存。在这一阶段,创业者通过对行业以及国情的研究、解读,把握创业机会,构思商业创意,形成一个可行性商业计划,并通过整合各方面的资源,创立一个新企业,开始进入创业初始阶段。创立企业后,创业者需要明确企业是为谁服务的,客户的价值在哪里,怎样实现客户价值。因此,创业企业需要进行客户价值挖掘,发现客户的价值所在,形成一个持续有效的需求搜集体系。而在明确了客户价值之后,企业需要有获取客户信息、实现客户价值的途径,从而通过实现客户价值来实现自身的盈利。因此,创业企业在这一阶段必须开始构建一个独特的商业模式,进行商业模式创新,使创业企业与行业内其他企业区别开来,只有这样,企业才能生存,安全度过生存期。创业初始阶段的商业模式路径如图3-1所示。

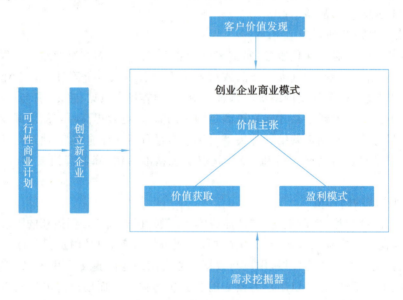

图 3-1 创业初始阶段的商业模式路径

2. 早期成长阶段

创业企业在经历重大的市场变化以及财政、资源得到充分利用后,会得到快速的发展与成长。创业者在创业初期构建了一个初步的商业模式,经过创业阶段的发展,企业内外部环境都开始发生变化,市场竞争也愈加激烈。在这种情况下,创业企业要想保全自己,并得到快速的发展,必须根据内外部环境的变化不断创新自身的商业模式,形成一个动态的、完整的、独特的商业模式。这个商业模式要能够引导企业未来的发展方向,为创业企业在早期发展阶段赢得独特的竞争优势,并使企业获得成长资源,为企业带来早期的快速成长。早期成长阶段的商业模式路径如图3-2所示。

3. 晚期成长阶段

在晚期成长阶段,创业企业在发展的同时,要不断根据内外部环境调整自身的商

项目三 钱要怎么赚——小公司的商业模式

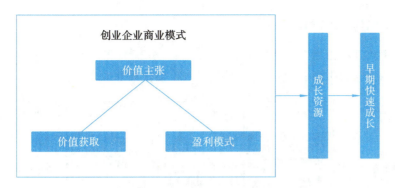

图 3-2 早期成长阶段的商业模式路径

业模式,使之能更好地为企业服务。在形成一个比较成熟的商业模式后,企业就可以复制该商业模式,如在其他地区开始新业务后,就将成功的商业模式应用到其他行业,以此来扩张企业规模。晚期成长阶段的商业模式路径如图3-3所示。

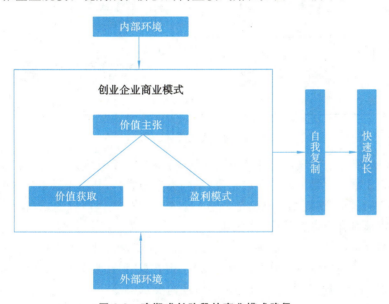

图 3-3 晚期成长阶段的商业模式路径

赚钱之二：商业模式画布

一、商业模式画布的概念

在当今的互联网时代,每天都有很多人在思考怎样创业,怎样才能够赚到钱,商业模式应该是什么样的。商业模式设计中最流行的一个工具就是商业模式画布。商业模式画布就是一种用来描述可视化评估以及改变商业模式的通用语言。

商业模式画布

45

二、商业模式画布的组成

商业模式画布由 9 个构造块组成(见图 3-4),分别为客户细分、价值主张、渠道通路、客户关系、收入来源、核心资源、关键业务、重要伙伴和成本结构。

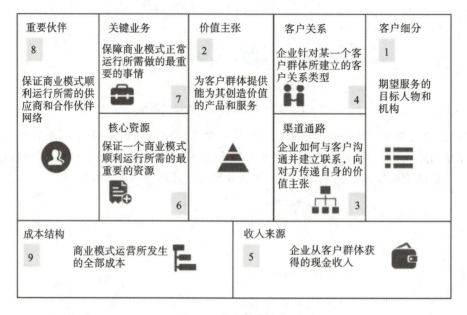

图 3-4　商业模式画布

(1) 客户细分。客户是任何一种商业模式的核心,没有客户就没有获益的来源,对于初创企业来说更是如此。一般来说,不同类型的客户,其需求是不一样的,企业为了满足客户的需求,就要知道自己是为哪一个客户群体提供服务的,也就是要根据客户的不同需求对客户进行细分。

客户细分可以从两个方面进行考虑:第一,外在属性。就是客户的一些外在因素,比如客户所处的地域以及所属的行业。第二,内在属性。就是客户的内在因素,比如客户的性别、年龄、收入、爱好以及心理价值取向等。

(2) 价值主张。一个好的价值主张,应该能够描述客户从企业提供的产品和服务中期望得到的收益。价值主张是商业模式当中最重要的一个环节,它值得企业花更多的时间去思考和设计。

(3) 渠道通路。渠道通路用来描绘企业如何沟通、接触客户细分群体以及传递价值主张。

(4) 客户关系。客户关系包括获取客户关系和维护客户关系,从而进一步提升产品的销量。

(5) 收入来源。收入来源用来描绘公司从不同客户细分群体中获得的收入。收入的类型有销售收入、租赁收费、授权收费,还有互联网企业中常见的广告收入。

(6) 核心资源。核心资源用来描绘让商业模式有效运作所必需的最重要的因素。这是商业模式的基础。

核心资源可以分以下几类:

第一，有形资源，例如厂房设备、原材料、资金。

第二，无形资源，包括品牌、技术、专利、企业文化。

第三，人力资源，包括组织成员及其向组织提供的技能、知识以及推理和决策的能力。

一个企业的核心资源可以是自己的，也可以是重要合作伙伴的，不同的商业模式所需的核心资源也会有所不同。

（7）关键业务。关键业务用来描绘为了确保商业模式可行，企业必须要做的最重要的事情。企业要清楚这些事情是什么。

（8）重要伙伴。它描绘了让商业模式有效运作所需的供应商与合作网络。重要伙伴有三种类型：合资关系、可靠的供求关系和战略联盟。战略联盟可能出现在竞争者或非竞争者之间。

（9）成本结构。成本结构用来描绘运营一个商业模式所引发的所有成本。

实际上，商业模式远远不止这9个构造块。每一个构造块都代表着成千上万种可能性和替代方案，可以按照一定的逻辑顺序将它们组合起来。只有找到最佳的方案，才能够实现最大的盈利。

案例讨论

大众点评的商业模式画布

很多人都在用大众点评，那大众点评的商业模式画布又是怎样的呢？让我们一起来分析一下。

1. 大众点评的客户细分

大众点评将客户细分成了四类，具体如下：

第一类，大学生群体，尤其是追求时尚但是缺乏经济收入的这部分大学生。因为通过大众点评，吃饭或者看电影就可以便宜一点。

第二类，年轻白领，因为他们喜欢尝试新鲜的事物，接受能力比较强。

第三类，一些商务人士，他们本身消费能力比较强，而且有生活品位。

第四类，一些商家，商家可以在大众点评里面进行广告宣传，提供各种服务。

2. 大众点评的价值主张

大众点评的价值主张主要有三个：

第一，能提供一些团购产品的信息，为客户提供其所需要的产品，且大多数都是一些高折扣的产品；

第二，作为商家营销的平台，是供应商的一个广告渠道，能够为供应商进行产品营销；

第三，能够提供一些消费者保障服务，包括未消费随时退款、过期未消费无条件退款，极速退款，不满意就免单等。

3. 大众点评的渠道通路

大众点评的渠道通路主要有四个方面：

第一，通过一些活动进行传播，即传统的媒介传播；

第二，通过一些网站推广进行网络营销；

第三，通过网友的点评和店面的宣传进行事件传播；

第四，通过建立网络虚拟社区，进行口碑宣传。

通过这四种方式可以让更多的客户知道大众点评。

4. 大众点评的客户关系

大众点评获取和维护客户关系的渠道主要有：社交媒体、商家和顾客的支持，以及最重要的诚信系统和信用评价体系。

5. 大众点评的收入来源

大众点评的收入来源主要有：团购订单提成，优惠券返点，消费卡返点，商场、连锁店、大型门店的主题活动合作。

6. 大众点评的核心资源

大众点评的核心资源就是以点评、会员折扣为核心，打通出版、互联网和无线增值，吃喝玩乐，随时掌握。

7. 大众点评的关键业务

大众点评的关键业务有：餐馆搜索引擎、网友第三方评论和增值信息发布。

8. 大众点评的重要合作伙伴

大众点评的重要合作伙伴有：各类吃喝玩乐商家、各类吃喝玩乐顾客以及企业投资人。

9. 大众点评的成本结构

大众点评的成本结构有：公司运营成本、技术研发、广告宣传、促销活动、品牌塑造、品牌提升等。

 模拟实战

1. 确定公司的商业模式。
2. 分析商业模式画布。

赚钱之三：创业的模式选择

一、岗位创业

岗位创业也叫企业内部创业，是指在从事岗位工作的同时，利用自身的专业技能知识以及所掌握的资源进行创新创业活动。大学生自主创业往往受到经验、资金、人脉等资源的限制，难度大、成功率低，而岗位创业可以依托已有企业资源，较容易获得成功。

1. 岗位创业的优势

每个人都可以在自己的岗位上创业。企业不仅可以实现人们的人生追求和价值追求,还提供了更广阔的发展空间和更优化的发展平台。岗位创业可以说是一种"零"成本、高回报的创业模式。

首先,提供资源。企业已经为员工在岗位上创业提供了资源。无论是岗位资源、人力资源,还是资金资源,都不需要"创业者"四处奔波筹集。

其次,降低风险。企业的经验可以供员工直接拿来吸收,这就使"创业"的风险降到最低,员工可以冒着最小的风险开辟事业。当员工在"创业"过程中发现自己缺失某些技能,或者在某些方面存在缺陷时,企业就会及时提供相应的培训与辅导,帮助员工补齐自己的短板。

最后,减轻压力。在岗位创业期间,企业会分担员工的压力。对员工而言,企业永远是自己最坚实的后盾。特别是在员工出现失败的情况下,企业会为员工的失败买单,不仅如此,企业还会为员工的失败提供咨询和分析,帮助员工找出失败的原因,帮助员工建立自信,走出失败的阴影,从头再来。这一点是单独创业者不可能获得的"优待"。

> 提示:与自己单独创业相比,大学生在岗位上创业所要面对的创业环境会更加优化。

2. 大学生如何进行岗位创业

每个大学生创业者身上最鲜明的特点就是有相关专业背景,几乎每个大学生创业者都能把自己在大学期间接受的专业教育直接应用于自己的创业实践。大学生要想参与到岗位创业中去,主要应做好以下几个方面。

(1) 积极参与学校提供的创业教育通识课程。在岗位创业意识得到培养的基础上,积极学习专业类创业课程,增加岗位创业知识,而这正好契合了高校创业教育体系侧重于岗位创业意识、精神、能力培养的要求。

(2) 积极参与专业教师渗透创业内容的专业课程教学。以创新人才培养模式、优化课程体系、贯通人才培养环节为重点,积极将创业教育与专业教育深度融合。

(3) 积极响应学校的专业实践教学,强化岗位创业能力的培养。通过该层次的创业教育融入,结合专业实习、毕业设计等环节,引导学生在择业时选择合适的岗位或岗位意向,或选择自主创业。

案例讨论

岗位创业模式

模式一:杯酒释兵权

代表企业:用友、华为

用友公司曾在合肥、武汉和温州推行"创业计划",公司总裁王文京希望这些地区分公司的员工离开公司,转为自行创业的代理商。王文京为离职做代理并成立公司的员工提供资金和产品的支持。员工级的能获得 8 万元赞助,经理级的能获得 15 万元赞助。这一举措掀起轩然大波,一些员工认为这是在变相裁员。

这种推行"内部创业"的举措并非第一起,早在2000年,华为也做过。当时华为把公司非核心业务和公交、餐饮等服务业务外包给老员工作为创业机会。华为鼓励员工离职创立新公司,帮助华为打通全国的分销网络,作为支持,为创业的员工免费提供价值相当于员工所持华为内部股1.7倍的公司产品。当然,以上政策是有条件的,创业公司要避免同业竞争,更不能挖华为的墙脚。现在,一些为华为做工程安装调试工作的公司就是当初华为内部创业的人所创办的。

启示

用友和华为当然也有其他形式的内部创业,"杯酒释兵权"只是在特定时期的特定政策。用友是由于原有的渠道成本压力太大,需要变革;华为更多的是需要解决老员工的出路问题。在这里创业不是目的,而是企业解决其他问题的工具。

模式二:公司风险投资式

代表企业:壳牌、英特尔

自从互联网引发了风险投资的热潮后,风险投资就渐渐成为被采用得较多的创业方式之一。英特尔、微软、诺基亚等企业都成立了自己的风险投资公司或机构。这种投资不仅可以针对公司外部的项目,同样可以针对公司内的部门或创业者。不过,最常见的是整合资源、内外兼顾。例如,壳牌石油的"游戏改变者"项目是该公司勘探与生产部发明的,为了给公司寻找新的市场机会,特别是突破性的机会,项目组四处收集创意,并为最有希望成功的想法提供资助。公司将10%的技术预算按风险投资的方法来使用。

启示

公司从事风险投资的形式主要有两种:一种是把用于风险投资的资金委托给专业的风险投资公司进行管理,由其成立的投资基金根据委托方的战略需要选择投资目标;另一种是公司直接成立独立的风险投资子公司,其运作方式与专业的风险投资公司相似。不过,一项来自英国的研究表明,那些针对企业外部的风险投资,新创建的业务只有不到5%被母公司采纳。

模式三:15%模式

代表企业:3M、Google

对创新型公司来说,最经典的案例莫过于3M的15%定律了。员工可以不经同意,使用15%的工作时间做个人感兴趣的事,而高层会帮助员工排除创新过程的内部阻力。几十年来,这条定律已使3M的员工骨子里渗透着创新的气息。

Google现在同样使用了这一招,甚至更宽松。在Google,员工有20%的自由工作时间可参与Top100中的任何项目。Top100是一个随时变动的项目列表,列表来自"想法邮递列表",它像是一个面向所有员工的留言板,员工有了一个创意,就可以写在上面,其他的员工则可以对项目发表自己的建议并投票,很多好的项目会因为高的投票率而自然凸显出来。当然,Google会通过技术手段对员工的内部创业进行支持,如千万美元级别的"创始人奖",或将项目开放给公众测试。

启示

15%模式的最大特点是有自由和开放的空间。公司预留出余地,不对员工的任何创新进行限制,那些绝妙的创意很自然地进化到创业的实操阶段。但15%模式的真正意义在于,它创造了一种组织的理念,为公司的创业文化赋予了灵魂。

二、电商创业

1. 电子商务的优势和特征

(1) 普遍性。电子商务作为一种新型交易方式,将消费者、生产者、流通企业和政府带入了一个数字化网络经济时代,将人工操作和电子信息处理集成为一个不可分割的整体。

(2) 方便性。电子商务不再受地域的限制,以非常简捷的方式完成过去较为复杂的商务活动,并且能够全天候地存取资金、查询信息等,服务质量大幅提高。

(3) 安全性。安全性是电子商务至关重要的核心问题,现在的网络体系结构使得端到端的安全解决方案得以实现,如加密机制、安全管理、签名机制、防火墙、防病毒保护等。

(4) 协调性。作为一种新型的商业运营模式,电子商务使得客户与公司内部、生产商、批发商、零售商之间的关系得以协调,银行、配送中心、通信部门、技术服务等在电子商务环境中协调一致、配合有序。

> 小提示:以电子商务为载体开展的创业活动,都可以称为电商创业。

2. 大学生电商创业的机会

(1) 开设网上商店投资小,与租用店铺相比,商品价格相应地比传统店铺要低,这种价格优势也使网店具有更好的资金流动性和投资回报率。

(2) 一个面向全球的、一年365天不间断营业的店铺,辅以微信、QQ等现代通信方式和以顺丰速运等为代表的发达的物流配送体系,就构成了网上店铺的软硬件环境,只要会上网就能开网店创业。

(3) 电商创业不受店面空间的制约,只要经营者有能力,就可以在网络页面上展示成千上万种商品的图片。

(4) 在网上建立店铺,能够利用网络搜索技术的便利性,容易搜集到客户信息,提供个性化的服务,建立良好、长远的客户关系。

(5) 电子商务创业在时间上相对灵活,大学生可以在学习的同时,兼顾打理网店。

三、技术创业

技术创业是指创业者在高层次技术的基础上所开展的创业活动。大部分技术创业型企业成长快、能力强,因此很多国家对技术创业领域特别关注。技术创业者必须能够识别技术密集型事业机会,为了实现目标必须募集人才和资金,为了适应快速成长的局面应能够及时做出战略决策。

1. 技术创业的关键点

1) 产品及想法

现在这个时代信息量大、优秀产品层出不穷,只有迎合用户的需求甚至超出其期望才能获得成功。创业者不仅需要好的想法、产品构思,也需要好的合伙人(三种合伙人,即管理、销售、技术),构建具有强大执行力的团队。

2）合伙人的模式

有了好的想法或者产品构思，下一步就是组建初始的核心部门，作为技术创业者可以采取以下几种模式：几个同学或者朋友一起组建团队，类似于腾讯、新东方的合伙人模式；一个创始人找项目找人，凑在一起做一项事业，类似于马云、史玉柱那样的创业公司；家族式创业，类似于当当网、四川希望集团。不论基于哪种模式所搭建的合伙人团队，都需要保持一个目标。

3）合伙人的分工

建立行政、产品、技术、销售互补型合伙人团队。合伙人团队难免会有意见冲突，有了冲突后要有很好的解决矛盾的机制，如投票制；利益和目标要一致，公司重大事项透明化，减少猜忌，避免沟通误区；把合伙人当成创始人对待，建立起责任机制并发挥主人翁精神。

2. 新时代新技术创业的趋势

（1）新技术创业本身，是纯正意义上的技术创业。在以色列有很多技术创业公司，它们会在某个细分领域做技术创新。这样的创新通常会成为大公司的收购标的。这些公司能够共同推动一个产业的技术突破，在很多领域都有这样的机会。

> 提示：未来的新技术创业趋势会越来越多地聚焦在数据和应用层面。

（2）新技术创业更多地体现为新技术的应用而不是新技术的创造。在中国，这样的机会尤其多，因为中国是世界上最大的单一市场，能够孕育出很大的应用机会。除了一些特别专注于技术本身的公司，大部分企业之间的产品差异性可能很大，但核心技术壁垒表现得并不明显。比如人工智能，真正在算法上做创新的企业非常少，多数企业在算法达到门槛之后，在应用、数据和场景方面的创新做得更多一些。不管是现在很火的无人驾驶还是智能医疗，其创新点并不是在算法上。

VR、AR是目前非常热的领域，人工智能的热度也一直在持续增加。需要说明的是，人工智能的应用如今尚处于早期阶段，大规模的商业应用目前还没有到来。所以当前阶段，数据积累特别重要，与此相关的"数据创业"方向，热度持续攀升。这里面既包括有关底层的数据结构和数据处理的一些公司，也包括在数据积累上有独特优势的公司。

四、加盟创业

1. 加盟创业的概念

大学生创业只要能根据自身特点，发挥优势，弥补劣势，选择合适的创业方式，找准"落脚点"，就能使自己的创业计划更为实际可行，就能多一份把握与胜算。一个比较好的领域就是以特许加盟方式从事连锁经营，这一方式可以发挥大学生创业的优势，弥补大学生创业的劣势，通过"扬长补短"的方式来提高大学生创业的成功率。

> 提示：大学生创业者资金实力较弱，适合选择启动资金不多、人手配备要求不高的加盟项目，从小本经营开始为宜。

统计数据显示，在相同的经济领域，个人创业的成功率低于20%，加盟创业则高达80%。对创业资源十分有限的大学生来说，借助连锁企业的品牌、技术、营销、设备优势，可以以较少的投资、较低的门槛实现自主创业。但连锁加盟并非零风险，大学生涉世不深，在市场鱼龙混杂的现状下，选择加盟项目时更应该注意规避风险。大学生创业者最好选择运营时间在5年以上、拥有10家以上加盟店的成熟品牌。

2. 加盟创业的优势

（1）弥补社会经验不足的劣势。

大学生采用特许加盟的创业方式可以减少创业风险。于创业者来说，最重要的莫过于选择一个好的市场项目。在选择好的市场项目上，大学生由于刚走出校门，对市场不了解，往往不知道该选择什么样的市场项目。而特许加盟的项目大多是经过市场验证的项目，不仅市场需求量大，而且具有一定的稳定性和增长性。一般情况下，采取特许加盟的创业方式要比独立创业的风险小得多，成功的概率要更高。有调查数据显示，在创业的第一年中，自营店铺的失败率远大于通过加盟的方式开设的店铺。

（2）弥补动手能力差的劣势。

大学生采用特许加盟的创业方式可以得到特许总部的系统培训和指导，特许人的经营管理理论多是在行（专）家的指导下，通过大量的实践摸索出来的，是具有可操作性和较强实战性的理论。而刚出校门的大学生虽然具备理论知识，但是动手能力差，缺乏实际操作，加入特许加盟企业后，可以立即得到特许总部在管理技巧、经营诀窍及服务、质量、业务知识等方面的培训；有时总部还会派专业的工作人员帮助加盟者解决在开业之初及经营过程中出现的问题，使其能集中精力，以最有效的方式经营和管理企业。

（3）弥补资金缺乏的劣势。

大学生采用特许加盟的创业方式可以缓解资金短缺的燃眉之急。对于大学生创业者来说，最关心和最棘手的事就是资金的筹集。大学生刚出校门，资金来源渠道十分有限，往往会因资金缺乏而丧失商机或因资金周转不灵而陷入困境。与其他创业模式相比，特许加盟的资金门槛较低，有很多低成本的加盟项目需要的开业资金并不多，如餐饮业、服务业等。有些特许总部甚至会向加盟者预拨一部分资金作为财政援助，帮助创业者度过初期困难，还有些总部会联系银行，采用担保方式使加盟者获得贷款。

（4）大学生采用特许加盟的创业方式可以享有知名品牌、商标带来的利润。

大学生独立创业初期，短时间内难以扩大市场知名度，提高声誉。而绝大多数情况下，特许总部已经建立了良好的公众形象，并能提供高品质的产品和服务，大学生如果加盟这些组织，就可以分享这些无形资产，使自己的知名度和信誉随之提高。从消费者的角度来说，一般会把受许人看成特许人属下的企业，从而对受许人增强信赖感，受许人可以借此迅速建立自己稳固的市场地位并不断发展壮大。

（5）大学生采用特许加盟的创业方式可以受益于整体广告带来的客源，受许人可减少广告宣传费用。

大学生加盟的特许总部为了扩大市场知名度，会定期在市场做大量的宣传，一方面可以提高自身荣誉，获得更多的客源；另一方面可以吸引更多的加盟者。特许总部的广告宣传费是由众多加盟者分摊的，这样总部可以在更大的范围内进行宣传，影响更广，效果更好，而加盟者分摊的宣传成本相比独自宣传来说要低很多。同时，特许总部在各地发展的加盟店本身也是很好的宣传。相比其他创业模式，大学生特许加盟可以减少很多宣传费用。

赚钱之四:"互联网+"商业模式

一、O2O 模式

1. O2O 模式的概念

O2O 即"online to offline",这个概念最早来源于美国,起初是指美国大型的零售店通过互联网向消费者出售实体店的商品,现在是指一种将线下交易与互联网结合在一起的新型商务模式。如图 3-5 所示,在 O2O 模式中,网上商城通过打折、提供信息和服务等方式,将线下商店的消息推送给线上用户,用户在获取相关信息之后可以在线完成下单和支付等流程,然后凭借订单凭证去线下商家提取商品或享受服务。

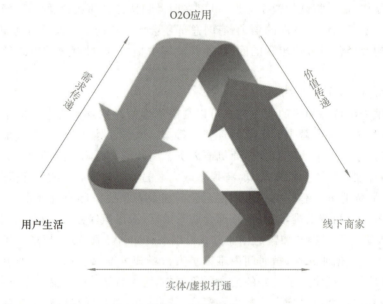

图 3-5　O2O 模式

O2O 模式依靠线上推广交易引擎带动线下交易,以加大商户的参与度,并提升用户的体验感。O2O 模式将线下商务的机会与互联网结合在一起,让互联网成为线下交易的前台。因此,O2O 模式是把线上和线下的业务与互联网技术相结合,将互联网作为线上与线下的平台。

2. 发展历程

在 1.0 阶段,O2O 模式表现为线上和线下初步对接,主要是利用线上推广的便捷性将相关的用户集中起来,然后将线上的流量推向线下,主要集中在以美团为代表的线上团购和促销等领域。在这个过程中,存在的问题主要是单向性、黏性较低等。平台和用户的互动较少,基本上以交易的完成为终结点。用户的消费行为更多受到价格等因素驱动,消费频率相对较低。

发展到 2.0 阶段后,O2O 基本已经具备了人们所理解的要素。它在这个阶段最主要的特色就是升级为服务性电商模式,包括商品(服务)、下单、支付等流程,将之前简单的电商模块,转移到更加高频的生活化场景中。传统的服务行业一直处于低效且劳动力消化不足的状态,而在新模式的推动和资本的催化下,出现了O2O的狂欢热潮,于是上门按摩、上门化妆、送餐到家、滴滴打车等各种O2O模式层出不穷。在这个阶段,由于移动终端、微信支付、数据算法等技术较为成熟,加上资本的催化,用户数量呈井喷式增长,使用频率和忠诚度显著上升,O2O开始和用户的日常生活相融合,成为用户生活中密不可分的一部分。

到了3.0阶段,O2O开始出现明显的分化。一是真正属于垂直细分领域的一些公司开始凸现出来,比如专注于快递物流的"速递易",专注于高端餐厅排位的"美味不用等",专注于快速取餐的"速位"。二是垂直细分领域的平台化模式,由原来细分领域的解决某个痛点的模式开始横向扩张,将业务覆盖到整个行业。比如"饿了么"从早先的外卖服务到自行研发的蜂鸟系统,开始正式对接第三方团队和众包物流,以加盟商为主体,以自营配送为模板和运营中心,通过众包合作解决长尾订单,配送品类包括生鲜、商超产品,甚至能提供洗衣等服务,实现了平台化经营。

2010年之后,随着一批美国团购网站(如Groupon)的出现,O2O模式一时间站上了风口浪尖,国内随之出现了一大批以O2O模式为主的团购网站,如美团网、大众点评等。同时掀起了国内互联网企业对O2O这一模式追捧的热潮。2013年,O2O模式进入了飞速发展的阶段,扩张到了诸多行业,如医疗、社区服务、金融服务、外卖、母婴、招聘行业等。团购网站是国内目前O2O发展的典型方式。

> 提示:Groupon成立于2008年11月,以网友团购为经营卖点,每天只推一款折扣产品,每人每天限拍一次。

根据盈利模式的不同,O2O模式可以分为三种不同的类型,即广场模式、代理模式和商城模式,如表3-1所示。

表3-1 不同的O2O模式

类型	含义	代表
广场模式	网站为消费者提供产品或服务的发现、导购、搜索和评论等信息服务。网站通过向商家收取广告费获得收益	大众点评网、赶集网
代理模式	网站通过在线上发放优惠券、提供实体店预约服务等,把互联网上的浏览者引导到线下去消费。网站通过收取佣金分成来获得收益	拉手网、美团网、酒店达人、布丁优惠券
商城模式	由电子商务网站整合行业资源,用户可以直接在网站购买产品或服务。网站向企业收取佣金分成	到家美食会、易到用车

目前O2O网站的盈利模式还是以向商家收取广告费和佣金为主。如果能够让商家根据营销效果来付费,网站给商家提供精准的增值服务,无疑能够促进O2O网站的进一步发展。O2O网站未来应着眼于挖掘更具潜力、更具竞争力的业务模式,借助自身的媒体优势,帮助商家挖掘更多的增值业务,实现与商家的共生共存、互利共赢。

3. 应用价值

O2O的优势在于实现了线上和线下的完美结合。通过网购导购平台,将互联网与门面店完美对接,实现互联网落地,让消费者在享受线上优惠价格的同时,又可享受线下贴心的服务。

(1) O2O模式充分利用了互联网跨地域、无边界、海量信息、海量用户的优势,同时充分挖掘线下资源,进而促成线上用户与线下商品及服务的交易,团购就是O2O模式的典型代表。

(2) O2O模式可以对商家的营销效果进行直观的统计和追踪评估,规避了传统营销模式的推广效果不可预测性。O2O将线上订单和线下消费相结合,所有的消费行为均可以得到准确统计,进而吸引更多的商家,为消费者提供更多优质的产品和服务。

(3) O2O模式在服务业中具有优势,价格便宜,购买方便,且能及时获知折扣等信息。

(4) O2O模式将拓宽电子商务的发展方向,由规模化走向多元化。

(5) O2O模式打通了线上线下的信息和体验环节,让线下消费者避免了因信息不对称而遭受"价格蒙蔽",同时实现了线上消费者的"售前体验"。

对本地商家来说,O2O模式要求消费者在网上进行支付,支付信息会成为商家了解消费者购物行为的渠道,方便商家对消费者购买数据的搜集,进而达成精准营销的目的,以便更好地维护并拓展客户。开拓线上资源来获取顾客并不会给商家带来太多的成本,反而带来了更多的利润。此外,O2O模式在一定程度上降低了商家对店铺地理位置的依赖,减少了租金方面的支出。

对消费者而言,O2O模式及时提供了丰富、全面的商家折扣信息,能够快捷筛选并订购适宜的、价格实惠的商品或服务。

对服务提供商来说,O2O模式可带来大规模的高黏度消费者,进而争取到更多的商家资源。掌握庞大的消费者数据资源且本地化程度较高的垂直网站,还能借助O2O模式为商家提供其他增值服务。

> 小贴士:O2O可以实现商家、消费者、服务商三方共赢。

4. 经营模式

与传统的消费者在商家直接消费的模式不同,在O2O模式中,整个消费过程由线上和线下两部分构成。线上平台为消费者提供消费指南、优惠信息、便利服务(如预订、在线支付、导航)等,线下商户则专注于提供服务。在O2O模式中,消费者的消费流程可以分解为以下五个阶段。

第一阶段:引流。

线上平台作为线下消费决策的入口,可以汇聚大量有消费需求的消费者,或者引发消费者的线下消费需求。常见的O2O平台引流入口有:消费点评类网站,如大众点评;电子地图,如百度地图、高德地图;社交类网站或应用,如微信、人人网。

第二阶段:转化。

线上平台向消费者提供商铺的详细信息、优惠政策(如团购、优惠券)、便利服务,方便消费者搜索、对比商铺,并最终帮助消费者选择线下商户,完成消费决策。

第三阶段:消费。

消费者利用线上获得的信息到线下商户接受服务,完成消费。

第四阶段:反馈。

消费者将自己的消费体验反馈到线上平台,有助于其他消费者做出消费决策。线上平台通过梳理和分析消费者的反馈信息,形成更加完整的本地商铺信息库,可以吸引更多的消费者使用在线平台。

第五阶段:存留。

线上平台为消费者和本地商户建立沟通渠道,可以帮助本地商户维护消费者关系,使消费者重复消费,成为商家的回头客。

5. 行业发展

1) 百度

从 2015 年下半年开始,百度便加大了将核心流量资源导向 O2O 的力度,李彦宏更是拿出 200 亿,用来支持旗下平台百度糯米的发展,并从公司战略层面全面开启 O2O 扶持计划。

首先,在入口方面,截至 2015 年第三季度的数据显示,百度以 81.11% 的份额在搜索市场保持绝对优势,移动市场的营收也早已超过 PC 端。同时百度手机助手的市场份额连续 9 个月领跑国内市场,从流量入口变成超级入口。除此之外,百度网盘、百度地图等也已成为超级 APP。

而对于入口的下一步,百度选择了场景。一是加强搜索的服务场景。举个例子来说,用户搜索一部电影之后,之前的搜索只是为其展示信息内容,而百度做的是通过糯米、支付、地图等满足用户在线购票选座,并乘坐交通工具前往影院的所有场景。二是提升主流 APP 的场景服务能力,百度地图被视为 O2O 的重要入口之一,并相继提供了地图+出行、餐饮、酒店、门票、电影等各类生活服务,百度糯米和百度外卖也正从单一的餐饮扩展到更多的服务场景,已经在医疗、上门服务等领域有所动作。三是支付的引流和营销,百度钱包的定位已经从支付工具变成联合所有商户的超级钱包,借助"源泉商业平台"等起到导流、用户管理的综合平台作用。

而在生态和开放上,除了借助自家的核心产品如外卖、团购、电影票业务作为 O2O 的常态化业务外,百度一方面利用连接 3600 行等战略来扩大生态服务范围,另一方面借助"航母计划"对投资者开放百度优质资产的项目,目前已有百度糯米、91 桌面、作业帮、百度音乐等先后牵手投资者。

2) 阿里

阿里是 BAT 三方中与 O2O 联系最为紧密的一家巨头,但由于其布局战线过长,在上市后需要一定时间来进行巩固自身基础的工作。虽然阿里与各地政府展开智慧化合作,大有占领线下战场之势,但由于阿里流量属性整体还未摆脱"电商交易"的属性,其在社交和搜索流量上的突破进度,也让阿里的 O2O 大战劣势凸显出来。

第一,平台一直未能完美解决"假货"问题,这给其用户维护和用户转化都带来了一定压力;第二,阿里一直有个社交梦,但经历数次尝试之后,如今社交领域依旧是微信、微博、QQ 的天下,这让阿里想要通过社交获得新的流量突破点的美梦只能暂缓;第三,阿里 2015 年在 O2O 领域的大动作便是重启口碑网,虽然这一举措给其投资的 O2O 小巨头美团带来了一定压力,但随着美团与大众点评的合并,美团反而成为阿里在战略投资饿了么过程中的重要阻力。

3) 腾讯

作为和京东紧紧绑定在一块的巨头,腾讯拥有阿里如今在电商领域的最大对手——京东这个重量级合作伙伴,这无疑是腾讯在O2O大战中的一大卖点。

腾讯在PC时代尝试过从流量到电商的转化,但效果并不理想,C2C电商的拍拍网做失败后转手给了京东,之后被京东宣布关闭,而投资3.25亿人民币的高朋网也不见踪影,花费2亿收购的易迅最后也惨遭失败,转手给了京东。这些失败的教训让腾讯彻底放弃了自建服务的想法,进而选择与第三方合作,通过入股京东、美团、大众点评、同程等来完成在O2O领域的布局。其中最为亮眼的就是美团和大众点评。2014年2月,腾讯收购20%的大众点评股份,同年4月,大众点评再获8.5亿融资,腾讯为领投方,而在美团和大众点评合并后,腾讯更是追投10亿,这也算是腾讯错失OTA市场后的重要布局。

二、微商模式

微商模式

伴随着移动互联网的发展,微商行业开始兴起。目前微商常用的运营模式主要有以下三种,如图3-6所示。

第一种,微商代理销售模式。该模式是目前微商市场中占比最大,也是最传统的运营模式,是在传统线下代理销售模式基础上衍生出来的。

第二种,微商分销模式是在电商分销模式基础上衍生出来的运营模式。

第三种,微商直营模式是在电商直营模式基础上衍生出来的运营模式。

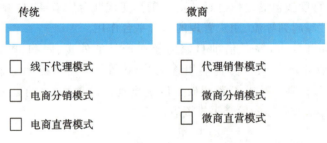

图3-6 传统商业模式与微商模式

1. 微商代理销售模式

1)线下代理销售模式

微商代理销售模式是在传统线下代理销售模式的基础上衍生出来的,做过实体生意的人都知道,在实体店能够买到的大部分的消费品,本身的渠道运营模式就是代理销售模式。线下代理销售模式,每个品牌划分层级和类型的方式都有所不同。按照代理层次可以划分为省级代理商、市级代理商、县级代理商;按照经销级别可以划分为一级、二级、三级经销商;按照区域代理人数,可以划分为独家代理和非独家代理。不同级别的代理商享有不同的产品价格折扣和其他一些优惠政策。

提示:各级代理商只能在自己管辖的区域进行招商和零售。

2)微商代理销售模式的概念

微商代理销售模式其实和传统线下代理销售模式类似,也划分为不同层次的代理级别,如图3-7所示。线下品牌代理级别的层次有区域概念,而微商代理级别的层次只是一个标签,不具有区域性,层级的叫法仅仅是为了区分不同的级别。

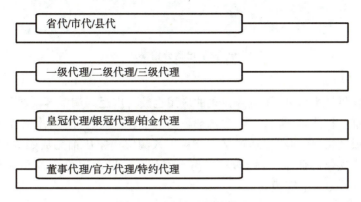

图 3-7 微商代理销售模式

虽然有些微商品牌在代理层次上采用区域概念,如省代、市代、县代,但是这个区域概念仅仅是用来划分层级的标签。有些品牌层级划分为一级代理、二级代理、三级代理,有些划分为皇冠代理、银冠代理、铂金代理等。

3)微商代理销售模式的特点

微商中任何一个代理级别,其招商范围都没有区域性,假如某一位同学想做某微商品牌的市级总代,不同于线下模式,这位同学不需要选择一个具体的城市。微商可以招任意地方的人成为代理商,也可以把产品销售给任意地方的人。没有区域性是微商代理销售模式区别于线下代理销售模式的一个显著特征。

与传统的线下销售模式一样,微商的代理级别越高,投资额和拿货量越大,相应的货物单价越低。同理,级别越低,投资额和拿货量越小,相应的货物单价越高。

4)如何选择

在不同代理级别之间,究竟是选择零售模式好,还是选择招商模式好?下面将代理层级从高到低依次划分为高级别代理、中级别代理和低级别代理进行探讨。

对于高级别代理,建议招商为主、零售为辅。因为高级别代理拿货量相对较多,零售难以缓解囤货的压力,也不适合发展团队。而招商不仅可以快速销货,还可以快速发展团队,所以建议高级别代理以招商为主、零售为辅。

对于中级别代理,可以招商和零售同时进行、相辅相成。因为中级别代理拿货量适中,囤货压力也不是很大,所以建议同时进行招商和零售。

低级别代理由于处于最低层次,下面没有可招商的对象,只能集中力量做好零售,服务好自己的客户。

提示:微商代理销售模式,最大的特点是无区域性。

2. 分销模式

1)电商分销模式

目前很多电商平台都有自己的分销系统,如天猫供销平台就是一个网络分销供货商。商家提交相关资质材料,申请加入天猫供销平台,申请成功后就可以成为平台的供货商。一些没有货源或是不想囤货的淘宝店家,可以申请成为这些供货商的分销商。天猫供货商会给每一个分销商品设定分销价格,分销商在淘宝上卖出产品后由供货商发货,淘宝店家赚取其中的差价。图 3-8 所示为电商分销模式。

图 3-8　电商分销模式

2）淘宝客模式

除了天猫供销平台外,淘宝客模式的应用也较为广泛。淘宝客模式是一种按成交计费的分销推广模式,这群推广者常常被称为淘宝客。人们可以从淘宝客专区获取商品推广代码或链接,任何买家通过推广链接进入淘宝卖家店铺完成购买后,淘宝客就可获得由卖家支付的佣金。简单来说,淘宝客就是帮助卖家推广商品并获得佣金的人。图 3-9 所示为淘宝客模式。

图 3-9　淘宝客模式

3）微商分销模式

微商分销模式是在电商分销模式和淘宝客模式的基础上衍生出来的。微商分销模式是品牌商借助分销平台招募分销商,通过设置相应的佣金返利,让分销商在朋友圈销售产品的一种模式。具体的操作流程是,品牌商在分销平台上发布相关产品,然后招募分销商,分销商通过各种渠道推广产品,分享产品链接,买家通过分销商提供的链接购买产品后,品牌商负责发货和售后,最后分销商获得佣金。

真正的微商分销模式是通过分享有价值的产品或服务而获取佣金收益的模式。图 3-10 所示为微商分销模式。

提示:
警惕:有一些人打着所谓"微商分销""消费投资"的旗号,利用高额返利,多级多层返现返利等行为实施诈骗。

图 3-10　微商分销模式

(1) 风险回报。在代理销售模式中,由于要囤货,代理商投入的资金相对较多,不论囤货多少,都要承担一定的风险。分销模式最大的优势在于无须囤货,也不需要负责发货和售后等烦琐的事情,相对于代理销售模式而言,微商分销模式的风险相对来说较低。想得到什么样的回报,就要承担什么样的风险,在风险与回报之间究竟选择哪种模式,需要创业者评估自己的能力和承受力。

(2)从业人群。微商人群有全职和兼职之分,如果想把微商当作全职工作,那么代理销售模式更加适合;如果想把微商当作一份兼职来做,分销模式更加适合。因为分销模式不需要负责发货和售后等烦琐的事情,不会过多妨碍正常工作。

3. 直营模式

1)电商直营模式

如图3-11所示,在电商直营模式中,电商具有去中间化的特点,它减少了传统线下代理销售模式中层层代理的环节,转而由品牌商或供货商通过电商平台直接将产品销售给消费者。

图3-11 电商直营模式

2)微商直营模式

如图3-12所示,微商直营模式是在电商直营模式的基础上衍生出来的新模式。微商直营模式和电商直营模式一样,减少了微商代理销售模式中层层代理的环节,转而由品牌商或供货商通过移动社交工具直接将产品销售给消费者。凡是利用移动社交工具,将产品直接销售给消费者的模式都可以定义为微商直营模式,这里的产品包括有形的商品和无形的服务。

图3-12 微商直营模式

微商直营模式下的产品具有广泛性,因为任何一款产品都可以在微商直营模式下运作。只要产品是借助移动社交工具销售出去的,这款产品就是直营模式下的产品。直营模式下的微商想把生意做好,需要有一支强大的横向团队,通过各种引流渠道去积极地布局信息流,在团队成员的相互协作下,做好客户的售前和售后服务,从而实现客户的复购和转介绍。随着移动互联网的发展和普及,微商直营模式下的产品品类将越来越广泛,比如各种农副产品、水果、蔬菜等都可以通过微商直营模式销往全国各地。

4. 不同微商模式比较

微商分销模式是通过分享有价值的产品或服务而获取佣金;微商代理销售模式,最大的特点是需要选择代理级别。这两种模式更多的是由品牌商来统筹运作,产品具

小贴士:在微商实际运营中,微商代理销售模式、微商分销模式和微商直营模式可以灵活搭配使用,也可以结合实体和电商模式进行协作。

有渠道唯一性，不是供应电商渠道的产品，也不是供应实体渠道的产品。当然，这两种模式的产品都可以通过电商和实体渠道销售出去，但这并不是品牌商规划的销售渠道，而是代理商拓展的销售渠道。

三、电商直播模式

电商直播模式

在互联网新媒体时代，随着直播平台的兴起，直播带货成了主要的流量变现方式，许多网红甚至明星都开始加入直播带货的队伍。

2020年5月6日，据人民日报报道，一季度，全国网络零售市场运行基本平稳，"宅经济"成为市场热点，商务部大数据监测显示，一季度电商直播超过400万场。截至2020年6月，中国电商直播、短视频及网络购物用户规模较3月增长均超过5%，电商直播用户规模达3.09亿，较2020年3月增长4430万，规模增速达16.7%，成为上半年增长最快的个人互联网应用。

1. 带货场景

穆胜提出了明星直播带货场景矩阵，分为4个不同的场景，如图3-13所示。

场景1：下沉代言广告。明星以影响力为品牌背书，让用户产生信任。

场景2：花车摆摊叫卖。明星直播拉来了粉丝用户，力图以自己的影响力促成粉丝购买。

场景3：品牌商业秀。产品有品质，直播间有用户，但由于缺少剧本，明星类似做了一场商业秀，成交量随机波动。

场景4：品牌商业秀＋卖货场。优秀的剧本使主播自然地连接了用户与产品，不仅宣传了产品，还促成了交易，即品效合一。

要素	场景1	场景2	场景3	场景4
主播	√	√	√	√
用户	×	√	√	√
货品	×	×	√	√
剧本	×	×	×	√
效果	下沉代言广告：为品牌背书。	花车摆摊叫卖：吸引捡便宜的用户，价格战，成交量随机波动。	品牌商业秀：种草逻辑，有传播，成交量随机波动。	品牌商业秀+卖货场：品效合一，既有声量，又有销量。

图3-13 明星直播带货场景矩阵图

2. 直播商业模式

1）直播间出品模式

这种模式也叫DTC模式，是操作难度最大、门槛最高的一种。主播根据粉丝的需求，采用ODM或OEM的方式推出特有的款式。成交的冲动性主要来自粉丝对主播的信任以及对款式的认同。这种模式比较适合各类小商品、小日用品，对主播的名气要求比较高。

小贴士：穆胜，知名管理学者，北京大学光华管理学院工商管理博士后，管理学博士，穆胜企业管理咨询事务所创始人，互联网商业模式和组织转型研究专家，同时是几个互联网公司的天使投资人。

2）基地走播模式

供应商搭建直播基地，主播在各个直播基地做直播，一般提前到基地选好货，等基地做好准备，主播再进行实地直播。基地往往会协助主播"一唱一和"，采用好款惜售的模式，消费者容易冲动下单。这种模式最适合生产商做直销，如保健品、快消品、限量服装等，部分大宗商品如房屋、汽车等也可以采用这种模式。

3）店铺直播模式

主播对每一款在售产品进行介绍，或由观众在评论区留言，让主播介绍特定的款式。直播内容就是店铺的各个款式。这种模式适合有一定规模的品牌，尤其是服装、首饰等穿戴类商品。

4）直播砍价模式

主播拿到货主的商品后，将商品的优缺点分析给粉丝听，同时告诉粉丝商品的大概价值，征询有意向购买的粉丝。在这个基础上，货主报价，主播砍价，价格协商一致后，三方成交。主播赚取粉丝的代购费和货主的佣金。观众喜欢围观砍价和成交过程，因而直播氛围较好。

5）商品秒杀模式

主播和品牌商合作，给品牌商带销量，同时给粉丝谋福利。这个模式容易形成头部效应，主播带货能力越强，越受商家青睐，拿到的折扣越低，而主播的收益来自"上架费"和销售返佣。目前薇娅、李佳琦都采用的是这种模式。

3．网络直播监管

2016年9月9日，国家新闻出版广电总局下发了《关于加强网络视听节目直播服务管理有关问题的通知》，重申互联网视听节目服务机构开展直播服务，必须符合《互联网视听节目服务管理规定》和《互联网视听节目服务业务分类目录》等有关规定。

2016年11月4日，国家互联网信息办公室发布了《互联网直播服务管理规定》，该规定主要推行"主播实名制登记""黑名单制度"等强力措施，且明确提出直播平台"双资质"要求。

2016年12月12日，文化部印发《网络表演经营活动管理办法》，对网络表演单位、表演者和表演内容进行了进一步的细致规定。

2020年11月23日，国家广播电视总局发布了《关于加强网络秀场直播和电商直播管理的通知》，要求网络秀场直播平台对网络主播和"打赏"用户实行实名制管理。未实名制注册的用户不能打赏，未成年用户不能打赏。要通过实名验证、人脸识别、人工审核等措施，确保实名制要求落到实处，封禁未成年用户的打赏功能。平台应对用户每次、每日、每月最高打赏金额进行限制。

 模拟实战

请结合自身企业实际，分析适用的商业模式，并进行汇报。

小贴士：DTC（direct to consumer）是指直接面对消费者的营销模式。ODM（original design manufacturer）是指由采购方委托制造方提供从研发、设计到生产、后期维护的全部服务，而由采购方负责销售的生产方式。OEM（original equipment manufacturer）俗称代工，品牌生产者不直接生产产品，而是利用自己掌握的关键的核心技术负责设计和开发新产品，控制销售渠道。

提示：国家针对网络直播出台了越来越多的规定，使网络直播环境越来越好！

项目四

钱要怎么管
——管钱的机构、原则和方法

CHUANGYE GUANLI
CAISHUITONG

项目导入

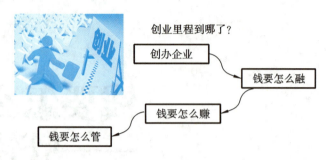

同学们,在上一项目中我们了解了各种商业模式,接下来就要思考钱要怎么管。如何选择管钱的机构?管钱的原则、流程和前奏是什么?管钱有哪些方法?让我们共同学习如何合理地管钱。

教学目标及要求

1. 知识目标:了解会计机构和代理记账的区别,掌握管钱的原则、流程和前奏,了解管钱的具体方法。
2. 能力目标:掌握设置会计机构的原则,掌握单利、复利的计算和预算的制定流程。
3. 素质目标:能利用复利思维去积累财富。

管钱之一:机构——会计机构与代理记账

案例导入

代理记账服务公司引来税务稽查,被罚25万!

2017年,成都市某国税局通过"金税三期"系统大数据分析,发现某电子产品零售企业(A公司)涉嫌虚开增值税专用发票,于是对该企业及其上下游合作方都进行了稽查。

在稽查过程中,税局发现其上游某产品维修服务商(B公司)涉嫌税务违规,并于2017年3月正式对该服务商(B公司)发函,要求约谈举证及实地核查。2010年,该服务商经朋友介绍,将企业账务交由某代理记账公司代管。2014年,企业欲投标某项目,但注册资本未满足投标条件。代理记账公司建议利用"过桥借款"的方式来解决。由股东借入资金450万元并以股东名义投入企业,完成工商变更后,记账公司又以借款名义将该资金转走。该笔借款一直挂账,后续未做任何账务处理。

税务局判决结果：

税务局认定该借款为股东分红，对企业做出补缴个税并加收滞纳金及罚款，合计 25 万元的处罚决定。（企业 2016 年度营业额约 200 万元）

企业成立之初，创业者都会选择且必须将主要精力放在核心业务的经营上，努力打造自己的核心竞争力。然而，一个企业并不只有核心业务，一些非核心的业务也很重要，如专业性非常强的财务业务，创业者同样需要重点关注。初创企业对财务管理普遍存在两种认知：一种是认为在企业初创期不需要对财务进行特别的管理，出于成本考虑，不请专门的财务人员进行账务处理与财务管理；另一种是很重视财务管理，聘请专门的财务人员，自建财务团队。初创企业是否需要设置会计机构，需要根据实际情况进行思考。

一、会计机构的设置

1. 是否设置会计机构

根据《中华人民共和国会计法》（下文简称《会计法》）的规定，每个单位是否设置会计机构，需要遵循三个层次的原则：

（1）可以单独设置会计机构；

（2）不单独设置会计机构，而是在有关机构中设置会计人员并指定会计主管人员；

（3）不具备会计机构设置条件的，应当委托中介机构代理记账。

2. 设置会计机构的因素

一个单位是否单独设置会计机构，取决于以下几个因素：

（1）单位规模的大小；

（2）经济业务和财务收支的繁简程度；

（3）经营管理的要求。

一般来说，大、中型企业和具有一定规模的行政事业单位，以及财务收支数额较大、会计业务较多的社会团体和其他经济组织，应单独设置会计机构。规模较小、业务和人员都不多的单位，可以不单独设置会计机构，而将会计业务并入其他机构，或委托中介机构代理记账。不单独设置会计机构的单位应在有关机构中配备会计人员并指定会计主管人员。

> 思考：会计主管、主管会计、主办会计是同一个人吗？

3. 会计人员回避制度

回避制度是指为了保证执法或者执业的公正性，对可能影响其公正性的执法或者执业人员实行职务回避和业务回避的一种制度。在会计工作中，由于亲情关系而共同作弊和违法违纪的案件时有发生，因此在会计人员中实行回避制度具有重要意义。

《会计基础工作规范》规定，国家机关、国有企业、事业单位任用会计人员应当实行回避制度。单位领导人的直系亲属不得担任本单位的会计机构负责人、会计主管人员；会计机构负责人、会计主管人员的直系亲属不得在本单位会计机构中担任出纳工作。需要回避的直系亲属包括夫妻关系、直系血亲关系、三代以内旁系血亲以及近配偶亲关系。

> 思考：为什么要实行会计人员回避制度？除了会计工作，其他工作是否也要实行回避制度？

二、代理记账

1. 代理记账的概念

《会计法》第三十六条明确规定:"不具备设置条件的,应当委托经批准设立从事会计代理记账业务的中介机构代理记账。"代理记账是指会计咨询、服务机构及其他组织等经批准设立从事会计代理记账业务的中介机构接受独立核算单位的委托,代替其办理记账、算账、报账业务的一种社会性会计服务活动。

2. 代理记账的主体、对象和内容

代理记账的主体是经批准设立从事会计代理记账业务的中介机构,包括会计师事务所、代理记账公司及其他具有代理记账资格的其他中介机构。

代理记账的对象是不具备设置会计机构条件,或者在有关机构中设置专职会计人员的独立核算单位,如小型经济组织、应当建账的个体工商户等。

代理记账的内容主要是代替独立核算单位办理记账、算账、报账等业务;代理记账的性质是一种社会性会计服务活动,是会计工作社会化、专门化的表现。

代理记账在法律上的表现则是通过签订委托合同的方式来明确和规范委托及受托双方的权利义务关系。

3. 代理记账的业务范围

(1)需要根据委托人提供的原始凭证和其他资料,按照国家统一的会计制度的规定进行会计核算;

(2)需要对外提供财务会计报告,由代理记账机构的负责人与委托人签名并盖章;

(3)需要向税务机构提供税务资料;

(4)其他会计业务。

4. 委托代理记账的委托人的义务

(1)对本单位发生的经济业务事项,应当填制或者取得符合国家统一的会计制度规定的原始凭证;

(2)应当配备专人负责日常货币收支和保管;

(3)及时向代理记账机构提供真实、完整的原始凭证和其他相关资料;

(4)对于代理记账机构退回的要求按照国家统一的会计制度规定进行更正、补充的原始凭证,应当及时予以更正、补充。

5. 代理记账相关问题

(1)代理记账的宣传力度不够,造成目前许多小型经济组织,特别是个体工商户,对代理记账知之甚少。

(2)代理记账的措施不够得力。当前对于委托代理记账的小型经济组织和个体工商户而言,存在两方面问题:一是应当建账而不建账的现象十分普遍,二是许多"受托代理记账人"不具备合法资格。

(3)在代理记账法律关系中,受托人的法律地位问题一直没有得到彻底解决,实践中争议很大。

> 提示:企业将工作委托给代理记账公司完成,本企业还需要设立出纳人员,负责日常货币收支业务和财产保管等工作。

（4）代理记账机构潜力未充分发挥。目前代理记账机构的数量在不断增加，但整体规模普遍较小，代理业务范围不宽。真正能提供会计核算、税收筹划、纳税申报、内部审计、工商税务注册年检、财税咨询等全方位会计服务的机构很少。

（5）代理记账机构设立不规范。代理记账机构必须有3名以上持有会计从业资格证书的专职从业人员，且主管代理记账业务的负责人必须具有会计师及以上专业技术职务资格。但实际执行中，很多代理记账机构不符合此规定。

（6）代理记账机构内部管理混乱。代理记账业务操作不规范、内部管理制度不健全现象十分普遍，部分代理记账机构的内部管理制度形同虚设。

（7）代理记账业务收费标准混乱。在收费标准上，各代理记账机构悬殊较大，有些代理记账机构甚至通过低价进行恶意竞争，还有部分代理记账机构自身的经营收入核算不规范，隐匿收入现象较为普遍。

模拟实战

请结合自己的企业，讨论：
1. 你打算设置专门的会计机构吗？
2. 你打算委托中介机构代理记账吗？

管钱之二：原则——货币时间价值

头脑风暴：货币时间价值
今天的1万元和10年后的1万元，你会选择哪一个？

诺贝尔奖起死回生的故事

如何投资才能得到稳定而长期的回报，从而沐浴复利带来的神奇之光？从诺贝尔基金运作发展的历史，可以得到一些启示。

瑞典发明家诺贝尔以发明了硝化甘油炸药而闻名于世，他在1896年过世时，留下3150万瑞典克朗（当时时相当于980万美元）作为基金，以其年息设立奖金。按照遗嘱的规定，奖金将授给那些在物理学、化学、和平、生理学或医学以及文学上"对人类做出最大贡献"的人，不分国籍，只看功绩。

100多年后，最初作为"储备金"的资金已增加到4.5亿美元。现在，单项诺贝尔奖一直维持在100万美元左右，诺贝尔奖每年累计发放大约650万美元的奖金，这还只是诺贝尔基金会每年投资收入的一部分。这些应归功于诺贝尔基金会的理财有方。诺贝尔基金会是根据诺贝尔遗嘱的规定建立起来的，它的一项重要任务是"让钱生钱"，以保证诺贝尔奖资金的发放。那么，诺贝尔基金会究竟是如何投资理财的呢？

在过去的100多年，诺贝尔基金会的投资理财经历了一个曲折的过程。诺贝尔基金会成立时的起始资金为 980 万美元,由于该基金会的成立目的是用于支付奖金,因此管理不允许出现任何差错。基金会成立初期,其章程中明确规定基金的投资范围应限制在安全且有固定收益的项目上,如银行存款与公债。股票市场则碰都不能碰,因为风险大,弄得不好会"血本无归"。

这种稳重但牺牲报酬率的投资方式的结果是:随着每年奖金的发放与基金运作的开销,历经 50 多年后,到 1953 年该基金会的资产只剩下 300 多万美元,出现了 2/3 的本金损失。长此以往,诺贝尔奖将无法继续颁发。

眼见资产将消耗殆尽,诺贝尔基金会的理事们及时觉醒,意识到投资利率对财富积累的重要性,并在 1953 年做出突破性的改变。他们更改了基金管理章程,将原来只准存放银行与买公债,改变为以投资股票、房地产为主。20 世纪六七十年代,诺贝尔基金的数额并未增多。

但到了 80 年代,股市快速增长,基金会的资产不断增值,不动产也在不断升值。1987 年,基金会做出一项重要决定:将基金会拥有的所有不动产转到一家新成立的上市公司名下,这家公司有个有趣的名字叫"招募人"。后来,基金会将持有的"招募人"公司股票全部出售,这正好赶在 1990 年初瑞典金融危机爆发之前,于是大赚一笔。

2000 年 1 月 1 日,基金会的投资规则有了新的改进,基金会可将更高比例的资产用来投资股票,以获得更高的回报和更高的奖金数额。截至 2005 年,基金的总资产滚动至约 4.5 亿美元。不难看出,诺贝尔基金会完全是依靠投资理财的收入在继续执行着诺贝尔的遗嘱,理财专家的理财能力延续了诺贝尔的梦想。当诺贝尔基金总额达到约 4.5 亿美元的规模之后,取得每年 650 万美元的收入已经非常简单了,这意味着它只需要达到 1.45% 的收益率,就能实现这个目标。而诺贝尔基金会现在每年很轻松地就能取得 10% 左右的收益率。诺贝尔头像如图 4-1 所示。

图 4-1 诺贝尔头像

由此看来,是投资理财观念的变化使诺贝尔奖活了下来。诺贝尔基金的变迁说明了一个道理,货币具有时间价值,要实现财富的增长就要投资理财,单一的储蓄等于坐吃山空,而要想实现最好的投资,就应该端正态度,把目光放长远,设立一个长期可行

项目四　钱要怎么管——管钱的机构、原则和方法

的方案,持之以恒地去做。

人们常常说,时间就是金钱。随着时间的变化,货币的价值也会产生变化;不同的时间点,货币的价值也不一样。今天的1万元和10年后的1万元,很显然创业者会选择今天的1万元,因为今天的1万元往往比10年后的1万元更加值钱,这就是货币的时间价值。

货币的时间价值是企业财务管理的一个重要概念,在企业筹资、投资、利润分配中都要考虑货币的时间价值。企业的筹资、投资和利润分配等一系列财务活动,都是在特定的时间进行的,因而货币时间价值是一个影响财务活动的基本因素。如果财务管理人员不了解时间价值,就无法正确衡量、计算不同时期的财务收入与支出,也无法准确地评价企业是处于盈利状态还是亏损状态。货币的时间价值原理正确地揭示了不同时点上一定数量的资金之间的换算关系,它是进行投资、筹资决策的基本依据。

如果将资金锁在柜子里,那么它无论如何也不会增值。在资金使用权和所有权分离的今天,资金的时间价值仍是剩余价值的转化形式。一方面,它是资金所有者让渡资金使用权而获得的一部分报酬;另一方面,它是资金使用者因获得使用权而支付给资金所有者的成本。资金的时间价值是客观存在的经济范畴,越来越多的企业在生产经营决策中将其作为一个重要的因素来考虑。在企业的长期投资决策中,由于企业的收支发生在不同的时点上,且间隔时间较长,如果不考虑资金的时间价值,就无法对决策的收支、盈亏做出正确、恰当的分析与评价。

一、货币时间价值的概念

货币时间价值是指在不考虑通货膨胀和风险性因素的情况下,资金在其周转使用过程中随着时间因素的变化而变化的价值,其实质是资金周转使用后带来的利润或实现的增值。

资金在不同的时点上具有不同的价值,如今天的100元和一年后的100元是不等值的。今天将100元存入银行,在银行利率为10%的情况下,一年以后会得到110元,多出的10元利息就是100元经过一年时间的投资所增加的价值,即货币的时间价值。由于等额资金在不同时间点具有不同的价值,因此在进行价值大小对比时,必须将不同时间的资金折算为同一时间后才能进行比较。

什么是通货膨胀?

货币时间价值的大小通常用利息来衡量,其实质内容是社会资金的平均利润。但是,在日常生活中所接触到的利息,比如银行存、贷款利息,除了包含时间价值因素之外,还包括通货膨胀等因素。

在研究、分析时间价值时,一般以没有风险和通货膨胀条件下的社会平均资金利润率作为货币的时间价值,货币的时间价值是企业资金利润率的最低限度。

提示:通货膨胀是在一定时间内一般物价水平的持续上涨现象。

二、货币时间价值的计算

由于资金具有时间价值,因此同一笔资金,在不同的时间,其价值不同。计算资金的时间价值,其实质就是不同时点上的资金价值的换算。具体包括两方面内容:一方面,现在拥有一定数额的资金,在未来某个时点将是多少数额,这是计算终值问题;另

一方面,未来时点上一定数额的资金,相当于现在多少数额的资金,这是计算现值问题。

计算货币时间价值量,需要引入"现值"和"终值"两个概念来表示不同时期的货币时间价值。

现值,又称本金,是指资金现在的价值。

终值,又称本利和,是指资金经过一定时期后包括本金和时间价值在内的未来价值。

在计算利息时,通常有两种方法,一种是单利,一种是复利。单利是指以本金为基础计算的利息,复利是根据本金和前期利息之和计算的利息,俗称利滚利。

巴菲特的财富人生,其主要核心也是复利法则。800多页的自传,主要讲述的就是复利的财富积累过程。他曾说过,积累财富就像滚雪球,雪球越大,粘在上面的雪越多。

单利与复利的计算

1. 单利的计算

假设某位同学有50万本金,某理财产品年化收益10%,投资期限为三年。如表4-1所示,每年可获得收益5万,三年后一共可得利息15万。

表4-1 单利计算

项　　目	金　　额
第一年利息	50万×10%=5万
第二年利息	50万×10%=5万
第三年利息	50万×10%=5万
三年后总利息	15万

2. 复利的计算

如表4-2所示,用复利计算,第一年的利息同样是5万。第二年除了本金50万以外,还应加上第一年的利息一起计算,因此第二年的利息是5.5万。第三年应以本金和前两年的利息一起计息,因此第三年的利息是6.05万。三年的利息总和是16.55万。

小贴士:爱因斯坦说过,复利是世界第八大奇迹,威力不亚于原子弹。

表4-2 复利计算

项　　目	金　　额
第一年利息	50万×10%=5万
第二年利息	50万×10%+5万×10%=5.5万
第三年利息	50万×10%+5万×10%+5.5万×10%=6.05万
三年后总利息	16.55万

由于只计算了三年,单利和复利计算出的结果相差不大。如果拉长投资年限,如投资10年,如表4-3所示,单利的本息一共是100万,复利的本息一共是129.68万,十年的时间,利息相差近30万。如果投资时间更长,差距会更大,因此复利在积累资本上的威力可见一斑。

表 4-3　单利复利计算比较

项　　目	单利金额	复利金额
第一年利息	5 万	5 万
第二年利息	5 万	5.5 万
第三年利息	5 万	6.05 万
三年后总利息	15 万	16.55 万
十年后本息	100 万	129.68 万

三、单利终值与现值

单利是指只对借贷的原始金额或本金支付(收取)的利息。我国银行一般是按照单利计算利息的。

在单利计算中,设定以下符号:

P——本金(现值);i——利率;I——利息;F——本利和(终值);t——时间。

1. 单利终值

单利终值是指按单利计算出来的资金未来的价值,也就是按单利计算出来的本金与未来利息之和。

其计算公式为

$$F = P + I = P + P \times i \times t = P \times (1 + i \times t)$$

例 4-1:将 100 元存入银行,假设利率为 10%,一年后、两年后、三年后的终值是多少?(单利计算)

一年后:100 元×(1+10%)=110 元;两年后:100 元×(1+10%×2)=120 元;三年后:100 元×(1+10%×3)=130 元。

2. 单利现值

单利现值的计算就是确定未来终值的现在价值,如商业票据贴现时,银行按一定利率从票据的到期值中扣除自借款日至票据到期日的应计利息,将余款支付给持票人。贴现时使用的利率称为贴现率,计算出的利息称为贴现息,扣除贴现息后的余额称为贴现值即现值。

其计算公式为

$$P = F - I = F - F \times i \times t = F \times (1 - i \times t)$$

例 4-2:假设银行存款利率为 10%,若三年后要获得 20 000 元现金,某人现在应存入银行多少钱?

$$P = 20\ 000\ 元 \times (1 - 10\% \times 3) = 14\ 000\ 元$$

四、复利终值与现值

复利是指不仅本金要计算利息,本金所生的利息在下期也要加入本金一起计算利息,即通常所说的"利滚利"。

在复利计算中,设定以下符号:

思考:现实生活中有哪些情况会用到复利计算?

F——复利终值；i——利率；P——复利现值；n——期数。

1. 复利终值

复利终值是指一定数量的本金在一定的利率下按照复利的方法计算出的若干时期以后的本金和利息。

例如，企业将一笔资金 P 存入银行，年利率为 i，如果每年计息一次，则 n 年后的本利和 F 就是复利终值（见图4-2）。

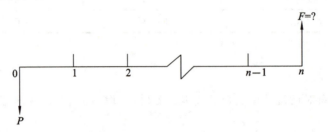

图4-2 复利终值

一年后的终值为 $F_1 = P + P \times i = P \times (1+i)$。

两年后的终值为 $F_2 = F_1 + F_1 \times i = F_1 \times (1+i) = P \times (1+i) \times (1+i) = P \times (1+i)^2$。

由此可以推出，n 年后复利终值的计算公式为

$$F = P \times (1+i)^n$$

例4-3：将100元存入银行，假设利率为10%，一年后、两年后、三年后的终值是多少？（复利计算）

一年后：100元 × (1+10%) = 110元；

两年后：100元 × (1+10%)² = 121元；

三年后：100元 × (1+10%)³ = 133.1元。

复利终值公式中，$(1+i)^n$ 称为复利终值系数，用符号 $(F/P, i, n)$ 表示。例如，$(F/P, 8\%, 5)$ 表示利率为8%、5期的复利终值系数。

复利终值系数可以通过查"复利终值系数表"获得。

2. 复利现值

复利现值是指未来一定时间的特定资金按复利计算的现在价值，即为取得未来一定本利和现在所需要的本金。例如，将 n 年后的一笔资金 F，按年利率 i 折算为现在的价值 P，这就是复利现值（见图4-3）。

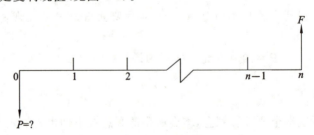

图4-3 复利现值

由终值求现值,称为折现,折算时使用的利率称为折现率。
复利现值的计算公式为

$$P = \frac{F}{(1+i)^n} = F \cdot (1+i)^{-n}$$

例 4-4:A 钢铁企业计划 4 年后进行技术改造,需要资金 120 万元,当银行利率为 5% 时,企业现在应存入银行的资金为多少?

$P = F \times (1+i)^{-n} = 1\,200\,000 \times (1+5\%)^{-4} = 1\,200\,000 \times 0.8227 = 987\,240$ 元

公式中 $(1+i)^{-n}$ 称为复利现值系数,用符号 $(P/F, i, n)$ 表示。例如,$(P/F, 5\%, 4)$ 表示利率为 5%、4 期的复利现值系数。

与复利终值系数表相似,通过现值系数表可在已知 i, n 的情况下查出 P;或在已知 P, i 的情况下查出 n;或在已知 P, n 的情况下查出 i。

复利现值系数可以通过查"复利现值系数表"获得。

五、年金

年金是指一定时期内每次等额收付的系列款项,通常用 A 表示。年金的形式包括保险费、养老金、租金、等额分期收款、等额分期付款等,年金具有等额性和连续性的特点,但年金的间隔期不一定是一年。

1. 普通年金终值

普通年金终值是指最后一次支付时的本利和,它是每次支付的复利终值之和(见图 4-4)。按复利换算到最后一期期末的终值,然后加总,就是该年金终值。如果年金相当于零存整取储蓄存款的零存数,那么年金终值就是零存整取的整取数。

思考:生活中的年金有哪些?

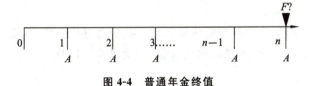

图 4-4 普通年金终值

$$F = A \times \frac{(1+i)^n - 1}{i} = A \times (F/A, i, n)$$

其中:$\frac{(1+i)^n - 1}{i}$ 称为年金终值系数或 1 元年金的终值,记作 $(F/A, i, n)$,可查"年金终值系数表"获得。

例 4-5:小王是位热心于公众事业的人,自 2020 年 12 月底开始,他每年都要向一位失学儿童捐款。小王每年向这位失学儿童捐款 1000 元,帮助这位失学儿童从小学一年级开始读完九年义务教育。假设每年定期存款利率都是 2%(复利计息),那么小王 9 年的捐款在 2029 年年底相当于多少钱?

$F = 1000$ 元 $\times (F/A, 2\%, 9) = 1000$ 元 $\times 9.7546 = 9754.6$ 元

例 4-6:2020 年 1 月 16 日,某人制定了一个存款计划,计划从 2021 年 1 月 16 日开始,每年存入银行 10 万元,共计存款 5 次,最后一次存款时间是 2025 年 1 月 16 日。每次的存款期限都是 1 年,到期时利息和本金自动续存。假设存款年利率为 2%,打

算在2026年1月16日取出全部本金和利息。问题:共计取出本利和多少?

$F = 10万元 \times (F/A, 2\%, 5) \times (1+2\%) = 10万元 \times (F/A, 2\%, 5) \times (F/P, 2\%, 1)$
$= 10万元 \times 5.2040 \times 1.02 = 53.08万元$

2. 普通年金现值(已知 A,求 P)

普通年金现值是指将在一定时期内按相同时间间隔在每期期末收付的相等金额折算到第一期期初的现值之和,即现金流量发生在每期期末,现值发生第一笔现金流量那一期的期初计算(见图4-5)。

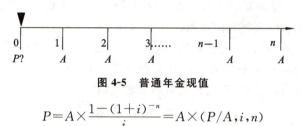

图4-5 普通年金现值

$$P = A \times \frac{1-(1+i)^{-n}}{i} = A \times (P/A, i, n)$$

其中: $\frac{1-(1+i)^{-n}}{i}$ 被称为年金现值系数或1元年金的现值,用符号$(P/A, i, n)$表示,可查"年金现值系数表"获得。

例4-7:2018年年初,某企业购置一条生产线,假设利率为10%,2019年至2022年每年年初支付24万元。求支付价款的现值(即相当于现在一次购买的价款)。

$P = 24万元 \times (P/A, 10\%, 4) = 24万元 \times 3.1699 = 76.08万元$

六、投资风险

1. 投资风险的概念

企业的投资活动是一种典型的风险活动。投资者进行投资,主要是受投资活动的机会与收益的诱导,而是否能取得预期收益,则受风险的影响。

提示:投资风险属于投机风险,既有可能获得收益,也有可能发生损失。

2. 创业企业投资风险的特征

投资活动之所以具有风险,是因为投资活动具有以下风险特征(见图4-6)。

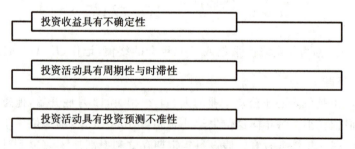

图4-6 创业企业投资风险的特征

1) 投资收益具有不确定性

在投资项目实施之前,决策者对投资收益的估计结果仅仅是一种期望值,这种预期收益具有一定的不确定性。投资项目实施的结果,有可能偏离预期目标,一旦实际投资收益低于预期收益,便构成了风险损失。决策论中,一般将投资收益情况分为几种状态,并且假设这些状态出现的概率已知,以此进行风险决策。而在实际工作中,状态的概率往往难以估计,即现实中的投资不确定性往往比数学模型所设定的不确定性更大。

2)投资活动具有周期性与时滞性

一项投资活动的实施,需要一定的时间或周期,在实施过程中,投资活动的外部环境会发生变化,如果投资者未预先考虑这种变化,环境的变化便会给投资者带来巨大的风险。例如,国家产业结构调整以及产业政策发生变化,便可能使得企业投资的产业处于国家产业政策所限制的范围内;或国家出台法律禁止生产某些产品,如禁止生产含氟利昂的空调、冰箱,这便会使正在投资这些产品的企业蒙受损失;原来限制进口的产品,一旦降低关税或取消进口限制,则将给国内投资者造成进口冲击;某些原来竞争并不激烈的产品,随着时间的推移,新的竞争者陆续加入,竞争对手的强大将使投资活动面临复杂的竞争风险。投资活动又具有时滞性和惯性,例如,一旦企业在某项投资活动中投入的资金变为实物资产(如设备),即使企业已觉察到风险,也会因投资过程缺乏可逆性而不能有效地阻止损失的发生。

3)投资活动具有投资预测不准性

投资活动的风险性还表现在项目投资的预测不准性上。投资预测不准,往往表现为项目实际需要的投资远远超过预期的估算。

投资预测不准,将从两个方面加剧投资风险:一方面,对项目所需投资的过低估计,势必夸大投资的预期效益,从而容易导致决策者在选择项目时做出错误决策;另一方面,对投资的过低估计将造成资金准备不足,使投资者筹集的资金不能满足项目的实际需要,从而形成项目的资金缺口,当这种资金缺口较大时,便可能导致项目中止、延期,而项目的中止与延期又会导致各种费用的增加和投资需求的进一步扩大。

案例讨论

假设有两个项目都需要投资1000万元,其中,项目A没有风险,投资项目A可获得报酬100万元;项目B存在着无法规避的风险,且成功和失败的可能性分别为50%,成功后的报酬是200万元,而失败的结果是损失20万元。

讨论:你会选择哪个项目?这涉及风险和报酬。

管钱之三:流程——财务报销及发票

一、费用报销

财务管理对于一个企业来说至关重要,财务部门除了要处理日常经营过程中的现金流通之外,还应该有效地管控相关现金的使用。费用报销环节是财务管理中最不透明的环节,却占据着巨额的费用,需要重点关注。

1. 费用报销把控不严导致的问题

如果企业在费用报销环节把控不严，会存在很大的风险，如：不相容职务没有分离，即授权者与执行者没有分离；业务部门预算与执行的匹配不及时，超预算得不到控制，预算制度形同虚设；费用报销滞后，造成会计信息的失真，不能按照权责发生制记录业务；制度缺陷导致虚假报销、滥用报销的行为屡屡发生，使企业的报销费用居高不下，等等。

企业制定内部控制制度的根本目的在于保证会计资料的真实合法，保护企业财产的安全完整，有效利用相关资源，使企业产生的效益最大化。因此企业要合理做好费用报销的顶层设计，避免无法可依、无章可循。

费用报销相关的内部控制可以分为与财务核算相关和与经营管理相关，需要通过一系列制度流程的执行来达到目的。内部控制是一个过程，需要全员参与，不是一个人或者一个制度就可以决定一切的。与此同时，内部控制仅能提供合理保证，不能完全杜绝舞弊与错误的发生，因此初创企业需要借鉴成熟企业的发展经验，并结合自身特点来完善与推行。

2. 费用报销四大原则

（1）先审批后支付原则：凡支出项目均需事先申请经批准后才可支出；没有申请或未经批准的费用不得支出。

（2）谁审批谁负责原则：审核人、批准人要对由本人审核、批准支付的费用支出负责任。

（3）即时清结原则：凡借用公款者，前账不清、后款不借。

（4）手续完整原则：报销必须有经办人、规定各级审核人及审批人的亲笔签名，财务不得受理手续不全的报销单据。

二、费用报销管理措施

1. 事前防范措施

1）建立权签等级制度并严格执行

企业要严格遵守执行与检查职责分离的原则，要求任何级别的业务人员都不能权签自己的费用，包括企业高层领导在内。如果业务发生人将费用单据转交低级别的人员提交，自己再权签该业务费用，就属于典型的逃避权签等级的行为。财务人员需要对这些隐性的违反内部控制的行为进行甄别，在审核这些费用时，要查询更多的费用清单、交易明细，以判断业务是否真实发生。

2）设置预算上限，加强预算管理

预算额度是费用报销的高压线，超过预算额度的业务活动需要特别审批。加强预算的管理作用，需要在费用报销审批环节就纳入预算的管理范围，预算内的费用或付款将被优先审批支付，超过预算的业务活动将被更严格地审批。此外，所有的预算均需要拆分到企业或部门内的明细业务以及人员。

3）设立制度，防止预提费用滥用

费用报销滞后现象是客观存在的，但企业内控人员需要从防范企业风险的角度来建立防止预提费用失控滥用的制度。会计主体需要确立企业会计政策,明确预提费用的范围、金额限度、错误稽核与改进措施。如设定单一费用的发生额上限,超过该限额的费用均需要预提。此外,还要加大对超期报销的处罚力度,督促员工及时报销入账。

2. 事中控制

事中控制是指在费用报销过程当中有效地监督或者管控员工的使用行为。以差旅为例,如何确定员工到了正确的地点并做了正确的事,这是每一个合格的财务管理人员应该思考的。由于互联网技术的日益成熟,可以采用很多措施来监控员工的行为,包括网络视频、实时定位签到,让以往的事中控制不透明现象不复存在。

3. 事后处理

事后处理是指对虚假报销以及违反其他企业规定的员工进行严格的处罚。轻则不予报销,重则除名,这样方能落实好相关规定。在处理的过程当中也应尽可能地以人为本,在兼顾制度的同时,要有适当的容错率,对初犯者尽可能以警告形式处理,避免企业氛围过于僵硬。

三、发票

1. 发票的概念

发票是指一切单位和个人在购销商品、提供或接受服务以及从事其他经营活动中,所开具和收取的业务凭证,是会计核算的原始依据,也是审计机关、税务机关执法检查的重要依据。

发票是经济活动中,由出售方向购买方签发的文本,内容包括向购买者提供产品或服务的名称、质量、协议价格。除了预付款以外,发票必须具备的要素是根据议定条件由购买方向出售方付款,必须包含日期和数量,是会计账务的重要凭证。中国会计制度规定有效的购买产品或服务的发票称为税务发票。政府部门收费、征款的凭证在各个时期因不同收费征款项目有着不一样的称呼,但多被统称为行政事业收费收款收据。为便于内部审计及核数,每一张发票都必须有独一无二的号码,防止发票重复或跳号。

发票基本知识

2. 发票的作用

发票在我国社会经济活动中具有极其重要的意义和作用。

(1) 发票有合法性、真实性、统一性、及时性等特征,是最基本的原始凭证之一;

(2) 发票是记录经济活动内容的载体,是财务管理的重要工具;

(3) 发票是税务机关控制税源、征收税款的重要依据;

(4) 发票是国家监督经济活动、维护经济秩序、保护国家财产安全的重要手段。

思考:公司发票能否多开乱开?

3. 发票的种类

目前我国的发票从管理上分为增值税普通发票和增值税专用发票两种。

1) 增值税普通发票

增值税普通发票主要由增值税小规模纳税人使用,增值税一般纳税人在不能开具专用发票的情况下也可使用普通发票。增值税普通发票由行业发票和专用发票组成。前者适用于某个行业和经营业务,如商业零售统一发票、商业批发统一发票、工业企业

思考:增值税普通发票和增值税专用发票有什么区别?

产品销售统一发票等；后者仅适用于某一经营项目，如广告费用结算发票、商品房销售发票等。

增值税普通发票的基本联次一般有两联，即记账联和发票联，相比增值税专用发票而言少了抵扣联，如图4-7所示。

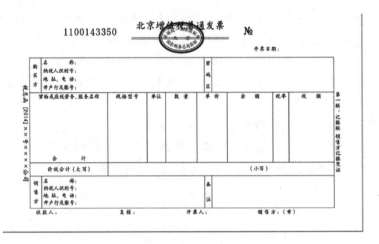

图4-7　增值税普通发票

2) 增值税专用发票

增值税专用发票是国家税务部门根据增值税征收管理需要而设定的，专用于纳税人销售或者提供增值税应税项目的一种发票。增值税专用发票的基本联次共三联，各联规定的用途如下：

第一联为记账联，是销货方核算销售额和销项税额的主要凭证，即销售方记账凭证，如图4-8所示。

第二联为税款抵扣联，是购货方计算进项税额的证明，购货方取得该联后，按税务机关的规定，依照取得的时间顺序编号，装订成册，送税务机关备查。

第三联为发票联，收执方作为付款或收款原始凭证，属于商事凭证，即购买方记账凭证。

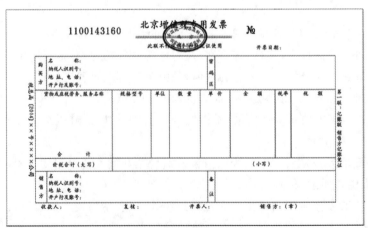

图4-8　增值税专用发票

四、电子发票

1. 电子发票产生的背景

电子发票是信息时代的产物,同普通发票一样,采用税务局统一发放的形式,分配给商家使用,发票号码采用全国统一编码,采用统一防伪技术,在电子发票上附有电子税务局的签名机制。

中国网络购物市场交易规模增长迅速,但还存在不少的问题,最为突出而普遍的问题就是开发票难,这似乎成了网购市场的"潜规则"。这个问题不仅造成了巨额的税收流失,也给消费者维权带来了一定障碍,同时给网购这个新兴市场提出了监管难题。开发票难的原因有很多种,在成本上说,网购的利润本来就比实体店低,所以为了加大利润,商家故意不开发票,或者对要开发票的买家另收税费。另外,由于天猫商城中"卖家不开发票将被扣分"的规则漏洞,又新生出职业发票投诉师,不少职业差评师都转向发票敲诈。还有,网购中时常出现的假发票事件,更是让原本就困难重重的消费者网购维权增加了难度。

面对如此多的市场乱象,如何规范电子商务税收问题成为重中之重,而加快普及电子发票就是最好的举措。因为全面试点并推行电子商务发票电子化,无论是对于政府监管,还是销售渠道、品牌商、消费者三方的利益,都有着积极的意义。电子发票的实施,可以促进电商企业的规范化经营,将纳税人征管基础信息、申报信息、入库信息等结合起来,可以全方位地监管纳税人。

2020年7月31日,国家税务总局发布了《关于进一步支持和服务长江三角洲区域一体化发展若干措施的通知》(税总函〔2020〕138号),文件指出:"将长三角区域部分城市列入首批增值税专用发票电子化试点范围。进一步提升电子发票公共服务平台支撑能力,加大增值税电子普通发票推广力度。"这一政策,让更多人期待着电子发票的尽快落地。电子发票如图4-9所示。

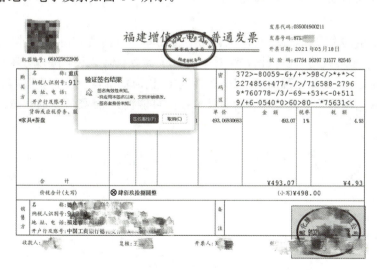

图4-9 电子发票

2. 电子发票的优缺点

1）优点

发行电子发票将大幅节省企业在发票上的成本，不但能节约发票印制成本，而且能节约企业管理发票的间接成本。另外，电子发票系统可以与企业内部的 ERP、CRM、SCS 等系统相结合。发票资料全面电子化并集中处理，有助于企业本身的账务处理，并能及时给企业经营者提供决策支持。

电子发票在保管、查询、调阅时更加方便。电子发票的使用，不仅便于电子商务网站为消费者提供更加方便的服务，而且可以减少纸质发票的资源浪费现象，将减少森林砍伐，更加环保，符合未来人类的发展方向。

电子发票的推出是国家规范电子商务纳税管理的必然方式，不仅有利于国家对网络交易的监管，也有利于维护消费者的合法权益。

2）缺点

电子发票的普及实施将给网购市场一直赖以生存的价格优势带来严峻的考验，不少商家会把电子发票的成本施加到消费者身上，最终导致产品价格走高。一些正规的电商都可以开具纸质发票，如京东商城、当当网、天猫商城等，虽然这些电商平台上的产品价格相较淘宝而言要稍微高出一点，但是流程更加规范，能让消费者感到安心。由于淘宝采取的是 C2C（个人对个人）的模式，而 C2C 商家大多数都未在工商部门注册，所以在开具发票方面就存在障碍。但正是因为如此，C2C 的方式少了很大一部分税收的成本，产品的价格自然更加低廉。

另外，电子发票可以重复打印的特性也使如何防范重复报销成为企业财务人员面临的问题。有企业的财务人员就专门做过试验，同一张电子发票在复印后和原发票几乎一模一样，如果用来重复报销，财务人员根本无法识别。对此，多数财务人员能采取的方法只能是把每张报销过的电子发票编号记下来，每次报销时都要查询一遍这张发票是否已经报销过，这无疑增加了工作压力。

3. 电子发票的意义

电子发票的发行和实施，其积极意义不言而喻。对消费者而言，发票是消费者的购物凭证，也是维权的重要依据。而对整个电子商务行业来说，电子发票能使所有电商都规范化运营，避免偷税漏税，减少恶性竞争，同时能降低更多企业成本。面对电子发票实施后电商的趋于规范和网购商品价格的可能提升，需要一定的智慧来平衡。

管钱之四：前奏——企业计划与预算

七人分粥

19 世纪中期，一场淘金潮席卷了美国西部，世界各地的人们纷纷向美国西部涌去，但是，美国西部地区经济匮乏，生活水平落后，这让淘金之路异常艰辛。一开始，大家都出手阔绰，花钱总是大手大脚，然而，日复一日，年复一年，绝大部分人没有淘到金子，反而花光了积蓄。有相当一部分人放弃了淘金梦，也有一部分人在淘金路上撒手西归，只有一小部分人还在执着地坚持着淘金梦。

有七个淘金者走到了一起，他们身上的钱所剩不多，于是，大家商量在一起吃住，将七个人的钱财全部集中在一起，每天喝粥度日，这样可以熬过一段时间。一开始，大家围坐在粥桶旁，很随意地吃粥，这样一来，吃得快的人吃得稍微饱一些，慢的人则吃不饱。久而久之，有人开始不满，于是，他们想了办法，通过平均分配的方式进行分粥，这样，大家就不用抢了。但是，谁来分粥呢？于是，他们决定以抓阄的方式决定谁来分粥，每天轮换一次。

可是，问题又来了，每周下来，大家发现，只有一天能吃饱，那就是自己分粥的那一天，只有这一天，自己才会分到很多粥。很明显，这行不通。大家又开始想办法，如何更好地分粥呢？后来，他们想到推举一个人来分粥，这个办法比起每个人轮换的办法的确强多了，然而，时间一长，问题又来了。强权就会产生腐败，其他六个人开始挖空心思去讨好分粥的人，搞得队伍一片乌烟瘴气。于是，大家又重新商定分粥方式，有人就提议，可以组成三人的分粥委员会，其他四个人则组成评审委员会，分粥的时候，先由分粥委员会分粥，再由评审委员会评审，审核通过后，就可以吃粥了。

果然，这个办法很快奏效，然而，时间一久，弊端也显露出来，大部分时候评审委员会都不满意分粥委员会的劳动结果，这样，等粥吃到嘴里全是凉的，而且大家淘金的时间也减少了。之后，大家又开始想其他方式。最后有人提议，同样实行轮流分粥，但和之前的办法稍有不同，那就是先不固定饭碗，由分粥的人平均分配七人的粥，分好后，分粥的人要等其他人都挑完后才能拿剩下的最后一碗粥。终于，这个方式让每个人心里都非常舒服，也觉得非常公平，这个方式一直被沿用到七个人分开的那天。

原来，为了不让自己吃到最少的，每个分粥人都尽量分得平均，就算不平均，也只能认了。

故事启示：

本故事中，同样是七个人，不同的分配制度，却有着不同的效果。这个故事告诉我们，一个单位如果有不好的工作习气，一定是机制问题，一定是没有完全公平公正公开，没有严格的奖勤罚懒制度。如何制订这样一个制度，是每个领导需要考虑的问题。

一、企业战略计划

所谓企业战略计划，就是制定组织的长期目标并将其付诸实施。企业战略计划关乎企业的长期发展，企业需要明确未来将要达到的目标、需要做的工作以及该如何发展。其时间跨度通常为3~5年，但一些大企业也会有意识地对大约50年内的事情做出规划。如图4-10所示，制定战略计划可分为三个阶段。

二、企业年度经营计划

1. 企业年度经营计划的概念

企业年度经营计划是企业根据既定的战略目标和变化的市场，在给定的资源条件

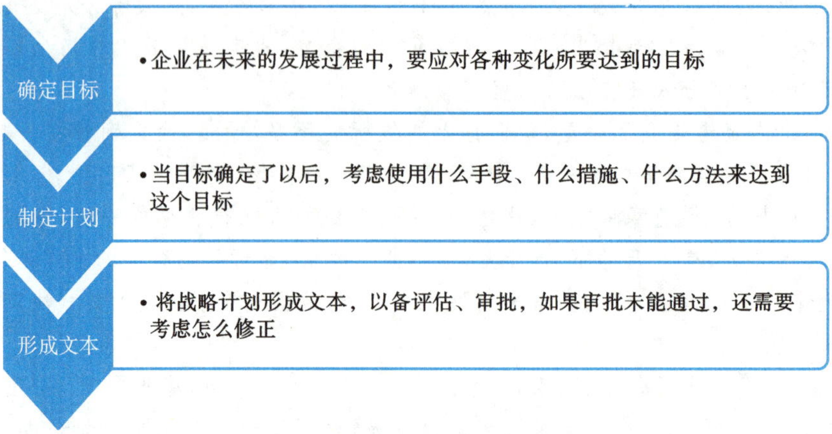

```
┌─────────┐
│ 确定目标 │ • 企业在未来的发展过程中，要应对各种变化所要达到的目标
└─────────┘

┌─────────┐
│ 制定计划 │ • 当目标确定了以后，考虑使用什么手段、什么措施、什么方法来达到
└─────────┘    这个目标

┌─────────┐
│ 形成文本 │ • 将战略计划形成文本，以备评估、审批，如果审批未能通过，还需要
└─────────┘    考虑怎么修正
```

图 4-10　制定战略计划的三个阶段

下制定的年度经营方案，其时间跨度为一年。

> 思考：请比较公司战略计划与年度经营计划的区别。

企业年度经营计划是围绕已确定的战略目标所编制的，有以下功能：

(1) 是战略计划的执行和实施；
(2) 是对企业战略计划中第一年目标的分解落实；
(3) 是企业在本年度内的运营指南；
(4) 是企业及各部门对企业进行日常监管和分析的依据；
(5) 是企业年度预算的依据；
(6) 是对企业进行年度业绩考评的依据。

年度经营计划要解决的主要问题有三个，分别是确定年度目标、规划年度活动、确定经营策略。因此，企业年度经营计划的主题就是做出该年度的决策，也就是这一年之内需要做的事情。

2. 企业年度经营计划的制订原则

制订年度经营计划时，需要遵循以下四项基本原则。

1) 自上而下的制订模式

年度经营计划不是一项孤立的计划。很多企业在制订年度经营计划时，往往只参考上一年度的计划，这是一种目光短浅的做法。因此，在制订年度经营计划时，要始终以企业的总体战略规划为指导，从全局出发，做好每一项工作。

2) 围绕目标

企业一旦确定目标，就要紧密围绕目标确定项目，切忌出现与目标毫无关系的项目，尤其不能看到竞争对手采取行动就盲目跟风，这是一种僵化的思考方式。企业应该围绕目标建立一套自己的逻辑方法，明确具体工作。

3) 以市场为导向

企业一定要以市场，即客户和消费者为导向确定年度计划。从根本上说，营销能否成功，不是取决于投入的多少，而是企业生产的产品能否满足客户的需求。以苹果企业为例，它在广告上的投入并不比中国的很多企业多，但依然能赢得消费者的信任，最重要的原因是其设计出的产品以客户为导向。企业在制订年度计划时要从调研客户需求开始,思考或观察行情以了解行业的发展趋势,并以之为导向,决定为客户提供什么样的产品。因此,企业在制订年度经营计划时,必须要考虑的不是竞争对手在做什么,而是要牢牢抓住消费者。

4) 整合资源

年度经营计划的制订是一个工业化的专业协作过程,它不能由一个部门完成。企业在制订年度计划时,要把企业所有部门的主要负责人聚在一起进行分工。例如,生产计划由生产总监立项,销售计划由销售总监立项,人力资源计划由人力资源总监立项。最后,所有总监要达成协议,并在年度经营计划上签字,相当于对彼此和组织做出的承诺,因此,必须严肃对待。

3. 企业年度经营计划的制订流程

一般来说,企业年度经营计划的制订应遵循以下流程,如图4-11所示。

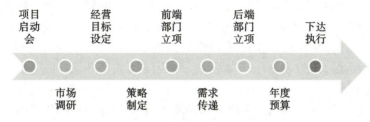

图4-11 年度经营计划的制订流程

1) 项目启动会

召开项目启动会的时间依企业经验的不同而有所不同,对于经验较少的初创企业来说,要尽早启动。会议主要关注两方面内容:其一,在战略规划中,企业下一年度的经营计划所处的状态和地位如何;其二,按照战略规划,这一年度经营计划的项目、工作和策略是否得到了落实,落实了多少,如果没有落实,就要列入下一年计划中。

2) 市场调研

企业提出目标后,要将其交给承接具体目标的部门,即市场部。市场部接收到增长目标后,要收集市场信息,为决策提供依据,提出下一年度的营销策略,并按重要程度进行排序。

3) 经营目标设定

企业要设定年度经营目标,年度经营目标应以量化的方式表示,如营销目标通常有销售额指标、利润指标、销售量指标和市场占有率等。企业要科学地制定目标,并且合理地制定量化的年度经营目标。合理的年度经营目标具有以下特点:符合企业战略目标、品类规划目标、品牌规划目标、年度经营目标的层级原则;目标与企业资源现状基本匹配;与市场容量及其增长速度基本匹配;与市场发展可能性的预测基本匹配。

4) 策略制定

策略制定包括两个方面:第一,年度经营计划策略,主要包括宣传策略、渠道策略和性价策略;第二,企业资源能力分析,主要包括资本能力分析、技术与生产能力分析、营销管理与执行能力分析、人力资源现状与能力分析。

5) 前端部门立项

策略形成正式文件后,市场部要将其传递给几个重要的前端部门进行立项,即企

提示:企业最重要的三个前端部门:推广部门、销售部门、研发部门。

业的推广部门、销售部门以及研发部门。三个部门接到文件后,组织内部人员进行讨论,研究如何实施这些策略。

6)需求传递

前端部门根据策略及立项需求,要分别向生产部传递生产需求,向财务部传递财产需求。前端部门要想解决问题,必须获得这两个部门足够的支持。同时分别向人力资源部传递人力资源需求,向行政部传递行政需求。各部门需要在部门内部进行调研,例如,销售部总监应组织各地区销售经理召开会议,提出在销售过程中存在的各种问题,如财务报销、财务单据的交接、储运的质量、供应的时间等,将问题收集后,反馈给其他部门。

提示:企业的后端部门:生产部门、财务部门。

7)后端部门立项

接收到前端部门的需求后,后端两个部门(生产部和财务部)应当针对前端部门提出的问题进行内部讨论,并进行优先级排序。比如,破损问题应该如何解决,生产部负责储运的职能部门就要考虑如何改进储运保护措施,负责物流的职能部门也要想办法缩短运输距离、加强搬运质量。立项完成后,这些部门也会产生需求,一方面是对人的需求;另一方面是对周边环境,如车辆配置、厂区、员工宿舍环境等的一系列需求。

8)年度预算

生成年度经营计划草稿后,要交给总经理,由其审阅计划目标和成本预算,检验计划是否符合企业发展战略对利润的要求。如果符合,就可以定稿;如果发现预算太高,就需要与各个部门进行预算讨论。预算讨论的主题有两个:第一,削减项目;第二,削减预算。同时要考虑,不能把所有预算都分配给项目,要留出一些机动预算,即后备资源,以免需要增加新项目。预算的压缩可以按具体情况分配到各个项目上,如此稍微调整管理成本,可节省企业预算。

提示:做预算时一般要留出10%至15%的机动预算。

9)下达执行

制订完年度经营计划后,一份交给财务部,由其通过年度预算控制费用;一份交给人力资源部,由其依据计划对项目经理进行年底考核。

企业在制订年度经营计划的过程中,程序上会经过数次循环,形成营销价值链,把企业所有部门组织起来,以消费者需求为导向,形成相互支持的内部关系。从更深层的意义上看,年度经营计划流程一旦建立起来,就在企业内真正建立起了以客户需求为导向的企业文化,这正是企业先进性的重要标志。

4. 企业年度经营计划的目标设定

企业年度经营计划的目标设定一般会遵循5W2H原则。5W2H分析法又叫七问分析法,具有简单、方便、易于理解的特点,广泛应用于企业管理和技术活动,对于解决决策性和执行性的活动措施也非常有帮助,有助于弥补考虑问题时的疏漏。

5W2H原则

5W2H分别是指:

(1) WHAT——目的是什么?做什么工作?

(2) WHY——为什么要做?可不可以不做?有没有替代方案?

(3) WHO——由谁来做?

(4) WHEN——什么时间做?什么时机最适宜?

(5) WHERE——在哪里做?

(6) HOW——怎么做？如何提高效率？如何实施？方法是什么？

(7) HOW MUCH——做到什么程度？数量和质量水平如何？

表 4-4 是简化的 5W2H 原则，简化为 5 要素：

第 1 个要素——目标是什么？在表中指的是靶子，以销售经理为例，销售经理的目标就是要把 A 产品销售出去。

第 2 个要素——达到什么程度？就是质、量和状态的问题，销售经理的目标是销售额达到 100 万元，回款达到 70 万元，毛利能赚到 20 万元。

第 3 个要素——怎么办？为达成这个目标可以采取哪些措施？销售经理为了达到自己的销售目标，可以开拓重点区域、关注重点客户。

第 4 个要素——什么时候才能够完成这个目标？制定期限日期表，销售经理制定了自己的期限：一季度确定销售策略；二季度突破重点区域。

第 5 个要素——是否很好地完成了目标？进行效果评估，销售经理很好地达到了销售额 100 万、回款 70 万、毛利 20 万的目标，因此他的经营年度计划顺利完成。

表 4-4　5W2H 法的简化应用

要　　素	内　　容	销售经理目标（示范）
目标是什么	靶子	A 产品销售
达到什么程度	质、量、状态	销售额 100 万元、回款 70 万元、毛利 20 万元
怎么办	为达成目标采取的措施	开拓重点区域，关注重点客户
什么时候完成目标	期限日期表	一季度确定销售策略，二季度突破重点区域
是否很好地完成了目标	效果评估	销售额 100 万元、回款 70 万元、毛利 20 万元

模拟实战

5W2H 原则的应用：

假设企业准备于 10 月 25 号上午九点，在三楼会议室开展全体成员安全教育学习活动，领导让你负责组织本次活动，你打算从何处下手？

(1) WHAT——什么。内容是什么，做什么准备，需要预防什么。

(2) WHY——目的。为什么要做，为什么要这样做，为什么会出现这样的问题。

(3) WHEN——时间。开始时间、结束时间、关键节点。

(4) WHERE——地点。问题出现的地点，或者问题所处的流程环节，以及创业者在哪里做。

(5) WHO——谁。谁来做，谁来主管，谁来监督，谁来协调。

(6) HOW——怎么做。选用什么方法手段来解决问题，提高工作效率。

(7) HOW MUCH——多少。解决问题目标所需要的人力、物力与时间，以及可能存在的成本浪费。

三、企业预算

1. 企业预算的概念与作用

1) 预算的概念

企业预算是企业量化的经营目标和财务目标以及达成目标的要求,是用货币形式表示的计划。

预算是通过对企业内外部环境的分析,在科学的生产经营预测与决策基础上,用价值和实物等多种形态反映企业未来一定时期的投资、生产经营及财务成果等一系列的计划和规划。

> 提示:预算可以理解为用货币形式表示的计划。

2) 预算的作用

预算是行为计划的量化,这种量化有助于管理者协调、贯彻计划,是一种重要的管理工具。如图 4-12 所示,预算具有以下作用:

图 4-12 预算的作用

(1) 制订计划。预算有助于管理者通过计划具体的行为来确定可行的目标,同时能够使管理者考虑各种可能的情形。

(2) 合作交流。总预算能协调组织的活动,使得管理者全盘考虑整个价值链之间的联系,预算是一个有效的沟通手段,能触及企业的各个角落。

(3) 业绩评价。通过预算管理各项目标的预测、组织实施,能促进企业各项目标的实现,保证企业各项目标的不断提高和优化,是体现企业业绩的一种好的管理模式。

(4) 激励员工。预算的过程会促进管理者及全体员工面向未来、共同发展,有助于增强预见性,避免盲目行为,激励员工完成企业的目标。

(5) 协调功能。预算能够协调企业所有的资源配置和利用,在预算的执行过程中,企业不断地调整经营活动,以便与内外部环境相适应。

(6) 控制功能。预算管理使各个职能部门和人员能够按照设定的目标执行工作任务,并通过一些反馈信息,及时获知预算在执行的过程中出现的问题,并进行相应调整,避免资源的浪费。

正是由于预算管理具备以上优势,它才能在企业中得以广泛应用,并取得了好的效果。企业预算管理是在企业战略目标的指引下,通过预算编制、执行、控制、考评与激励等一系列活动,全面提高企业管理水平和经营效率的一种管理方法。

> 提示:预算的作用远不止这6点,企业预算管理能够全面提高企业管理水平和经营效率,从而实现企业价值的最大化。

2. 预算编制的原则

制定预算方案时,必须遵循以下几个原则。

1) 依据整体经营计划

企业的整体经营计划决定了产品的结构,也决定了原材料的结构。整体经营计划是预算的指引,同时是预算的最终目的,预算是为经营计划服务的。

2) 依据企业整体预算制度

每个企业都有自己的一套预算制度,如差旅费用在 A 企业是按照每年的计划有所浮动,而在 B 企业则是每年固定的费用。只有依据企业的整体预算制度,才能制定出符合要求的预算。

3) 不能单独制定,要和其他部门配合

企业每个部门的预算都不是根据自己部门的情况单独制定的,而是需要考虑各部门的实际需求和各部门之间的配合。如果每个部门单独制定预算,没有其他部门的配合,那么企业所有部门的预算就会出现重叠和遗漏。

4) 确保预算的准确性

预算是为后续的支出做指导的,如果预算本身就是错误的,那么后续的支出及成本的核算,就会处于失控状态。由于预算具有计划性和预估性的特点,因此带有一定的扩张性,即比实际需求数要大。

3. 预算编制程序

预算编制程序可以分为以下五个步骤(见图 4-13)。

图 4-13 预算编制程序

(1) 下达目标:企业董事会或经理办公会根据初步预测,在决策的基础上,提出下一年度的企业预算目标,并确定预算编制的政策,由预算管理委员会下达各预算执行单位。

(2) 编制上报:各预算执行单位提出详细的本单位预算方案,上报企业财务管理部门。

(3) 审查平衡:企业财务管理部门对各执行单位上报的财务预算方案进行审查、汇总,并提出综合平衡的建议。在审查、平衡中,预算管理委员会应当进行充分协调,对发现的问题提出初步调整意见,并反馈给有关预算执行单位予以修正。

(4) 审议批准:企业财务管理部门在执行单位对本单位预算方案修正、调整的基础上,编制企业预算方案,报企业预算管理委员会讨论。在讨论、调整的基础上,企业财务管理部门正式编制企业年度预算草案,提交董事会或经理办公会审议批准。

(5) 下达执行:企业财务管理部门对审议批准的年度总预算,一般在次年 3 月底以前,分解成一系列的指标体系,由预算管理委员会逐级下达给各预算执行单位执行。

4. 预算的执行

预算一经批复下达,各预算执行单位必须认真组织实施。企业应将年度预算细分为月份和季度预算,以分期预算控制确保预算目标的实现。对于预算内的资金拨付,按照授权审批程序进行;对于预算外的项目支出,按照预算管理制度规范支付程序;对于无合同、无凭证、无手续的项目支出,不予支付。

企业应当建立预算报告制度,要求各预算执行单位定期报告预算的执行情况。财务管理部门应利用财务报表监控预算执行情况,及时向预算执行单位、预算委员会、董事会或经理办公会提供财务预算执行进度、执行差异及其对预算目标的影响等财务信息,促进企业完成预算目标。

案例讨论

采购预算的制定

某企业去年产品结构为:产品1的销售额为1.2亿,产品2的销售额为1.8亿,共3亿。企业今年计划:产品1的销售额为2亿,产品2的销售额为4亿,共6亿。具体如表4-5所示。

表4-5 企业产品结构表

企业销售额	
去年完成	今年完成
产品1:1.2亿	产品1:2亿
产品2:1.8亿	产品2:4亿
共3亿	共6亿

在企业要求各部门提交今年的年度预算时,企业新提拔的采购部经理小王提交了如下预算表(见表4-6)。

表4-6 采购预算表

	产品1	产品2	新增设备预算	非生产性业务需求				非生产性资本需求		
				工资	差旅费	培训费	其他费用	办公设备	维修费用	其他费用
去年	50 000	7 000	200	30	20 000	10 000	20 000	10 000	10	12
今年	100 000	14 000	300	30	28 640	12 670	28 350	18 640	10	12

小王本以为自己第一次做的预算方案能够顺利通过审批,没想到在企业的预算讨论会议上,自己成了第一个被要求做更改的人。

一、小王的预算方案到底存在哪些问题?

第一,在做采购预算时,没有参照企业的经营计划。企业去年产品1的销售额为1.2亿,产品2的销售额为1.8亿,共3亿。今年计划产品1的销售额为2亿,产品2的销售额为4亿,共6亿。表面上看,销售额增加了一倍,相应的原材料的采购预算也应该增加一倍。但是仔细分析可以发现,产品1和产品2并不是各按一倍增长的,因此相对应的各类原材料采购预算,也就不应该简单地按一倍进行增长。而小王的预算方案中,并没有依据实际的增长关系来做预算,而是全部按增长一倍计算。这样做出来的方案明显是错误的。

第二,预算不准确。做预算时要确保的是预算的准确性,不是精确性,因此预算中不应出现过于精确的数值。一般来说,精确到百位或者千位比较适宜。而小王的表中出现了差旅费28 640一类的精确数值,这类数值不应该出现在预算中。

二、那应该怎样来调整这个采购预算方案呢?

第一,要依据企业的经营计划。企业今年经营计划,要求产品 1 的销售额为 2 亿,产品 2 的销售额为 4 亿,共 6 亿。总的销售额与去年相比增长一倍。但产品 1 的销售额与去年相比大约增长 67%,产品 2 的销售额增长 123%,所以在对各类产品的原材料进行采购预算时,应该按照这两个比例进行预算。而不是简单地认为,今年的采购预算都在去年的基础上增加一倍。

第二,预算的具体数值不宜太过精确。在预算表中,出现了诸如 28 640 这样的数值,这是比较低级的错误。表中的差旅费、培训费、其他费用等费用的数值都是 5 位数,小王应精确至百位或千位,如 29 000、13 000、29 000。

从案例中可以看出,遵循采购预算原则很重要。预算是为后续的支出做指导的,如果预算本身就是错误的,那么后续的支出及成本的核算,就会处于失控状态。可以说,遵循预算原则是创业者做好采购预算的前提。制定企业其他预算,也是如此。

模拟实战

如果你成立了一个企业:
1. 你打算做预算吗?为什么要做预算?
2. 如果不做预算,理由是什么?

管钱之五:方法——成本控制

一、成本的概念

成本是指企业在生产经营过程中对象化的、以货币表现的、为达到一定目的而消耗的各种经济资源的价值。对于初创企业来说,成本管理关系到创业的成败,那么,初创企业如何进行有效的成本管理呢?解决这个问题,首先需要分析企业成本的构成。

二、初创企业成本的构成

初创企业成本的构成如图 4-14 所示。

图 4-14 初创企业成本的构成

初创企业成本

1)人力

初创企业需要以一顶十的人才,而获得这些人才通常需要支付高昂的费用,所以创业者可以用期权加工资的方式来吸引人才加入。

2)租金

租金成本从比例来看并不多,但办公场所的地址会影响员工工作的心情和效率。

例如，很多企业一开始为了省钱，在很偏远的地方租民房作为办公场所，员工每天需要花几小时在路上，最后常常导致员工大量流失，不利于企业发展。另一个极端是一开始在顶级写字楼租用办公场地，租金非常昂贵，虽然环境确实好，但不符合低成本创业的宗旨。对于早期创业者来说，可以尝试找一个众创空间，不仅地理位置好，地方大，创业氛围浓厚，而且对接资源方便，还有人帮助处理琐碎事务。

3）市场推广费用

创业团队一开始要定位好自己的目标用户，再针对目标用户进行用户分析，分析用户一般通过哪些渠道获取信息，最喜欢哪些自媒体平台，最容易接受的广告方式是怎样的。然后用具有针对性的内容或形式去铺特定的渠道，把每个渠道做好标记，之后用专业的软件分析每个推广活动的效果，包括带来多少用户、用户的留存率和活跃度如何，等等。高质量的渠道就继续使用，低质量的就剔除，像产品研发一样，市场推广也需要快速迭代。

4）提高办公效率的工具

当一个团队效率比较高的时候，无形中也帮团队降低了成本。提高效率的方式有很多，可以优化流程，也可以配备能提高工作效率的硬件和协作软件，比如高配置的电脑和办公系统。

5）其他费用

其他费用主要指材料费用和水电费等，这些费用比较零散，不同企业花费的金额不同。而对于初创企业来说，由于资金稀缺，因此更要花好每一分钱。

三、初创企业降低成本的方法

1. 借助创业园

追踪案例：天津的郑小姐大学毕业后，相中了一个刺绣项目。她考察了市内很多繁华地段的店铺，但由于租金太贵，并均要交付一年的租金，而不得不放弃。最后她来到妇女创业园进行考察，没想到，创业园不但为她免费代办个体工商执照，还能提供很多优惠政策，且租金也不贵。郑小姐只交了半年租金以及首批进货费，共计2万元便开业了，比在其他地段开店便宜了近3万元。

结果：郑小姐的小店开张后第二个月就盈利了。

提示：目前全国近百个城市都有针对草根投资者的创业园区，在创业园区里投资者可以最大限度地享受政策优惠（包括贷款优惠）。

适用领域：适合各类创业项目。

2. 转租带照商户

追踪案例：河北省的王女士通过朋友介绍，转租了一家原本经营不错的礼品商铺（含营业执照），王女士用来经营草鞋礼品店。商铺位置不错，尽管租金不低，但比王女士重新找店铺、装修、办照便宜了近3万元。

结果：由于商铺位置不错，两个月后，王女士的小店便开始盈利，现在每月都有近万元的纯利。

提示：这个方法不仅节省了投资者前期寻找场地、办理开业手续等的时间和费用，也能对店铺的人流量有直观、明确的了解。目前市场中有很多商铺可以买卖以及租赁,并且经营的证照齐全。这个方法在华南、华中地区十分流行。同时该方法利于投资者前期考察,如店铺地理位置优劣、商铺规模大小、竞争对手密集程度等情况。

适用领域:需要开店经营的项目,如餐饮、服装、饰品等领域。

3. 利用行业资源

追踪案例:广州的于先生原在某品牌4S汽车店从事采购工作,对业内很多研发机构、生产企业很熟悉。同时他对产品运作也了如指掌。目前市场上的汽车养护产品多数是贴牌产品,即品牌企业研发一款产品后,交给加工厂生产,生产出来的产品贴上品牌标识发往各地的零售终端。后来,于先生寻觅到一个汽车养护项目,利用工作资源,找到一家加工厂加工产品。这个方法让他省去了近10万元的建厂以及购买设备的费用。

结果:由于工作原因,于先生有着丰富的销售渠道,很快他的产品凭借过硬的质量、低廉的价格打开了市场。

提示:这种方法存在较高的隐形门槛,即投资者必须在业内有较为雄厚的人脉关系,并熟知业内的各种资源(如加工、销售、研发),否则很难实现低成本创业。

适用领域:各种加工类项目、经销类项目。

4. 利用地域差

追踪案例:广州的徐先生准备投资一个环保建材项目,他通过调研发现,在广州建厂至少需投资50万元,但徐先生没有这么多钱。后来,他通过朋友了解到,如果在山东建厂,费用仅需20万元,当地还有优惠政策。同时,山东省还是该项目主要原材料的集散地,原材料采购成本也较低。综合计算下来,比在广州建厂便宜了40多万元。

结果:由于徐先生利用了不同地域经济水平的差异,大大降低了建厂初始投资成本,让他有更多的资金投放在宣传和招商上。

提示:目前国内各地经济水平差异较大,一些经济欠发达地区为了发展本地经济,对于投资者有较大幅度的优惠,如可以免息贷款等。

适用领域:生产类项目,如建材、环保、服饰、电子产品、家居日用品等领域。

5. 走虚拟路线

追踪案例:福州的廖小姐选择经销某高端家居用品,为了节约创业成本,她决定走虚拟化路线:一是从网上向企业进货;二是开网店销售产品;三是利用网站宣传产品;四是在网上雇伙计。廖小姐告诉记者,利用网络销售比开实体店整整节省了8万元。不少投资者都清楚开网店节约成本,但是廖小姐的另外三个渠道就需要介绍了。第一,现在很多企业为降低成本,也开始开网店,批发价格要比实体店低一半以上;第二,通过论坛、网站发帖子宣传产品,这样的宣传成本要比发送传单、做广告便宜95%;第三,现在淘宝网推出了一项业务,就是有人专门负责向买家推荐商家的业务,往往一个人会负责上千个商家的业务,因此每个商家的投入会很低,比实体店雇伙计便宜80%以上。

结果:廖小姐在淘宝网已经成为皇冠级卖家。

提示:投资者为了提高工作效率,一般选择下午3点至5点,晚上8点至12点上线做生意,因为这两个时间段均是网民上网的高峰期。另外,现在很多人都选择网上创业,竞争较为激烈,投资者最好主动出击,通过论坛加强宣传,否则仅靠买家主动发现,难以成功。

适用领域:经销、代理类项目。

6. 农村包围城市策略

追踪案例:湖北武汉市的霍先生相中了某环保建材,想进行投资。他了解到,企业对省级城市代理商要求较高,单是资金就需要50万元,可霍先生手里并无这么多资金。而县级城市代理商的要求相对较低,只需要投资15万元,霍先生可以承受。经过再三衡量,霍先生选择县级代理商级别。

结果:由于该县级城市正处于经济大开发阶段,霍先生的产品比较好卖。仅一年时间,他已经收回了前期的15万元投资。霍先生的下一步计划是拿下武汉的代理权。

提示:这个方法比较适合经济较发达的二三线城市投资者使用。投资者在选择目标市场时,最好选择经济处于上升期,离省会城市、一线城市较近,并且有大量优惠创业政策的市场。因为除了企业要求的条件低,当地的创业成本也较低,而且市场对于一些新奇特产品接受程度较快,利于开拓市场。

适用领域:各种代理加盟类、招商类项目。

 模拟实战

1. 模拟创办的企业涉及哪些成本?
2. 请讨论创办的企业如何有效降低成本。

项目五
钱要怎么省
——税收筹划

CHUANGYE GUANLI
CAISHUITONG

项目导入

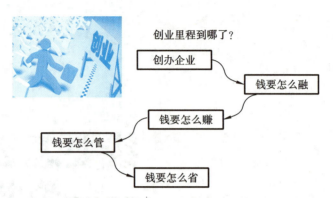

同学们,在上一项目中我们学习了钱要怎么管,了解了管钱的机构、原则、流程、前奏及方法。这一项目我们学习创办企业涉及的各种税收以及如何合理地进行税收筹划。

教学目标及要求

1. 知识目标:了解各种税收,了解国家税收优惠政策。
2. 能力目标:掌握增值税、消费税和所得税的特征,尝试进行税收筹划。
3. 素质目标:通过学习,能够做到坚决杜绝偷税漏税,合理做好税收筹划。

减 税 降 费

在2021年初全国税务工作会议上,我国减税降费成绩单正式发布:2020年,为应对新冠肺炎疫情冲击,我国连续发布实施了7批28项减税降费措施,各级税务部门全力确保政策红利直达市场主体,全年新增减税降费超过2.5万亿元,为399万户纳税人办理延期缴纳税款292亿元。

"减税降费"成为近年来我国财税政策的核心关键词之一。数据显示,"十三五"期间,全国新增减税降费累计超过7.6万亿元,累计办理出口退税7.07万亿元,有效激发了市场主体活力,新办涉税市场主体5745万户,较"十二五"时期增长83%,为稳住就业和经济基本盘做出了积极贡献。从全国各地情况看,减税降费政策有效帮助广大市场主体特别是中小微企业减轻了负担,留住了"青山"。"1218万元出口退(免)税款及时到账,再加上2020年上半年阶段性减免社保费700万元,真金白银有效缓解资金压力,让我们优化产品结构、扩大内销市场更有底气。"万力轮胎股份有限公司企业财务部部长詹技术说。

盐津铺子食品股份有限公司财务人员李玲算了一笔账:2019年盐津铺子集团共享受各项税费减免3691万元,2020年共享受各项税费减免4988万元。"如此之大的税费优惠政策力度,让企业资金活力得到充分释放,智能升级进程加快、信心更足。"李玲说。据介绍,2020年前11月公司各项研发投入已超过3000万元。尽管2020年年初产品销售受到一定冲击,但从4月开始实现正增长,前三季度营业收入刷新了最佳年度成绩单。这只是享受到减税红利的亿万市场主体的一个缩影。不少企业反映,2020年受到疫情冲击,减税降费"及时雨"帮助企业渡过难关,"真金白银"助力企业克服疫情影响、逆势前行,以创新转型开辟新蓝海。

展望2021年,在"十四五"开局之年,减税降费政策将如何推进?全国税务工作会议指出,2021年,进一步巩固拓展减税降费成效促进完善现代税收制度,助力高质量发展。继续抓实抓细延续实施和新出台的税费优惠政策落实,持续优化推动政策红利直达市场主体的机制和做法。

来源:经济参考报,有删减。

https://baijiahao.baidu.com/s?id=1688561480514606989&wfr=spider&for=pc

省钱之一:企业税收认知

一、税收的概念、特征

税收的概念

1. 税收的概念

税收是国家为满足社会公共需要,凭借公共权力,按照法律所规定的标准和程序,参与国民收入分配,强制地、无偿地取得财政收入的一种方式。

2. 税收的特征

税收的特征如图5-1所示。

1) 强制性

税收的强制性是指税收是国家以社会管理者的身份,凭借政权力量,依据政治权力,通过颁布法律或政令来进行强制征收。负有纳税义务的社会集团和社会成员,都必须遵守国家强制性的税收法令,在国家税法规定的限度内,纳税人必须依法纳税,否则就要受到法律的制裁,这是税收具有法律地位的体现。

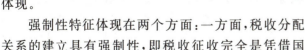

图5-1 税收的特征

强制性特征体现在两个方面:一方面,税收分配关系的建立具有强制性,即税收征收完全是凭借国家拥有的政治权力;另一方面,税收的征收过程具有强制性,即如果出现了税务违法行为,国家可以依法进行处罚。

2) 无偿性

税收的无偿性是指通过征税,社会集团和社会成员的一部分收入转归国家所有,国家不向纳税人支付任何报酬或代价。这种无偿性是与国家凭借政治权力进行收入分配的本质相联系的。

思考:企业和个人是否可以不交税?少交税?

无偿性体现在两个方面：一方面，政府获得税收收入后无须向纳税人直接支付任何报酬；另一方面，政府征得的税收收入不再直接返还给纳税人。无偿性是税收本质的体现，它反映的是一种社会产品所有权、支配权的单方面转移关系，而不是等价交换关系。税收的无偿性是使税收收入区别于其他财政收入形式的重要特征。

3) 固定性

税收的固定性是指税收是按照国家法令规定的标准征收的，包括纳税人、课税对象、税目、税率、计价办法和纳税期限等，都是税收法令预先规定了的，有一个比较稳定的试用期间，是一种固定的连续收入。对于税收预先规定的标准，征税和纳税双方必须共同遵守，非经国家法令修订或调整，征纳双方都不得违背或改变固定的比例或数额以及其他制度规定。

税收的三个基本特征是统一的整体。其中，强制性是实现税收无偿征收的强有力保证，无偿性是税收本质的体现，固定性是强制性和无偿性的必然要求。

二、税收构成要素

税收包括三大基本要素：纳税人、征税对象和税率。如图 5-2 所示，可以总结为一计、一征、二人、二税、三纳税、二法律。

一计：计税依据
一征：征税对象
二人：征税人、纳税义务人
二税：税目、税率
三纳税：纳税环节、纳税期限、纳税地点
二法律：减免税、法律责任

三大基本要素

图 5-2 税收的构成要素

1. 一计

一计即计税依据，指计算应纳税额的依据或标准，即根据什么来计算纳税人应缴纳的税额，解决如何计量的问题。

2. 一征

一征即征税对象，指税收法律关系中权利义务所指的对象，包括物或行为，它是区分不同税种的主要标志，规定对什么征税。

3. 二人

二人是指征税人和纳税义务人。

征税人，指代表国家行使税收征管职权的税务机关和各级其他征收机关，如国税局、地税局、海关。

纳税义务人，指税法规定的直接负有纳税义务的单位和个人，包括自然人和法人。

除了征税人和纳税义务人，创业者还需要了解扣缴义务人和负税人。

扣缴义务人，指负有代扣税款并向国库缴纳义务的单位和个人。

负税人,指最终负担税款的单位和个人。

4. 二税

二税是指税目和税率。

(1) 税目,指税法中规定的征税对象的具体征税项目,反映了具体征税范围。

(2) 税率,指应纳税额与征税对象之间的比例。

5. 三纳税

三纳税是指纳税环节、纳税期限、纳税地点。

(1) 纳税环节,指税法规定的征税对象在从生产到消费的流转过程中应当缴纳税款的环节。

(2) 纳税期限,指纳税人按照税法规定缴纳税款的期限。

(3) 纳税地点,指纳税人缴纳税款的具体地点。

6. 二法律

二法律是指减免税和相关的法律责任。

(1) 减免税,指税法规定的对某些特殊情况给予减轻或免除税收负担的一种税收优惠措施或特殊调节手段。

(2) 法律责任,指对纳税人违反税法的行为采取的处罚措施,包括加收滞纳金、处以罚款、追究刑事责任等。

思考:纳税义务人、扣缴义务人、负税人,是同一个人吗?

三、我国现行税收体系

对税收进行科学的分类,不仅能够揭示各类税收的性质、特点、功能以及各类税收之间的区别与联系,有利于建立合理的税收结构,充分发挥各类税收的功能与作用,而且对于研究税收发展的历史过程、税源的分布、税收负担的归宿以及中央与地方政府之间税收管理权限的划分都具有重要的意义。如表5-1所示,根据各种税收目的和作用的不同,我国的税收大致有以下几种类型。

表 5-1 税收的分类

分类标准	具体内容
(1) 按征税对象的不同	流转税:我国税收收入的主体税种,包括增值税、消费税和关税等
	所得税:个人所得税和企业所得税
	财产行为税:包括土地增值税、房产税、契税、车船税、城市维护建设税等
	资源税:资源税和土地使用税
(2) 按计量征税对象的标准不同	从价税
	从量税
(3) 按税收与价格的关系	价内税:消费税
	价外税:增值税

提示:税收分类可以采用各种不同的标准,从而形成不同的分类方法。

续表

分类标准	具体内容
（4）按税负能否转嫁	直接税：纳税人即负税人。个人所得税、企业所得税、财产税属于直接税
	间接税：纳税人不一定是负税人。流转税属于间接税
（5）按税收管理权限和使用权限	中央税：消费税、关税、证券交易印花税
	地方税：契税、房产税、耕地占用税、土地增值税、城镇土地使用税等
	中央和地方共享税：增值税、部分企业所得税、个人所得税

1. 按征税对象不同，分为流转税、所得税、资源税和财产行为税

流转税是指在生产、流通和服务领域中，以销售商品或提供劳务而取得的销售收入额或营业收入额为征税对象的税收，主要包括增值税、消费税、车辆购置税、关税。

所得税是指以各种所得额为征税对象的税收，主要包括两大税种，即个人所得税和企业所得税。

资源税以各种应税自然资源为征税对象，是为了调节资源级差收入并体现国有资源有偿使用而征收的一种税。

财产行为税是指以纳税人所拥有或支配的财产数量或财产价值为征税对象，或者为了某些特定目的以某些特定行为为征税对象的税收。在我国现行税制体系中，属于财产行为税的有契税、土地增值税、印花税、房产税、城市维护建设税等。

2. 按计量征税对象的标准不同，分为从量税和从价税

从量税是以征税对象的计量单位（重量、面积、件数等）为依据，按固定税额计征的税收。从量税实行定额税率，具有计算简便等优点，如我国现行的耕地占用税、车船税和城镇土地使用税。

从价税是以征税对象的价格为依据，按一定比例计征的税收。从价税实行比例税率和累进税率，税收负担比较合理，如我国现行的增值税、关税和所得税等。

3. 按税收与价格的关系，分为价内税和价外税

价内税指税款包含在应税商品价格之内，作为商品价格组成部分的税收，如消费税、关税等。

价外税指税款独立于商品价格之外，不作为商品价格组成部分的税收，如增值税。

4. 按税负能否转嫁，分为直接税与间接税

直接税是指税负不能转嫁，由纳税主体直接承担税负的税收，即纳税人与负税人为同一人，如企业所得税。

间接税是指纳税主体通过一定方式，将税负的部分或全部转嫁给他人负担的税收，如增值税、关税等。

5. 按税收管理权限和使用权限，分为中央税、地方税、中央和地方共享税

中央税是指由中央政府征收、管理和支配，或由地方政府征收后全部划归中央政府所有并支配使用的税收，如关税。

地方税是指由地方政府征收、管理和支配的税收,如房产税。地方税一般收入稳定,并与地方经济利益关系密切。

中央和地方共享税是指税收的管理权和支配权属中央政府和地方政府共同拥有的税收,如增值税、资源税等。

四、税收筹划概述

1. 税收筹划的含义

1)基本概念

税收筹划也称为纳税筹划、税务筹划等。税收筹划是指纳税人在不违反法律、法规的前提下,通过对经营、投资、理财等涉税事项做出事先的谋划与安排,以实现企业价值最大化或股东权益最大化的一种行为。

2)其他相关概念

要真正理解税收筹划的含义,就要分清避税、偷税、骗税、抗税、欠税等与之相关的概念。税收筹划是在合法前提下进行的以节税为目的的理财行为,而偷税、骗税、抗税、欠税等则是违法行为,避税是否合法要视具体情况而定。

(1)避税。

避税是指纳税人采用不违法的手段,利用税法中的漏洞和空白获取税收利益的行为。避税筹划既不违法也不合法,而是处于两者之间,是一种非违法的活动。例如,很多在英属维尔京群岛注册的企业,就是为了避免实际经营地的税收而成立的离岸企业。显然,避税违背了立法精神,但其获得成功的前提是纳税人对税收政策进行认真研究,并在法律条文形式上对法律予以认可,这与偷税、抗税等有着本质区别。对此,作为国家所能做的就是不断完善税收法律规范,填补空白,堵塞漏洞,即采取反避税措施对避税行为加以控制。

(2)偷税。

偷税是指负有纳税义务和扣缴义务的人或企事业单位及其负有直接责任的主管人员和其他直接责任人员,故意违反国家税收法规,采取伪造、变造、隐匿、擅自销毁账簿、记账凭证,在账簿上多列支出或不列、少列收入,或者进行虚假的纳税申报的手段,不缴或者少缴应当缴纳的税款,并且达到法定偷税数额的行为。由此看来,偷税是纳税人故意采取各种非法手段,达到不缴或少缴税款的目的的行为。显然,偷税具有非法性和欺骗性。对于偷税行为,轻则违法,重则犯罪。

(3)骗税。

骗税是指通过假报出口、虚报价格、伪造涂改报关单等手段骗取出口退税款的行为。《中华人民共和国税法》规定,以假报出口或者其他欺骗手段,骗取国家出口退税款的,由税务机关追缴其骗取的退税款,并处骗取税款1倍以上5倍以下的罚款;构成犯罪的,依法追究刑事责任。显然,骗税同偷税一样,具有非法性和欺骗性。对于骗税行为,轻则违法,重则犯罪。

(4)抗税。

抗税是指纳税人、扣缴义务人以暴力、威胁方法拒不缴纳税款的行为。对于抗税行为,除由税务机关追缴其拒缴的税款、滞纳金外,还应依法追究其刑事责任。情节轻

提醒:税收筹划绝不是偷税漏税,一定要合法!

微、未构成犯罪的,由税务机关追缴其拒缴的税款、滞纳金,并处拒缴税款 1 倍以上 5 倍以下的罚款。

(5) 欠税。

欠税是指纳税人、扣缴义务人逾期未缴纳税款的行为。纳税人欠缴应纳税款,采取转移或者隐匿财产的手段,妨碍税务机关追缴欠缴的税款的,由税务机关追缴欠缴税款、滞纳金,并处欠缴税款 50% 以上 5 倍以下的罚款。构成犯罪的,依法追究刑事责任。

税收筹划与相关概念的区别如表 5-2 所示。

表 5-2 税收筹划与相关概念的区别

涉税行为 比较项目	税收筹划	避税	偷(逃)税	抗税	骗税	欠税
法律性质	合法	不违法	违法	违法	违法	违法
政府态度	鼓励	反对	制裁	制裁	制裁	制裁
风险程度	低风险	较高风险	高风险	高风险	高风险	高风险
常用手段	主要利用税收优惠政策或选择机会	主要利用税法漏洞	虚假纳税申报	暴力对抗	骗取出口退税	逾期拖欠
后果影响	引导企业行为,促进经济发展	影响市场秩序,甚至破坏市场规则	违背公平竞争原则,破坏经济	违背公平竞争原则,破坏经济	违背公平竞争原则,破坏经济	违背公平竞争原则,破坏经济

2. 税收筹划的特点

税收筹划的根本目的是减轻税负,以实现企业税后收益的最大化,税收筹划具有以下特点。

1) 合法性

税法是处理征纳关系的共同准绳,作为纳税义务人的企业要依法缴税。税收筹划是在完全符合税法、不违反税法的前提下进行的,当纳税人进行经营或投资活动,在纳税义务没有确定、面临两个或两个以上的纳税方案时,纳税人可以为实现最小合理纳税而进行设计和筹划,选择低税负方案。这也正是税收政策引导经济、调节纳税人经营行为的重要作用之一。

2) 前瞻性

在税收活动中,经营行为的发生是企业纳税义务产生的前提,纳税义务通常具有滞后性。税收筹划不是在纳税义务发生之后想办法减轻税负,而是在应税行为发生之前,纳税人在充分了解现行税法知识和财务知识的基础上,对企业的经济活动进行全方位的规划、设计、安排,以寻求未来税负相对最轻、经营效益相对最好的决策方案的行为,是一种合理合法的预先筹划,具有超前性的特点。

3) 目的性

纳税人进行税收筹划,其目的在于减少纳税,谋求最大的税收利益。谋求税收利益有两层含义:一是选择低税负,低税负意味着低的税收成本,低的税收成本意味着高的资本回收率;二是滞延纳税时间(非拖欠税款行为),纳税期的滞延,相当于企业在滞延期内得到一笔与滞延税款相等的政府无息贷款。

4) 综合性

综合性是指税收筹划应着眼于纳税人的资本总收益的长期稳定增长,而不是着眼于个别税种税负的高低或纳税人整体税负的轻重。一种税少缴了,另一种税有可能要多缴,整体税负不一定减轻。从时间上看,税收筹划贯穿于生产经营活动的全过程,任何一个可能产生税金的环节,均应进行税收筹划。企业进行投资、经营决策时,除了考虑税收因素外,还必须考虑其他多种因素,以达到总体收益最大化的目的。

5) 风险性

风险性是指税收筹划活动因各种原因失败而付出的代价。税收筹划过程中的操作风险是客观存在的,主要包括以下方面:一是日常的纳税核算虽然从表面看是按税法规定操作的,但因为对有关税收政策的精神把握不准,造成事实上的偷税,由于未依法纳税而面临税务处罚的风险;二是对有关税收优惠政策的运用和执行不到位,面临税务处罚的风险;三是对企业的情况没有进行全面比较和分析,导致筹划成本大于筹划成果的风险等。

6) 专业性

税收筹划的专业性有两层含义:一是指企业的税收筹划需要由财务人员,尤其是精通税法的专业人员进行;二是随着现代社会的经济活动日趋复杂,各国税制也渐趋复杂,仅靠纳税人自身进行税收筹划已显得力不从心,税务代理、咨询及筹划业务应运而生,税收筹划呈现日益明显的专业化特点。

3. 税收筹划的原则

1) 不违法原则

税收筹划必须严格遵守国家的税收法律法规。税收法律法规是纳税人的税收行为准则,纳税人只有严格地按照税法规定履行纳税义务,才享有合法权利,其所设计的纳税方案才能为税收管理部门认可,否则会受到相应的处罚。偷逃税款也可减轻纳税人负担,但显然是不合法的。

2) 事前筹划原则

由于税款征纳都是在经济行为之后发生的,所以企业可以在经济行为发生之前,按照税法的规定,对自身的经营状况和经济行为进行调整和安排,其目的就是满足税收优惠政策所规定的条件,尽可能地降低企业税负。如果某项业务已经发生,相应的纳税结果也就产生了,税收筹划便失去了作用。

3) 效益性原则

税收筹划属于企业财务管理的一项内容,所以要遵循成本效益原则。也就是说,纳税人的税收筹划完成并实施以后取得的相应效益,要大于为进行税收筹划所付出的成本,并且应尽量使筹划成本降低到最低程度,使筹划效益达到最大程度。

4) 稳健性原则

一般而言,节税的收益越大,风险也越大。节税收益与税制变化风险、市场风险、利率风险、债务风险、汇率风险、通货膨胀风险紧密相连。税收筹划要在节税收益和节税风险之间进行权衡,以保证能够真正取得财务利益。

省钱之二：增值税及税收筹划

一、增值税基础认知

什么是增值税？

增值税最早于1954年在法国正式开征。在我国，伴随改革开放政策的逐步实施和计划经济向市场经济转轨的进程，从1984年国务院颁布《中华人民共和国增值税条例（草案）》到2012年开始增值税的全面扩围（即营改增之路），增值税的变化非常大。2012年1月1日，在上海市针对交通运输业和部分现代服务业启动了营改增试点。之后，将上海改革试点分批扩大至北京等11个省市。2013年8月1日，将扩大的试点在全国推开。2014年1月1日，将铁路运输和邮政业纳入试点。2014年6月1日，将电信业纳入试点。自此，营改增试点覆盖到全国的"3+7"个行业，3个行业是指交通运输业、邮政服务业和电信业，7个现代服务业是指研发和技术服务、信息技术服务、文化创意服务、物流辅助服务、有形动产租赁服务、鉴证咨询服务以及广告影视服务。2016年5月1日，将建筑业、房地产业、金融业和生活服务业四大行业纳入试点，全面推开营改增试点。营业税彻底退出了历史舞台。具体如图5-3所示。

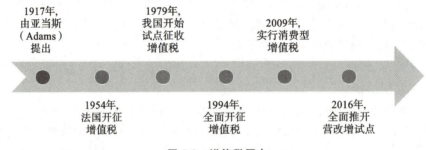

图5-3 增值税历史

1. 增值税的概念

增值税是以商品和劳务在流转过程中产生的增值额作为征税对象而征收的一种流转税。增值税是指对在我国境内销售货物或者加工、修理修配劳务，销售服务、无形资产、不动产以及进口货物的单位和个人，就其货物、劳务、服务、无形资产、不动产的增值额和进口货物金额为计税依据而课征的一种流转税。

增值税已经成为中国最主要的税种之一，增值税的收入占中国全部税收的60%以上，是最大的税种。增值税由国家税务局负责征收，税收收入中50%为中央财政收入，50%为地方收入。进口环节的增值税由海关负责征收，税收收入全部为中央财政收入。

2. 增值税纳税人

1) 增值税纳税义务人和扣缴义务人

根据《中华人民共和国增值税暂行条例》（下文简称《增值税暂行条例》）和"营改增"的相关规定，凡在我国境内销售货物或者加工、修理修配劳务，销售服务、无形资产、不动产以及进口货物的单位及个人,均为增值税的纳税人。如图 5-4 和图 5-5 所示,单位是指企业、行政单位、事业单位、军事单位、社会团体及其他单位。个人是指个体工商户和其他个人。

"营改增"试点的单位以承包、承租、挂靠方式经营的,承包人、承租人、挂靠人以发包人、出租人、被挂靠人名义对外经营并由发包人承担相关法律责任的,以该发包人为纳税人;否则,以承包人为纳税人。

中华人民共和国境外的单位或者个人在境内提供应税劳务和应税服务,在境内未设有经营机构的,以其境内代理人为扣缴义务人;在境内没有代理人的,以购买方或接受方为扣缴义务人。

图 5-4　增值税纳税人——单位　　　　图 5-5　增值税纳税人——个人

2) 增值税纳税人的分类

在实际经济生活中,我国增值税纳税人众多,会计核算水平差异较大,大量的小企业和个人还不具备用增值税发票抵扣税款的条件,为了既简化增值税的计算和征收,又有利于减少税收征管漏洞,将增值税纳税人按会计核算水平和经营规模分为一般纳税人和小规模纳税人两类纳税人,对其分别采取不同的增值税计税方法。

如图 5-6 所示,营改增试点纳税人,年应税销售额等于或超过 500 万元,认定为一般纳税人;年应税销售额小于 500 万元的,认定为小规模纳税人。年应税销售额是指纳税人在连续不超过 12 个月的经营期内累计应征增值税销售额,包括减免税销售额以及按规定允许从销售额中差额扣除的部分。如果该销售额为含税的,应按照适用税率(征收率)换算为不含税的销售额。

(1) 一般纳税人。

一般纳税人是指年应征增值税销售额超过财政部、国家税务总局规定的小规模纳税人标准的企业和企业性单位。

(2) 小规模纳税人。

小规模纳税人是指年应征增值税销售额在规定标准以下,并且会计核算不健全,不能按规定报送有关税务资料的增值税纳税人。会计核算不健全是指不能正确核算增值税的销项税额、进项税额和应纳税额。

① 增值税小规模纳税人的认定标准为年应征增值税销售额为 500 万元及以下。

② 小规模纳税人会计核算健全,能够提供准确税务资料的,可以向主管税务机关

图 5-6　纳税人分类标准

申请登记为一般纳税人,不再作为小规模纳税人。

③年应税销售额超过小规模纳税人标准的其他个人按小规模纳税人纳税;非企业性单位可选择按小规模纳税人纳税。

对小规模纳税人实行简易征税办法,用不含税销售额乘以征收率即为应纳税额,不抵扣进项税额,一般也不使用增值税专用发票,但基于增值税征收管理中一般纳税人与小规模纳税人之间客观存在的经济往来的实情,小规模纳税人可以到税务机关代开增值税专用发票。小规模纳税人试点自行开具增值税专用发票的(销售其取得的不动产除外),税务机关不再为其代开。

3. 增值税征税范围

增值税纳税人应当依照《增值税暂行条例》和"营改增"的相关规定缴纳增值税。增值税的征税范围包括销售货物,提供加工、修理修配劳务及进口货物。2016年5月1日起,我国"营改增"工作全面展开,增值税全面取代了营业税。

目前,我国增值税的征税范围进一步扩展如下:

1) 销售货物

销售货物是指在中华人民共和国境内(以下简称中国境内)有偿转让货物的所有权。中国境内是指所销售货物的起运地或所在地在中国境内。货物是指除土地、房屋和其他建筑物等不动产外的有形动产,包括电力、热力、气体在内。

2) 提供加工、修理修配劳务

提供加工、修理修配劳务是指在中国境内有偿提供加工、修理修配劳务。其中,加工是指受托加工货物,即委托方提供原料及主要材料,受托方按照委托要求制造货物并收取加工费的业务;修理修配劳务是指受托对损伤和丧失功能的货物进行修复,使其恢复原状和功能的业务。但是,单位或者个体工商户聘用的员工为本单位或雇主提供加工、修理修配劳务不包括在内。

3) 进口货物

凡进入我国关境的货物,在报关进口时除依法缴纳关税外,还必须向我国海关缴纳增值税。

4) 销售服务

销售服务是指提供交通运输服务、邮政服务、电信服务、建筑服务、金融服务、现代服务、生活服务。

5）销售无形资产

销售无形资产是指转让无形资产所有权或者使用权的业务活动。无形资产是指不具备实物形态，但能带来经济利益的资产，包括技术、商标、著作权、商誉、自然资源使用权和其他权益性无形资产。

6）销售不动产

销售不动产是指转让不动产所有权的业务活动。不动产是指不能移动或者移动后会引起性质、形状改变的财产，包括建筑物、构筑物等。建筑物包括住宅、商业营业用房、办公楼等可供居住、工作或者进行其他活动的建造物。构筑物包括道路、桥梁、隧道、水坝等建造物。

7）视同销售行为

视同销售行为即没有直接发生销售，但也要按照正常销售行为征税。结合相关文件的规定，将视同销售行为总结为以下10种：

（1）将货物交付其他单位或者个人代销；

（2）销售代销货物；

（3）设有两个以上机构并实行统一核算的纳税人，将货物从一个机构移送至其他机构用于销售，但相关机构设在同一县（市）的除外；

（4）将自产、委托加工的货物用于集体福利或者个人消费；

（5）将自产、委托加工或者购进的货物作为投资，提供给其他单位或者个体工商户；

（6）将自产、委托加工或者购进的货物分配给股东或者投资者；

（7）将自产、委托加工或者购进的货物无偿赠送其他单位或者个人；

（8）单位或者个体工商户向其他单位或者个人无偿提供服务，但用于公益事业或者以社会公众为对象的除外；

（9）单位或者个人向其他单位或者个人无偿转让无形资产或者不动产，但用于公益事业或者以社会公众为对象的除外；

（10）财政部和国家税务总局规定的其他情形。

8）特殊经营行为和产品的税务处理

（1）纳税人销售货物、劳务、服务、无形资产或者不动产适用不同税率或者征收率的，应当分别核算适用不同税率或者征收率的销售额。

（2）一项销售行为如果既涉及服务又涉及货物，则为混合销售行为。从事货物的生产、批发或者零售的单位和个体工商户的混合销售行为，按照销售货物缴纳增值税；其他单位和个体工商户的混合销售行为，按照销售服务缴纳增值税。

（3）纳税人兼营免税、减税项目的，应当分别核算免税、减税项目的销售额；未分别核算的，不得免税、减税。

二、增值税的税率和征收率

我国增值税采用比例税率形式。为了发挥增值税的中性作用，原则上应该对不同行业的不同企业实行单一税率。实践中，为照顾一些特殊行业或产品而增设了低税率档次,并对出口产品实行零税率。为了适应增值税纳税人分成两类的情况,又对这两类不同的纳税人采用了不同的税率和征收率。

1. 增值税的税率

1)基本税率

纳税人销售货物、劳务、有形动产租赁服务或者进口货物(进口抗癌药品除外),除低税率、出口货物和跨境销售服务、无形资产等另有规定外,税率为13%。

2)低税率

(1)纳税人提供交通运输服务、邮政服务、基础电信服务、建筑服务、不动产租赁服务,销售不动产,转让土地使用权,销售或者进口部分货物,税率为9%。部分货物包括粮食等农产品、食用植物油、食用盐;自来水、暖气、冷气、热气、煤气、石油液化气、沼气、二甲醚、天然气、居民用煤炭制品;图书、报纸、杂志、影像制品、电子出版物;饲料、化肥、农药、农机、农膜;国务院规定的其他货物。

(2)纳税人销售服务(有形动产租赁服务、跨境销售服务除外)、无形资产(土地使用权、跨境销售无形资产除外),税率为6%。

(3)自2018年5月1日起,对进口抗癌药品,减按3%征收进口环节增值税。

3)增值税的零税率

(1)纳税人出口货物(国务院另有规定的除外),适用增值税零税率;

(2)跨境销售国务院规定范围内服务、无形资产,适用增值税零税率。

2. 增值税的计税方法

1)一般纳税人适用的计税方法

一般纳税人销售货物或者提供应税劳务和应税服务适用一般计税方法计税。一般计税方法的计算公式为

$$当期应纳增值税额=当期销项税额-当期进项税额$$

一般纳税人销售或提供财政部和国家税务总局规定的特定的货物、应税劳务、应税服务,可以选择简易计税方法计税,一经选择,36个月内不得变更。

2)小规模纳税人适用的计税方法

小规模纳税人销售货物、提供应税劳务和应税服务适用简易计税方法计税。简易计税方法的计算公式为

$$当期应纳增值税额=当期销售额(不含增值税)×征收率$$

> 提醒:一般纳税人和小规模纳税人对应的增值税计算方法不同!

三、增值税税收优惠

1. 免征增值税项目

根据《增值税暂行条例》规定,免征增值税项目有以下7项:

(1)农业生产者销售的自产农产品。销售外购农品以及外购农产品生产、加工后销售的仍属于规定范围的农业产品,不属于免税范围,正常征税。

(2)避孕药品和用具。

(3)古旧图书(向社会收购的古书和旧书)。

(4)直接用于科学研究、科学试验和教学的进口仪器、设备。

(5) 外国政府、国际组织无偿援助的进口物资和设备。
(6) 由残疾人的组织直接进口供残疾人专用的物品。
(7) 销售的自己使用过的物品。

除上述规定外,增值税的免税、减税项目由国务院规定,任何地区、部门均不得规定免税、减税项目。

2.《跨境应税行为适用增值税零税率和免税政策的规定》

创业者还可以利用《跨境应税行为适用增值税零税率和免税政策的规定》的相关内容来进行税收筹划。这个规定指明,中华人民共和国境内的单位和个人销售的下列服务和无形资产免征增值税,但财政部和国家税务总局规定适用增值税零税率的除外。

(1) 8项在境外发生的应税服务。

第一,工程项目在境外的建筑服务;

第二,工程项目在境外的工程监理服务;

第三,工程、矿产资源在境外的工程勘察勘探服务;

第四,会议展览地点在境外的会议展览服务;

第五,存储地点在境外的仓储服务;

第六,标的物在境外使用的有形动产租赁服务;

第七,在境外提供的广播影视节目(作品)的播映服务;

第八,在境外提供的文化体育服务、教育医疗服务、旅游服务。

(2) 为出口货物提供的邮政服务、收派服务、保险服务,包括出口货物保险和出口信用保险。

(3) 向境外单位提供的完全在境外消费的以下服务和无形资产:电信服务、知识产权服务、物流辅助服务(仓储服务、收派服务除外)、鉴证咨询服务、专业技术服务、商务辅助服务、广告投放地在境外的广告服务、无形资产。

(4) 以无运输工具承运方式提供的国际运输服务。

(5) 为境外单位之间的货币资金融通及其他金融业务提供的直接收费金融服务,且该服务与境内的货物、无形资产和不动产无关。

(6) 财政部和国家税务总局规定的其他服务。

3. 其他免税

例如,自2018年1月1日起至2020年12月31日,免征图书批发零售环节增值税。对科普单位的门票收入,以及县级及以上党政部门和科协开展科普活动的门票收入免征增值税。增值税还有一些其他的优惠规定。

第一,即征即退政策,如营改增试点中的一般纳税人提供管道运输服务,对其增值税实际税负超过3%的部分实行增值税即征即退政策。

第二,先征后退,如自2018年1月1日起至2020年12月31日,对党机关报等7类出版物,在出版环节执行增值税100%先征后退的政策,对2类出版物在出版环节执行增值税先征后退50%的政策。

第三,扣减增值税,对自主就业退役士兵以及持就业创业证的人员,从事个体经营的,在三年内按每户每年8000元为限额,依次扣减其当年实际应缴纳的增值税、城市维护建设税、教育费附加、地方教育附加和个人所得税。

四、增值税税收筹划

1. 税收筹划法律法规依据

我国增值税纳税义务人分为一般纳税人和小规模纳税人,两者在税款征收方式上有所不同,在身份认定上也有一定的选择空间,这为企业利用增值税纳税人身份进行税收筹划在一定范围内提供了可行性。

增值税一般纳税人的优势在于:增值税一般纳税人可以抵扣增值税进项税额,而增值税小规模纳税人不能抵扣增值税进项税额;增值税一般纳税人销售货物时可以向对方开具增值税专用发票,增值税小规模纳税人则不可以(虽可申请税务机关代开,但抵扣率很低)。

增值税小规模纳税人的优势在于:增值税小规模纳税人不能抵扣的增值税进项税额将直接计入产品成本,最终可以起到抵减企业所得税的作用;增值税小规模纳税人销售货物不能开具增值税专用发票,即不必由对方负担销售价格的 13% 或 9% 的增值税销项税额,因此销售价格相对较低。

2. 增值税税收筹划分析

企业在创立初期为了降低税赋,一般会选择成为小规模纳税人,但也有例外的情况。新创立的企业在如今经济严峻的情况下,如何在夹缝里找出一条路来,是关乎企业生死存亡的问题。因此,税务筹划显得尤其重要。对小企业来说,税收筹划首先考虑的是如何更好地利用现有的税收政策。小企业是经济发展的生力军、就业的主渠道、创新的重要源泉,在促进创业创新、稳定经济增长、稳定和扩大就业等方面起着至关重要的作用。保持经济平稳较快发展,需要充分发挥小微企业的积极作用,给予小企业更多税收优惠政策。

> 思考:你模拟创办的企业符合小微企业增值税免税政策规定吗?

(1)增值税小规模纳税人,应分别核算销售货物或者加工、修理修配劳务的销售额和销售服务、无形资产的销售额。

(2)增值税小规模纳税人,销售货物或者加工、修理修配劳务,月销售额不超过 3 万元,按季纳税 9 万元。

(3)销售服务、无形资产月销售额不超过 3 万元,按季纳税 9 万元的,自 2018 年 1 月 1 日起至 2020 年 12 月 31 日,可分别享受小微企业暂免征收增值税优惠政策。

2021 年 3 月 5 日,国务院总理李克强在《2021 年国务院政府工作报告》中说,将小规模纳税人增值税起征点从月销售额 10 万元提高到 15 万元。对小微企业和个体工商户年应纳税所得额不到 100 万元的部分,在现行优惠政策基础上,再减半征收所得税。

> 提醒:大学生创办企业以小微企业为主,这部分内容同学们应该重点关注!

例 5-1:A 企业现为增值税小规模纳税人,年应税销售额为 400 万元(不含增值税),会计核算制度比较健全,符合转化为增值税一般纳税人的条件,适用 9% 的增值税税率。已知该企业从生产饲料的增值税一般纳税人处购入饲料 280 万元并取得增值税专用发票(不含增值税),那么该企业应如何进行增值税纳税人身份的筹划?

【分析】

方案一:仍作为增值税小规模纳税人。

应纳增值税＝400万元×3％＝12万元

应纳城建税及教育费附加＝12万元×(7％＋3％)＝1.2万元

方案二：申请成为增值税一般纳税人。

应纳增值税＝400万元×9％－280万元×9％＝10.8万元

应纳城建税及教育费附加＝10.8万元×(7％＋3％)＝1.08万元

方案二比方案一少缴纳增值税1.2万元(12万元－10.8万元)，如果考虑到附加税，则少缴纳税额更多，因此，应当选择方案二。该企业应转化为增值税一般纳税人，改变纳税人身份后应纳增值税和城建税及教育费附加减少。

例5-2： A有限责任公司为一家商业企业，为增值税小规模纳税人，预计2020年应税销售额300万元，2020年购货金额为250万元。B有限责任公司也是一家商业企业，为增值税小规模纳税人，预计2020年应税销售额400万元，2020年购货金额为350万元。以上金额均不含增值税。此时，假设A有限责任公司合并B有限责任公司，此合并不会对A有限责任公司自身经营产生影响。A有限责任公司合并后登记成为增值税一般纳税人，适用的增值税税率为13％，购货的增值税税率也为13％，均可取得增值税专用发票。

【分析】

增值税一般纳税人在资产重组过程中，将全部资产、负债和人员一并转让给其他增值税一般纳税人，并按程序办理注销税务登记的，其在办理注销登记前尚未抵扣的进项税额可结转至新纳税人处继续抵扣。

方案一：A有限公司不合并B有限公司。

A有限责任公司应纳增值税＝300万元×3％＝9万元

B有限责任公司应纳增值税＝400万元×3％＝12万元

A有限责任公司与B有限责任公司应纳增值税合计＝9万元＋12万元＝21万元

方案二：A有限责任公司合并B有限责任公司，并登记为增值税一般纳税人。

合并后的公司应纳增值税＝(300万元＋400万元)×13％－(250万元＋350万元)×13％＝13万元

方案二比方案一少缴纳增值税8万元(21万元－13万元)，因此，应当选择方案二。

由于一般纳税人在一般计税方法下可以抵扣进项税额，因此小规模纳税人的税负可能会重于一般纳税人。若小规模纳税人自身不具备转化为一般纳税人的条件(年应税销售额未达标准或者其他原因)，则可以考虑合并其他小规模纳税人的方式来转化为一般纳税人，从而享有一般纳税人可以抵扣进项税额的税收待遇。企业可以通过分析税负情况，采取合适的纳税人身份，一般通过合并或分立的方式可以进行纳税人身份的筹划。

例5-3： A电影院为增值税一般纳税人，预计2020年度实现收入1000万元(不含增值税)，可抵扣进项税为15万元。请对上述业务进行税收筹划。

【分析】

《财政部、国家税务总局关于全面推开营业税改征增值税试点的通知》(财税〔2016〕36号)中规定如下：一般纳税人发生的电影放映服务、仓储服务、装卸搬运服务、收派服务和文化体育服务,可以选择简易计税方法计税。对于可以选择适用简易计税方法计税的情况,纳税人应当比较一般计税方法和简易计税方法下税负的大小,选择税负小的方案。

方案一:选择一般计税方法。
$$应纳增值税=1000万元×6‰-15=45万元$$
方案二:选择简易计税方法。
$$应纳增值税=1000万元×3‰=30万元$$
方案二比方案一少缴纳增值税 15 万元(45 万元－30 万元),因此,应当选择方案二。

需要注意的是,一般纳税人发生财政部国家税务总局规定的特定应税行为,可以选择适用简易计税方法计税,但一经选择,36 个月内不得变更。因此,企业应当权衡利弊、综合考虑,慎重选择计税方法。

省钱之三:消费税及税收筹划

什么是消费税

一、消费税的认知

1. 消费税的概念和特点

1) 消费税的定义

消费税是对在中国境内生产、委托加工和进口应税消费品的单位和个人征收的一种流转税,是对特定的消费品和消费行为在特定的环节征收的一种间接税。

2) 消费税的特点

第一,消费税征税项目具有选择性。消费税以税法规定的特定产品为征税对象,即国家可以根据宏观产业政策和消费政策的要求,有目的、有重点地选择一些消费品征收消费税,以适当地限制某些特殊消费品的消费需求。

第二,按不同的产品设计不同的税率,同一产品同等纳税。

第三,消费税是价内税,是价格的组成部分。

第四,消费税实行从价定率和从量定额以及从价从量复合计征三种方法征税。

实行从价定率办法计算的应纳税额=销售额×适用税率;

实行从量定额办法计算的应纳税额=销售数量×单位税额。

第五,消费税征收环节具有单一性。

第六,消费税税收负担具有转嫁性,即税负最终都会转嫁到消费者身上。

2. 消费税纳税人

消费税的纳税人,是指在中华人民共和国境内生产、委托加工和进口《消费税暂行条例》规定的消费品的单位和个人。所称单位是指企业、行政单位、事业单位、军事单位、社会团体及其他单位;所称个人是指个体工商户及其他个人。

3. 消费税征税范围

消费税是在对货物普遍征收增值税的基础上,选择少数消费品再征收的一个税

提示:"在中华人民共和国境内"是指生产、委托加工和进口属于应当缴纳消费税的消费品的起运地或者所在地在中国境内。

种,主要是为了调节产品结构,引导消费方向,保证国家财政收入。

现行消费税的征收范围主要包括:烟、酒、鞭炮、焰火、高档化妆品、成品油、贵重首饰及珠宝玉石、高尔夫球及球具、高档手表、游艇、木制一次性筷子、实木地板、电池、涂料等税目。

4. 税目税率

消费税的征收范围包括了五种类型的产品:

第一类:一些过度消费会对人类健康、社会秩序、生态环境等方面造成危害的特殊消费品,如烟、酒、鞭炮、焰火等。

第二类:奢侈品、非生活必需品,如贵重首饰、化妆品等。

第三类:高能耗及高档消费品,如小轿车、摩托车等。

第四类:不可再生和替代的石油类消费品,如汽油、柴油等。

第五类:具有一定财政意义的消费品,如护肤护发用品等。

消费税共设置了15个税目,在其中的3个税目下又设置了13个子目,共列举了25个征税项目。其中实行比例税率的有21个,实行定额税率的有4个。共有13个档次的税率,最低3%,最高56%。经国务院批准,财政部、国家税务总局对烟产品消费税政策做了重大调整,甲类香烟的消费税从价税率由原来的45%调整至56%。另外,卷烟批发环节还加征了一道从价税,税率为5%,新政策从2009年5月1日起执行。

提醒:同学们应该养成良好的消费习惯,拒绝烟酒和高档奢侈品。

5. 消费税的主要作用

优化税制结构,完善流转税课税体系,配合国家户口政策和消费政策,筹集资金,增加财政收入,削弱和缓解贫富悬殊以及分配不公的矛盾。

链接:消费税的具体税目和税率,请同学们自行查阅相关资料!

6. 纳税环节

消费税纳税环节如图5-7所示。

1) 生产环节

纳税人生产的应税消费品,于纳税人销售时纳税。纳税人自产自用的应税消费品,用于连续生产应税消费品的,不纳税;用于其他方面的,于移送使用时纳税。委托加工的应税消费品,由受托方在向委托方交货时代收代缴税款。如果受托方是个体经营者,委托方需在收回加工应税消费品后向所在地主管税务机关缴纳消费税。

图5-7 消费税纳税环节

2) 进口环节

进口的应税消费品,在报关进口时纳税,由海关代征进口消费税。

3) 零售环节

在零售环节征收金银首饰、钻石饰品消费税的情况有以下几种。

(1) 纳税人从事金银首饰、钻石饰品(含以旧换新)零售业务的,在零售时纳税。

(2) 纳税人将金银首饰用于馈赠、赞助、集资、广告、样品、职工福利、奖励等方面的,在移送时纳税。

(3) 带料加工、翻新改制金银首饰的,在受托方交货时纳税。

不属于上述范围的应征消费税的金银首饰,仍在生产环节征收消费税。

在零售环节征收消费税的金银首饰的范围不包括镀金(银)、包金(银)首饰,以及镀金(银)、包金(银)的镶嵌首饰。凡采用镀金、包金工艺以外的其他工艺制成的含金、银首饰及镶嵌首饰,如锻压金、铸金、复合金首饰等,都应在零售环节征收消费税。

(4) 自 2016 年 12 月 1 日起,"小汽车"税目下增设"超豪华小汽车"子税目。对超豪华小汽车,在零售环节加征一道从价计征的消费税。

4) 批发环节

自 2009 年 5 月 1 日起,在卷烟批发环节加征一道从价计征的消费税。纳税人销售给纳税人以外的单位和个人的卷烟于销售时纳税。

应税消费品征税环节如表 5-3 所示。

表 5-3 应税消费品征税环节

应税消费品	生产(加工或进口)环节	批 发 环 节	零 售 环 节
一般应税消费品	√	×	×
金银首饰	×	×	√
卷烟	√	√	×
超豪华小轿车	√	×	√

二、消费税优惠政策

消费税的优惠政策主要有以下 8 点。

(1) 生产企业自营出口和委托外贸企业代理出口的应税消费品,可以按照其实际出口数量和金额免征消费税。

(2) 来料加工复出口的应税消费品,可以免征消费税。

(3) 国家特准可以退还或者免征消费税的消费品主要有:

第一,对外承包工程公司运出中国境外,用于对外承包项目的;

第二,企业在国内采购以后运出境外,作为境外投资的;

第三,利用中国政府的援外优惠贷款和援外合资合作项目基金方式出口的;

第四,对外补偿贸易、易货贸易、小额贸易出口的;

第五,外轮供应公司、远洋运输供应公司销售给外轮和远洋国轮,并收取外汇的;

第六,对外承接修理、修配业务的企业用于所承接的修理、修配业务的。

(4) 外商投资企业以来料加工、进料加工贸易方式进口的应税消费品,可以免征进口环节的消费税。

(5) 子午线轮胎免征消费税,翻新轮胎不征收消费税。

(6) 边境居民通过互市贸易进口规定范围以内的生活用品,每人每日价值人民币 8000 元以下的部分,可以免征进口环节的消费税。

(7) 外国政府、国际组织无偿赠送的进口物资,可以免征进口环节的消费税。

(8) 成品油生产企业在生产成品油过程中作为燃料、动力和原料消耗的自产成品油,用外购和委托加工回收的已税汽油生产的乙醇汽油,利用废弃动植物油脂生产的纯生物柴油,可以免征消费税。

三、消费税税收筹划

 案例导入

思考:你模拟创办的企业适用消费税的相关优惠政策吗?

我国一直积极推进依法治税,提升税收执法效能,维护良好税收秩序,助力营造良好营商环境。作为酒类行业翘楚的古井贡酒集团,曾利用缴纳消费税的生产企业低价将酒卖与自己同一控制的批发企业的方式来逃避消费税,最终被安徽省财监办发现后进行了补缴,涉案金额高达1.5亿元。国家税务总局于2009年下发了《关于加强白酒消费税征收管理的通知》(国税函[2009]380号),其附件《白酒消费税最低计税价格核定管理办法(试行)》中规定:"白酒生产企业销售给销售单位的白酒,生产企业消费税计税价格低于销售单位对外销售价格(不含增值税,下同)70%以下的,税务机关应核定消费税最低计税价格。"

2018年成品油"变票案"震惊全国。一些地方炼油企业对相关商贸企业销售成品油,但发票品目是原油,从而逃避生产环节的消费税。而商贸企业通过"变票"的手段将原油变为成品油销售给零售企业,从而逃避消费税。为了抑制"变票"行为,2018年3月,国家税务总局下发了《关于成品油消费税征收管理有关问题的公告》,进一步强化增值税防伪税控开票系统的成品油模块,同时把汽柴油、石脑油、溶剂油、燃料油等7类油品纳入应税范围,并以平台开具的增值税专用发票作为消费税退税的唯一凭证。

结合材料,试思考:

1. 合理的税收筹划是建立在法律范围之内的,你同意吗?材料中企业偷逃税款的行为被处以严厉罚款,税务机关下发相关法律条文,这反映了我国税收监管呈现怎样的态势?

2. 党的十八大以来,国家采取多项措施全面推进依法治国、提升国家治理体系和治理能力现代化,努力建设法治中国。作为一名普通公民,你如何践行依法治国?

1. 设立企业独立核算营销机构的筹划

消费税的征收环节具有单一性,即它只是在应税消费品生产、流通或消费的某一环节征税,并不是多环节多次征收。从消费品的生产流通体制来看,国内生产的应税消费品一般要经过生产、批发、零售三个环节,进口的消费品要经过进口、批发、零售三个环节。为实行有效的源头控制和保障税收征管效率,将消费税的征收环节确定在消费品生产流通的源头,即产制环节最为适宜。

由于消费税只在单一环节征税,而消费品的流通还存在批发、零售等若干流转环节,这在客观上为企业利用一定的方式节税提供了可能。企业可以采用分设独立核算的经销部、销售公司的办法,降低生产环节的销售价格向它们供货,经销部、销售公司再以正常价格对外销售。由于消费税主要在产制环节征收,企业的税收负担会因此减轻许多。

例 5-4：上海家化有限公司产销某款高档化妆品，正常的出厂价为 3000 元/套，适用税率为 15%。若该公司分设独立核算的经销部，向经销部供货时价格定为 2200 元/套，此经销部对外供货时价格定为 3000 元/套。若当月出厂该款高档化妆品 2000 套，试分析两种销售方式的税负。

【税收筹划分析】

筹划前厂家直接销售应纳消费税 = 3000 元/套 × 2000 套 × 15% = 900 000 元

筹划后由经销部销售应纳消费税 = 2200 元/套 × 2000 套 × 15% = 660 000 元

筹划后企业仅消费税一项即可节税 = 900 000 元 − 660 000 元 = 240 000 元

可节约城建税及教育费附加 = 240 000 元 × (7% + 3%) = 24 000 元

设立企业独立核算营销机构的做法在生产烟、酒、高档化妆品、摩托车、小汽车的行业里得到较为普遍的应用。这里需要企业注意的是：生产厂家向经销部出售应税消费品时，只能适度压低价格；如果压低幅度过大（低于市场正常价格的 70%），就属于税法所称"价格明显偏低"，此时，税务机关就可以行使对价格的调整权。

2. 降低销售价格的筹划

自 2009 年 5 月 1 日起，经国务院批准，调整烟产品消费税政策如下：甲类卷烟，即每标准条（200 支）调拨价格在 70 元（不含增值税）以上（含 70 元）的卷烟，适用税率为 56%；乙类卷烟，即每标准条（200 支）调拨价格在 70 元（不含增值税）以下的卷烟，适用税率为 36%；从量定额税率都是每标准条 0.6 元。根据《财政部、国家税务总局关于调整酒类产品消费税政策的通知》（财税〔2001〕84 号）的规定，啤酒出厂价格（含包装物及包装物押金，不含增值税）≥3 000 元/吨的为甲类啤酒，单位税额 250 元/吨；出厂价格<3 000 元/吨的为乙类啤酒，单位税额 220 元/吨。由此规定可知，卷烟和啤酒是根据价格实行全额累进税率的。全额累进税率的特点就是在税率分界点上下税收负担变化大，甚至会出现增加的收入小于增加的消费税额的情况，从而出现"税收陷阱"。在这种情况下，巧妙运用临界点的规定适当降低产品价格，反而能够增加企业税后利润，以避免落入"税收陷阱"。

3. 改销售或出租包装物为收取押金的筹划

纳税人销售带包装物的应税消费品时，包装物可以随同产品一起销售，也可以采取出租或出借包装物的形式。如果包装物可以周转使用，销货方为了促使购货方将其尽早退回，通常需要向购货方收取一定金额的押金。对于从价计征消费税的应税消费品，其包装物的征税有以下规定。

（1）应税消费品连同包装销售的，无论包装物是否单独计价以及在会计上如何核算，均应并入应税消费品的销售额中，按所包装的消费品所适用的税率计算征收消费税。

（2）出租包装物收取的租金，属于价外收费，并入销售额中一并征收消费税。

（3）关于包装物押金的处理要按以下几种情况进行区分：

非酒类应税消费品，其包装物收取的押金，不应征税；但对因逾期未收回的包装物不再退还的押金和已收取 1 年以上的押金，应按照应税消费品的适用税率征收消费税。

酒类应税消费品包装物押金收入的计税分为两类：一类是啤酒、黄酒包装物押金收入,无论是否逾期,均不计征消费税(因为啤酒、黄酒从量计征消费税,与价格没有关系);另一类是其他酒类产品包装物押金收入,在收取当期应计征消费税。

显然,除酒类企业外,其他企业在包装物上的筹划思路是:在条件允许的情况下,改销售或出租包装物为收取押金形式,且押金要在规定时间内(一般为1年)返还。这样既可以降低税收负担,又可以将押金作为企业的流动资金使用。另外,即使押金逾期要转为价外收费并交税,也可以享受递延纳税的好处。

4. 改自行加工为委托加工的筹划

企业生产应税消费品,可以自行加工,也可以委托加工。其中委托加工既可以部分委托加工,也可以完全委托加工。部分委托加工就是将原材料委托加工为应税消费品,将其收回后再继续加工成为最终应税消费品,如卷烟企业可以委托烟丝加工企业将烟叶加工成烟丝,将烟丝收回后继续加工成卷烟。完全委托加工就是将委托加工的最终应税消费品收回后直接出售,如卷烟企业将烟叶委托加工为卷烟后直接出售。

根据《中华人民共和国消费税暂行条例》的规定,纳税人自行加工的应税消费品,用于连续生产应税消费品的,不纳税。比如,卷烟企业将烟叶加工成烟丝,并以其为原材料,继续加工生产出卷烟,则在领用烟丝时不缴纳消费税,只就生产销售的卷烟缴纳消费税。

委托加工的应税消费品,是指由委托方提供原料和主要材料,受托方只收取加工费和代垫部分辅助材料加工的应税消费品。企业由于设备、技术、人力等方面的局限和对产品性能、质量等方面的特殊要求,常常自己不能生产,而委托其他单位代为加工应税消费品;然后将加工好的应税消费品收回,继续加工成为最终应税消费品或者直接销售。按照规定,委托加工的应税消费品,由受托方在向委托方交货时代收代缴税款(若受托方为个体工商户,则由委托方收回后自行缴纳消费税)。

自行加工生产的从价计征应税消费品的计税依据是销售价格;完全委托加工生产的应税消费品的税基为组成计税价格或同类产品销售价格,往往要低于产品的销售价格,而相差的这一部分价格实际上未缴纳消费税。如果收回的已税消费品继续加工为应税消费品,在销售最终应税消费品时应缴纳消费税,但可以按照本期领用委托加工消费品数量计算扣除已纳的消费税税款。所以,通常情况下,企业会在自行加工和完全委托加工之间进行税收筹划。应税消费品的加工方式不同会使纳税人税收负担不同,因此,纳税人在应税消费品的加工方式上的筹划思路是:利用关联企业,压低加工成本以降税;如果没有关联企业关系,可以事先估算企业税负,测算委托加工成本的上限,以使税负最低、利润最大。

省钱之四:企业所得税及税收筹划

一、企业所得税的认知

企业所得税是对我国境内的企业和其他取得收入的组织的生产经营所得和其他所得征收的一种所得税。企业所得税的计税依据为应纳税所得额,它以利润为主要依

什么是企业所得税

据,但不是直接意义上的会计利润,更不是收入总额。企业所得税是涉及范围较广的一个税种,其应纳税额与收入、成本、费用等密切相关,因此税收筹划空间较大。企业所得税与流转税相比体现了量能负担的原则,是国家进行经济调节的重要工具之一。

1. 企业所得税的纳税义务人和扣缴义务人

1) 纳税义务人

根据《中华人民共和国企业所得税法》的规定,在中华人民共和国境内,企业和其他取得收入的组织(以下统称企业)为企业所得税的纳税人。企业分为居民企业和非居民企业。

居民企业是指依法在中国境内成立,或者依照外国(地区)法律成立但实际管理机构在中国境内的企业,包括依照中国法律、行政法规在中国境内成立的企业、事业单位、社会团体及其他取得收入的组织,但不包括依照中国法律、行政法规成立的个人独资企业和合伙企业。

非居民企业是指依照外国(地区)法律成立且实际管理机构不在中国境内,但在中国境内设立机构、场所的,或者在中国境内未设立机构、场所,但有来源于中国境内所得的企业,包括依照外国(地区)法律成立的企业和其他取得收入的组织。

2) 扣缴义务人

非居民企业在中国境内未设立机构、场所的,或者虽设立机构、场所但取得的所得与其所设机构、场所没有实际联系的,应当就其来源于中国境内的所得缴纳企业所得税。该项所得税实行源泉扣缴,以支付人为扣缴义务人。税款由扣缴义务人在每次支付或者到期应支付时,从支付或者到期应支付的款项中扣缴。对非居民企业在中国境内取得工程作业和劳务所得应缴纳的所得税,税务机关可以指定工程价款或者劳务费的支付人为扣缴义务人。

2. 企业所得税的征税对象

(1) 居民企业取得的所得。

居民企业应当就其来源于中国进内、境外的所得缴纳企业所得税。所得包括销售货物所得,提供劳务所得,转让财产所得,股息、红利等权益性投资所得,利息所得,租金所得,特许权使用费所得,接受捐赠所得和其他所得。

(2) 非居民企业取得的所得(见图5-8)。

第一,非居民企业在中国境内设立机构、场所的,应当就其所设机构、场所取得的来源于中国境内的所得,以及发生在中国境外但与其所设机构、场所有实际联系的所得,缴纳企业所得税。

第二,非居民企业在中国境内未设立机构、场所的,或者虽设立机构、场所,但取得的所得与其所设机构、场所没有实际联系的,应当就其来源于中国境内的所得缴纳企业所得税。

根据不同行为,需要确定所得来源地,以便确定适用的税率。如图5-9所示,销售货物所得,所得来源地为交易活动发生地;提供劳务所得,所得来源地为劳务发生地;不动产转让所得,所得来源地为不动产所在地;动产转让所得,所得来源地为转让动产的企业所得地;权益资产转让所得,所得来源地为被投资企业所在地;股息、利息、租金所得,所得来源地为支付、分配的企业所在地。

非居民企业
有机构场所
无机构场所
境内所得+境外有联系所得
境内所得

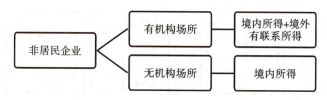

图 5-8　非居民企业的应纳税所得

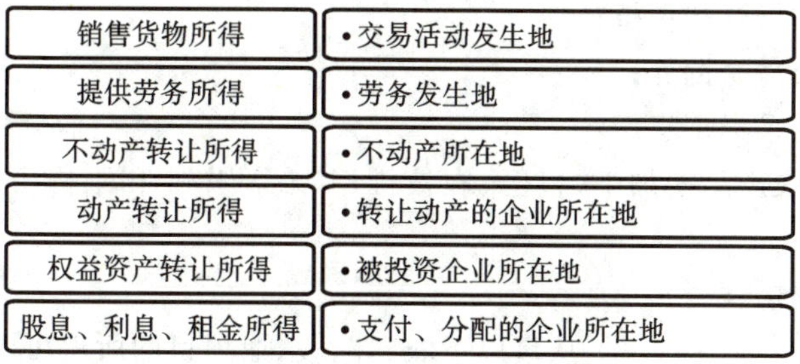

销售货物所得
•交易活动发生地
提供劳务所得
•劳务发生地
不动产转让所得
•不动产所在地
动产转让所得
•转让动产的企业所在地
权益资产转让所得
•被投资企业所在地
股息、利息、租金所得
•支付、分配的企业所在地

图 5-9　所得来源地的确定

3. 企业所得税的税率

如表 5-4 所示，居民企业和非居民企业的征税对象不同，征收税率也不同。居民企业适用基本税率 25%，非居民企业根据征税对象的不同，适用于 25%或 20%税率。

表 5-4　企业所得税的税率

<table>
<tr><th colspan="3">纳　税　人</th><th>征 税 对 象</th><th>税　　率</th></tr>
<tr><td colspan="3">居民企业</td><td rowspan="2">居民企业、非居民企业在华机构的生产经营所得和其他所得</td><td rowspan="2">基本税率 25%</td></tr>
<tr><td rowspan="3">非居民企业</td><td rowspan="2">在中国境内设立机构、场所</td><td>取得所得与设立机构、场所有联系的</td></tr>
<tr><td>取得所得与设立机构、场所没有实际联系的</td><td rowspan="2">来源于中国境内的所得</td><td rowspan="2">低税率 20%，实际减按 10%征收</td></tr>
<tr><td colspan="2">未在中国境内设立机构、场所但有来源于中国境内的所得</td></tr>
</table>

二、企业所得税税收优惠

企业所得税有各式各样的税收优惠政策，可分为三种类型，税额式减免、税基式减免和税率式减免，如图 5-10 所示。

1. 税额式减免

税额式减免主要分为四类，分别是免税、减税、三免三减半、税额抵免。

（1）企业从事以下农、林、牧、渔业项目的所得可以免税。

第一，蔬菜、谷物、薯类、油料、豆类、棉花、麻类、糖料、水果、坚果的种植；

第二，农作物新品种的选育；

第三，中药材的种植；

思考：你模拟创办的企业适用税额式减免吗？

图 5-10 企业所得税税收优惠

第四,林木的培育和种植;
第五,牲畜家禽的饲养;
第六,产品的采集;
第七,灌溉、农产品初加工、兽医、农技推广、农机作业和维修等农林牧渔服务业项目;
第八,远洋捕捞。

(2)从事以下农、林、牧、业项目的所得可以减半征税。
第一,花卉茶以及其他饮料作物和香料作物的种植;
第二,海水养殖、内陆养殖等。
(3)从事国家重点扶持的公共基础设施项目投资经营的所得"三免三减半"。

第一,企业从事国家重点扶持的港口、机场、铁路等公共基础设施项目的投资经营的所得,自项目取得第1笔生产经营收入所属纳税年度起,第1~3年免征企业所得税,第4~6年减半征收企业所得税。

第二,企业从事符合条件的污水处理、垃圾处理、节能减排技术改造等环境保护、节能节水项目的所得,自项目取得第1笔生产经营收入所属纳税年度起,第1~3年免征企业所得税,第4~6年减半征收企业所得税。

(4)节能服务公司实施合同能源管理项目所得"三免三减半"。

节能服务公司实施合同能源管理项目所得,也是自项目取得第1笔生产经营收入所属纳税年度起,第1~3年免征企业所得税,第4~6年减半征收企业所得税。

(5)符合条件的技术转让所得引以免税、减税。

为鼓励技术研发和转让,我国对技术转让所得设定了减免税政策。一个纳税年度内,居民企业转让专利技术、计算机软件著作权、集成电路布图设计权、植物新品种、生物医药新品种等技术所有权所得,不超过500万元的部分,免征企业所得税,超过500万元的部分,减半征收企业所得税。

(6)企业所得税的税额抵免。

企业购置并实际使用符合规定的环境保护、节能节水、安全生产等专用设备的,该专用设备的投资额的10%,可以从企业当年的应纳税额中抵免,当年不足抵免的可以在以后5个纳税年度结转抵免。

思考:你模拟创办的企业适用税基式减免吗?

2. 税基式减免

税基式减免具体包括减计收入、加计扣除费用、抵减应纳税所得额和加速折旧。

(1)综合利用资源减计收入。

企业以《资源综合利用企业所得税优惠目录》规定的资源作为主要原材料,生产非国家限制和禁止并符合国家和行业相关标准的产品取得的收入,减按90%计入收入总额。

(2) 研发费用和残疾人工资加计扣除。

第一,企业为开发新技术、新产品和新工艺发生的研发费用,未形成无形资产计入当期损益的,在按照规定据实扣除的基础上,按照研究开发费用的50%加计扣除,形成无形资产的,按照无形资产成本的150%摊销。

第二,企业安置残疾人员的,在按照支付给残疾职工工资据实扣除的基础上,按照支付给残疾职工工资的100%加计扣除。

(3) 创业投资企业抵减应纳税所得额。

创业投资企业采取股权投资方式投资于未上市的中小高新技术企业两年以上的,可以按照其投资额的70%,在股权持有满两年的当年,抵扣该创业投资企业的应纳税所得额,当年不足抵扣的,可以在以后纳税年度结转抵扣。

(4) 固定资产加速折旧。

2014年1月1日后新购进的专门用于研发的仪器设备,单位价值不超过100万元的,允许一次性计入当期成本费用,在计算应纳税所得额时扣除,不再分年度计算折旧,单位价值超过100万元的,可缩短折旧年限或采取加速折旧的方法。单位价值不超过5000元的固定资产,允许一次性计入当期成本费用,在计算应纳税所得额时扣除,不再分年度计算折旧。

3. 税率式减免

(1) 国家需要重点扶持的高新技术企业,减按15%的税率征收企业所得税。

(2) 自2011年1月1日至2020年12月31日,对设在西部地区的鼓励性产业企业减按15%的税率征收企业所得税。

(3) 符合条件的小型微利企业减按20%的税率征收企业所得税。

(4) 在我国未设立机构、场所,或设立机构、场所但取得的所得与所设机构、场所没有实际联系的非居民企业,减按10%的税率征收企业所得税。

思考:你模拟创办的企业适用税率式减免吗?

三、企业所得税税收筹划

1. 组织形式的选择

企业的组织形式不同,股东对公司承担责任的范围也不同,有限责任公司的股东以其认缴的出资额为限对公司承担责任;股份有限公司的股东以其认购的股份为限对公司承担责任。现行政策法规对企业注册资本要求放宽,意味着企业在选择组织形式时有更大的自由空间。

有限责任公司规模庞大,严于管理,企业融资渠道多,易转让所有权,承担有限责任,营业利润征收企业所得税和个人所得税双重课税。适用于规模庞大、管理要求严格的企业。

个人独资企业和合伙企业没有法人资格,其营业利润不征收企业所得税,只按个人实际收入征收个人所得税。适用于规模较小、管理要求不严格的小型企业。这样的小型企业可以充分利用税收优惠政策,避免双重课税。

思考:你模拟创办的企业打算选择哪一种组织形式?

2. 子公司和分公司的选择

一个公司是分公司还是子公司,最显著的区分标志就是它们是否为独立法人。分公司是总公司下属的直接从事业务经营活动的分支机构或附属机构,虽然分公司有"公司"字样,但它不是真正含义的"公司"。因为分公司不仅不具有企业法人资格,而且不具有独立的法律地位,不能够独立承担民事责任,为非独立法人主体,需要向总公司汇总缴纳所得税。虽然有的子公司和母公司的分支机构很相似,都受母公司的实际控制,但子公司和母公司都是独立法人主体,独立承担民事责任,同时独立承担企业所得税纳税义务,享受当地税收优惠政策。

> 思考:你打算设立子公司还是分公司?

在企业设立分支机构初期,由于费用摊销、市场开拓、员工培训等开支较大,容易出现亏损,如果此时总公司盈利能力较好,可以选择设立分公司,以分公司的亏损抵减总公司的利润,从而减轻税负。当所设立的分公司扭亏为盈的时候,可以把分公司转为子公司,子公司转变成独立法人后可以享受免税期限,享受税收优惠政策。如果总公司所在地有税收优惠政策,而分支机构所在地是高税率地区,则可以设立分公司汇总纳税,从而享受总公司所在地的优惠政策。

例 5-5:新华集团 2017 年新成立 A 公司,从事生物制药及高级投资等盈利能力强的项目,2020 年盈利 1000 万元,新华集团将其注册为独立法人公司。新华集团另有一家法人公司 B 公司,常年亏损,但集团从整体利益出发不打算将其关闭,B 公司 2020 年亏损 300 万元。试分析该集团应如何进行税收筹划以减轻税负。

【税收筹划分析】

按照现有的组织结构模式,A 公司、B 公司都是法人单位,应独立缴纳企业所得税。2018 年,A 公司应纳企业所得税额 = 1000 万元 × 25% = 250 万元;B 公司亏损,应缴纳企业所得税为零。A 公司、B 公司合计缴纳企业所得税为 250 万元。

若新华集团进行筹划,将 B 公司变更登记为 A 公司的分支机构,则 B 公司不再是独立法人,就不再作为独立纳税人缴纳税款,而由 A 公司汇总纳税。2020 年 A、B 公司合计缴纳企业所得税 = (1000 − 300)万元 × 25% = 175 万元。经过税收筹划少缴纳企业所得税 = 250 万元 − 175 万元 = 75 万元。

【小结】企业在投资设立分支机构时,要考虑纳税主体的身份与税收之间的关系,因为不同身份的纳税主体会面对不同的税收政策。现有企业集团可对内部成员公司进行身份变更,以实现公司之间盈亏互抵,降低集团整体税负。

3. 外国企业选择居民纳税人与非居民纳税人身份的筹划

企业所得税纳税人分为居民企业和非居民企业。居民企业应当就其来源于中国境内、境外的所得缴纳企业所得税。非居民企业在中国境内设立机构、场所的,应当就其所设机构、场所取得的来源于中国境内的所得,以及发生在中国境外但与其所设机构、场所有实际联系的所得,缴纳企业所得税。以上情况纳税企业按 25% 的基本税率纳税。非居民企业在中国境内未设立机构、场所的,或者虽设立机构、场所但取得的所得与其所设机构、场所没有实际联系的,应当就其来源于中国境内的所得缴纳企业所得税,实际预缴企业所得税时按低税率减半征收,即相当于按照 10% 的税率计算纳税。

例 5-6:近年来,随着香港娱乐资本北移,香港谢氏视频制作有限公司也有意开拓大陆市场。现有两个业务发展方案,一是在上海设分公司,预计每年大陆来源的应纳税所得额为 2000 万元,一是仅在大陆投放广告、承接业务,预计每年大陆来源的应纳税所得额也是 2000 万元。

思考:如果不考虑其他因素的影响,请为香港谢氏视频制作有限公司做出市场开拓业务发展的税收筹划。

【税收筹划分析】

方案一属于在境内有分支机构的非居民纳税人,应当就其所设机构、场所取得的来源于中国境内的所得,按 25% 的基本税率缴纳企业所得税。

故其每年应纳所得税额=2000 万元×25%=500 万元。

方案二属于在中国境内未设立机构、场所的非居民企业,应当就其来源于中国境内的所得缴纳企业所得税,实际减半征收,即相当于按照 10% 的税率计算纳税。

故其每年应纳所得税额=2000 万元×10%=200 万元。

由于方案二比方案一相比,少纳税 300 万元,故应该按照方案二开拓大陆市场。

【小结】非居民企业在中国境内开拓业务时,要考虑纳税主体的身份与税收之间的关系,因为不同身份的纳税主体会面对不同的税收政策。如果仅从节税角度考虑,应采用不设分支机构、仅承揽业务的获取收入的方式,但企业更应该从长远角度看问题,综合考虑国际环境、公司战略规划、行业竞争等因素,最后决定业务开展方式。

4. 固定资产折旧的税收筹划

固定资产的折旧方法有直线折旧法和加速折旧法。不同的折旧方法计算出来的各期折旧额不一致,从而影响到企业的应纳税所得额。加速折旧使企业前期的折旧费用加大,应纳所得税减少,能充分享受货币时间价值所带来的税收利益。折旧方式选择的筹划应立足于使折旧费用的抵税效应得到最充分的发挥。企业应在税法允许的范围内选择不同的折旧方法,使企业的所得税税负降低。

对盈利企业来说,由于折旧费用都能从当年的所得额中税前扣除,即折旧费用的抵税效应能够完全发挥,因此,在选择折旧方法时,应着眼于使折旧费用的抵税效应尽可能早地发挥作用。

在享受所得税优惠政策的企业中,由于减免税期限内折旧费用的抵税效应会全部或部分地被减免优惠所抵消,应选择减免税期折旧少、非减免税期折旧多的折旧方法。企业在盈利前期享受免税、减税待遇时,固定资产折旧速度越快,企业所得税税负越重。企业在享受减免税期限内,应尽可能缩小费用、加大利润,把费用尽可能安排在正常纳税年度摊销,以减少正常纳税年度的应税所得,降低所得税负担。

企业还可以利用折旧年限进行税收筹划。缩短折旧年限,有利于加速成本回收,可以使后期的成本费用前移,从而使前期的会计利润后移。在税率稳定或降低的情况下,所得税的递延缴纳,相当于从国家获得了一笔无息贷款。

对盈利企业来说,选择最低的折旧年限,有利于加速固定资产投资的回收,使计入成本的折旧费用前移,应纳税所得额后移,相当于获得了一笔无息贷款,从而相对降低了纳税人的所得税税负。

对享受所得税税收优惠政策的企业来说,选择较长的折旧年限,有利于企业充分享受税收优惠政策,把税收优惠政策对折旧费用抵税效应的抵消作用降到最低,从而

提示:企业的固定资产折旧有不同的方法,需要根据相关法律规定和企业实际情况进行选择。

达到降低企业所得税税负的目的。

对亏损企业来说,选择折旧方法和折旧年限应同企业的亏损弥补情况相结合,保证折旧费用的抵税效应能够得到最大限度的发挥。

5. 业务招待费的税收筹划

思考：企业的哪些费用属于业务招待费？

第一,掌握业务招待费税收筹划临界点。我国税收政策规定,企业发生的与生产经营活动有关的业务招待费支出,应按照发生额的60%扣除,但是不能高于当年销售收入的5‰。如何掌握两者之间的临界点,使企业能充分利用业务招待费的限额,又把纳税调整降低到最小？把业务招待费设为Z,企业当年销售收入设为S,根据税法规定,$Z×60\%≤S×5‰$(业务招待费的60%不能大于当年销售收入的5‰),把左右两边同时除以60%,计算出来就是$Z≤S×8.3‰$。这个简单的数学计算说明,当企业的业务招待费小于等于企业销售收入的8.3‰时,缴纳企业所得税的时候,业务招待费60%的限额可以得到充分利用。

第二,适当情况下进行业务招待费转换。业务宣传费和广告费有不超过营业收入15%的限额,限额之内的费用可以全额扣除,另外,会议费的列支没有限额。这些开支的核算范围大于业务招待费。实际工作中,业务招待费可以转换为会议费、业务宣传费。例如,外购产品用于馈赠客户,应该作为业务招待费列支,但如果是企业自产或者委托加工的对企业有宣传作用的产品,就可以列支业务宣传费;如果企业参加产品展览会、贸易会等会议,只要参会凭证齐全,就可以从业务招待费转为会议费列支。

6. 投资地区的税收筹划

提示：投资于不同的地区和不同的行业可以享受不同的税收优惠政策。

开展税收筹划的一个重要条件就是投资于不同的地区和不同的行业以享受不同的税收优惠政策。目前,企业所得税税收优惠政策形成了以产业优惠为主、区域优惠为辅、兼顾社会进步的新的税收优惠格局。产业税收优惠政策主要体现在:促进技术创新和科技进步,鼓励基础设施建设,鼓励农业发展及环境保护与节能等方面。

7. 其他税收筹划

1) 低税率及减计收入优惠政策

低税率及减计收入优惠政策主要包括:对符合条件的小型微利企业实行20%的优惠税率;资源综合利用企业的收入总额减计10%。税法对小型微利企业在应纳税所得额、从业人数和资产总额等方面进行了界定。

2) 产业投资的税收优惠政策

产业投资的税收优惠政策主要包括:国家需要重点扶持的高新技术企业,减按15%的税率征收企业所得税;企业从事农、林、牧、渔业项目,给予免税;从事国家重点扶持的公共基础设施项目的企业享受"三免三减半"优惠;企业购置并实际用于环保、节能节水、安全生产等专用设备的投资额的10%,从企业当年应纳税额中抵免。

3) 就业安置的优惠政策

就业安置的优惠政策主要包括:企业安置残疾人员所支付的工资加计100%扣除,安置特定人员(如下岗、待业、专业人员等)就业支付的工资,也给予一定的加计扣除。企业只要录用下岗员工、残疾人士等都可享受加计扣除的税收优惠。企业可以结合自身经营特点,分析哪些岗位适合安置国家鼓励就业的人员,筹划录用上述人员与录用一般人员在工薪成本、培训成本、劳动生产率等方面的差异,在不影响企业效率的基础上,尽可能录用可以享受税收优惠的特定人员。

 模拟实战

1. 请思考模拟创办的企业涉及哪些税种?
2. 请结合自身企业,商讨适用的税收筹划方法。

项目六
钱要怎么报
——纳税申报

CHUANGYE GUANLI
CAISHUITONG

 **项目导入**

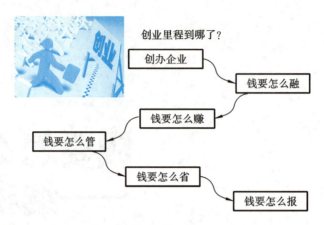

同学们，上一项目中我们学习了钱要怎么省，知道了如何进行税收筹划，接下来就要考虑纳税申报。企业在经营过程中涉及的各种税种如何进行申报？在哪里申报？准备哪些材料？这些都是创业者需要考虑并解决的问题。本项目为同学们一一解答上述问题。

 教学目标及要求

1. 知识目标：认识纳税申报的种类和缴税方式；了解纳税申报的期限、地点和内容。
2. 能力目标：掌握增值税、消费税和企业所得税的纳税申报期限和申报流程，能够完成纳税申报。
3. 素质目标：明确纳税对于企业、国家和社会的重要性，形成按时申报、缴纳税款的意识，杜绝偷税漏税行为。

报税之一：纳税申报概述

 **案例导入**

公安部公布十大涉税犯罪典型案件

一、安徽合肥"11.19"虚开增值税专用发票案

2018年11月，安徽合肥公安机关根据税务部门移送的线索，摧毁了一个以邱某塔为首的犯罪团伙。经查，自2017年以来，该犯罪团伙纠集财务公司人员，大量注册空壳公司领购发票后大肆对外虚开。经深挖扩线，发现该团伙控制空壳公司1.1万余个，涉案金额达910余亿元。

二、山东东营"2.07"虚开增值税专用发票案

2018年2月，山东东营公安机关根据公安部下发的线索，锁定了一个以犯罪嫌疑

人刘某峰为核心的犯罪团伙。经查，该团伙成员采取"变票"方式，在无实际生产活动的情况下，将化工产品等消费税非应税产品发票变更为成品油等消费税应税产品发票，向全国9个省市100多家企业大肆虚开，涉案金额达300余亿元。2019年1月，东营公安机关开展收网行动，抓获犯罪嫌疑人13名，挽回税款损失4亿余元。

三、上海汪某良团伙危害税收征管秩序案

2018年4月，上海公安机关根据公安部下发的线索，锁定了一个由多个犯罪团伙组成的犯罪网络。经查，以汪某良为首的犯罪团伙通过非法手段控制空壳公司；以詹某为首的犯罪团伙利用空壳公司进行第一层"洗票"；以毛某燕为首的犯罪团伙利用空壳公司"过票"并修改品名；以勾某翼为首的犯罪团伙利用空壳公司对外虚开，形成"一条龙"犯罪链条，涉案金额达110余亿元，涉及空壳公司3800余家。2019年1月，上海公安机关组织550名警力，在五地开展同步收网，抓获犯罪嫌疑人73名。

四、浙江金华"12.12"虚开增值税专用发票案

2018年12月，浙江金华市公安局根据税务部门移送的线索，组织专案组开展侦查。经查，2017年5月以来，犯罪嫌疑人咸某山、张某民等人，在多地大量注册空壳公司，通过伪造合同、资金走账回流、"洗票"等方式进行虚开。经深挖扩线，发现该犯罪网络涉及全国2500多家企业，涉案金额达500亿元。2019年5月，专案组开展收网行动，抓获嫌疑人17名，捣毁窝点8处，冻结涉案资金3600余万元。

五、天津"3.06"虚开增值税普通发票案

2019年2月，天津市公安部门根据税务部门移送的线索，成立联合专案组，打掉两个犯罪团伙。经查，该犯罪团伙通过成立10余户空壳劳务派遣服务公司，非法购买、冒用大量自然人身份信息，虚构劳务派遣业务和人力资源外包服务，大肆虚开"劳务费""服务费"增值税普通发票，涉案金额达40亿元。2019年4月，专案组开展收网行动，抓捕犯罪嫌疑人8人。

六、河北张家口"5.06"虚开增值税专用发票案

2019年2月，河北张家口公安局根据公安部下发的线索，发现了一个以张某纯、赵某、魏某为首的犯罪团伙。经查，该团伙于2014年以来，控制多家空壳公司，从上游企业购买虚开的增值税专用发票，之后向下游企业大肆虚开并收取开票费，涉案金额达13亿元。5月24日，张家口公安机关开展收网行动，抓获犯罪嫌疑人12名，捣毁窝点3处。

七、江苏南京"2.27"骗取出口退税案

2018年10月，江苏省公安厅接到南京海关缉私局移交的线索，组成联合专案组，经过6个月的缜密经营，锁定了以姚某刚为首的犯罪团伙。经查，该团伙利用白银、铼板经简单加工组装成所谓有高技术含量的"溅射靶材组件"并出口至香港，再将白银拆解后就地销售，铼板走私回流境内，大肆骗取出口退税。据统计，该犯罪团伙涉嫌骗取出口退税3.7亿元。2019年5月，专案组组织150名警力开展收网行动，抓获犯罪嫌疑人50余名，当场缴获白银5500余千克、铂金178千克。

八、辽宁"3.21"骗取出口退税案

2019年3月，辽宁公安机关根据税务部门移送的线索，成立联合专案组，成功锁定以王某林等人为首的两个骗税犯罪团伙。经查，该团伙在辽宁阜新先后注册成立4

家"假出口"生产企业,以皮草类货物虚假报关,并伪造虚假备案单证、虚假资金流,涉嫌骗取出口退税1.5亿元。2019年6月,专案组在北京、天津、黑龙江等地开展统一收网行动,共抓获犯罪嫌疑人11人。

九、广东珠海"涉税会战六号"制售假发票案

2018年11月,广东珠海公安机关接税务部门移送的线索,发现了一个研发非法软件并套打出售假发票的犯罪团伙。经查,该犯罪团伙及网络遍及全国各地,涉案金额达300亿元。2019年5月,在公安部的直接指挥下,全国各涉案地出动500余名警力,抓获犯罪嫌疑人57名,捣毁窝点30个。

十、四川乐山"1.29"虚开增值税发票和伪造出售假发票案

2019年1月,四川乐山公安机关会同税务部门开展联合行动,研判锁定了一个重大犯罪团伙。该犯罪团伙采取注册空壳公司、收购僵尸企业等方式,大肆骗领、虚开增值税专用发票、普通发票,涉案金额达7.47亿元。同时,该团伙通过非法软件套打出售假发票,涉案金额达317亿元。3月,乐山公安机关开展第二波收网,又抓获犯罪嫌疑人5名。

面对越来越严厉的税收监管,合法纳税申报是每个企业和公民应尽的义务,创业者应该依法办理纳税申报。

提示:创业过程中,要合法纳税,决不能偷税漏税!

一、纳税申报概述

1. 纳税申报的概念

纳税申报是指纳税人按照税法规定的期限和内容向税务机关提交有关纳税事项书面报告的法律行为,是纳税人履行纳税义务、承担法律责任的主要依据,是税务机关税收管理信息的主要来源和税务管理的一项重要制度。

纳税申报的对象为纳税人和扣缴义务人,二者均应在纳税申报期内进行纳税申报,无论其是否有收入,是否享受减免税优惠政策,均应进行纳税申报。也就是说,即使是免税收入或无收入,也需要进行纳税申报。

什么是纳税申报

2. 纳税申报的内容

纳税人、扣缴义务人的纳税申报表或者代扣代缴、代收代缴税款报告表的主要内容包括:

(1)税种、税目;

(2)应纳税项目或者应代扣代缴、代收代缴税款项目,计税依据,扣除项目及标准,适用税率或者单位税额;

(3)应退税项目及税额、应减免税项目及税额;

(4)应纳税额或者应代扣代缴、代收代缴税额;

(5)税款所属期限、延期缴纳税款、欠税、滞纳金等。

纳税人办理纳税申报时,应当报送的相关证件、资料包括:

(1)财务会计报表及其说明材料;

(2)与纳税有关的合同、协议书及凭证;

(3)税控装置的电子报税资料;

(4) 外出经营活动税收管理证明和异地完税凭证；
(5) 境内或者境外公证机构出具的有关证明文件；
(6) 税务机关规定应当报送的其他有关证件、资料。

3. 纳税申报的期限

纳税申报的期限主要有以下3种：

(1) 按期纳税。以1日、3日、5日、10日和15日为一个纳税期的，自期满之日起5日内预缴税款，于次月1日起15日内申报并结算上月应纳税款；以1个月和1个季度为一个纳税期的，须在期满之日起15日内申报并结算应纳税款。

(2) 按次纳税。按次纳税一般在应税行为发生后的7日内申报，并将应纳税款缴纳入库。

(3) 按期预缴。年终汇算清缴如果以1年为一个纳税期的，应该在年度内按期预缴，终了后5个月内汇算清缴，多退少补。

二、税款缴纳的方式和期限

税款缴纳的方式有6种：现金缴税；转账缴税；支票缴税；银行卡缴税；税银一体化缴税，又称财税库银横向联网缴税；委托代征缴税。

纳税期限：

(1) 流转税：于15日内申报；
(2) 企业所得税：自月份或者季度终了之日起15日内申报；
(3) 其他税种：已明确规定纳税申报期限的，按税法规定的期限申报。

纳税人、扣缴义务人应当按照法律、行政法规的规定或者税务机关依照法律、行政法规的规定确定的期限，缴纳或者解缴税款。纳税人因有特殊困难，不能按期缴纳税款的，经省、自治区、直辖市国家税务局批准，可以延期缴纳税款，但最晚不得超过三个月。

对有逃避纳税义务行为的纳税人，税务机关可以采取以下税收保全措施，以保证国家税款的及时、足额入库。主要有：

(1) 书面通知纳税人开户银行或者其他金融机构从其存款中扣缴税款或者冻结纳税人的金额相当于应纳税款的存款；

(2) 扣押、查封、依法拍卖或者变卖纳税人价值相当于应纳税款的商品、货物或者其他财产，以拍卖或者变卖所得抵缴税款。

提示：不同税种的纳税期限不同，创业者一定要注意按时申报。

报税之二：增值税纳税申报

一、增值税纳税义务发生时间

针对不同类型的事项，纳税义务发生的时间也不同，具体如表6-1所示。

增值税纳税申报

表 6-1 纳税义务发生时间表

对　　象	具 体 情 形	纳税义务发生时间
销售货物	采取直接收款方式销售货物	不论货物是否发出,均为收到销售款或者取得索取销售款凭证的当天
	采取托收承付和委托银行收款方式销售货物	为发出货物并办妥托收手续的当天
	采取赊销和分期收款方式销售货物	为书面合同约定的收款日期的当天,无书面合同的,或者书面合同没有约定收款日期的,为货物发出的当天
	采取预收货款方式销售货物	为货物发出的当天,但生产销售生产工期超过 12 个月的大型机械设备、船舶、飞机等货物,为收到预收款或者书面合同约定的收款日期的当天
	委托其他纳税人代销货物	为收到代销单位的代销清单或收到全部或者部分货款的当天;未收到代销清单及货款的,为发出代销货物满 180 天的当天
	纳税人发生部分视同销售货物行为	为货物移送的当天
提供劳务	销售应税劳务	为提供劳务同时收讫销售款或者取得索取销售款的凭证的当天
销售服务、无形资产、不动产	纳税人提供建筑服务、租赁服务采取预收款方式的	为收到预收款的当天
	从事金融商品转让的	为金融商品所有权转移的当天
	视同销售服务、无形资产或者不动产	为服务、无形资产转让完成的当天或者不动产权属变更的当天
	增值税扣缴义务发生时间	为纳税人增值税纳税义务发生的当天

二、增值税的纳税期限

纳税期限是指纳税人按照税法规定缴纳税款的期限。增值税的纳税期限分为 1 日、3 日、5 日、10 日、15 日、1 个月或者 1 个季度。纳税人的具体纳税期限,由主管税务机关根据纳税人应纳税额的大小分别进行核定。不能按照固定期限纳税的,可以按次纳税。

以 1 个季度为纳税期限的规定,仅适用于小规模纳税人、银行、财务公司、信托投资公司、信用社以及财务部和国家税务总局规定的其他纳税人。

纳税人以 1 个月或者 1 个季度为纳税期限的,自期满之日起 15 日内进行纳税申报。

以 1、3、5、10、15 日为纳税期限的,自期满之日起 5 日内预缴税款,于次月 1 日起

15日内申报纳税,并结清上月应纳税款。

纳税人应按月进行纳税申报。遇到最后一日为法定节假日的,顺延一日。在每月1日至15日内,有连续3日为法定假日的,按假日天数来顺延。

例如:2018年10月增值税纳税申报期限为10月1日至24日,征期内1~7日为国庆节假日。根据征税期的相关规定,有7日为节假日的纳税申报应该顺延7日,因此由15日顺延至10月24日(见图6-1)。

图6-1 增值税纳税申报期限

三、纳税地点

根据《增值税暂行条例》的规定,增值税纳税人如果是固定业户,应当向其机构所在地的主管税务机关申报纳税。总机构和分支机构不在同一县(市)的,应当分别向各自所在地的主管税务机关进行申报纳税。经国务院财政、税务主管部门或者其授权的财政、税务机关批准,可以由总机构汇总向总机构所在地的主管税务机关申报纳税(见图6-2)。

图6-2 纳税地点(固定业户)

非固定业户销售货物或者应税劳务,应当向销售地或者劳务发生地的主管税务机关申报纳税;未向销售地或者劳务发生地的主管税务机关申报纳税的,由其机构所在地或者居住地的主管税务机关补征税款。非固定业户发生应税行为的,应当向应税行为发生地的主管税务机关进行纳税申报;未申报纳税的,由其机构所在地或者居住地的主管税务机关补征税款。如图6-3所示。

四、增值税纳税申报材料

根据《增值税一般纳税人纳税申报办法》的规定,纳税人进行纳税申报,必须进行电子信息采集。使用防伪税控系统开具增值税专用发票的纳税人,必须在抄报税成功

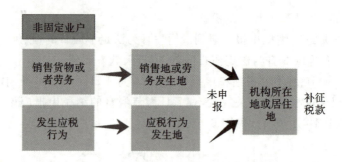

图 6-3 纳税地点(非固定业户)

后,方可进行纳税申报。

一般纳税人纳税申报资料包括(见图 6-4):

(1) 一般纳税人适用的增值税纳税申报表和相关附表;
(2) 附表一,本期销售情况明细表;
(3) 附表二,本期进项税额明细表;
(4) 附表三,服务、不动产和无形资产扣除项目明细;
(5) 附表四,税额抵减情况表;
(6) 附表五,不动产分期抵扣情况计算表;
(7) 增值税减免税申报明细表。

思考:小规模纳税人的纳税申报资料包括哪些?与一般纳税人的纳税申报资料有什么区别?

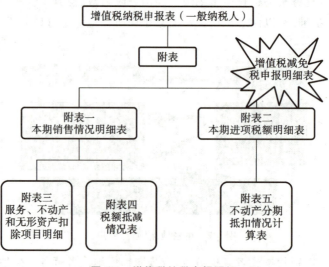

图 6-4 增值税纳税申报明细

报税之三:消费税纳税申报

一、消费税申报时限和地点

消费税申报时限分别为 1 日、3 日、5 日、10 日、15 日、1 个月或者 1 个季度。纳税

消费税
纳税申报

人以 1 个月或者 1 个季度为纳税期限的,自期满之日起 15 日内进行纳税申报。以 1、3、5、10、15 日为纳税期限的,自期满之日起 5 日内预缴税款,于次月 1 日起 15 日内申报纳税,并结清上月应纳税款。

纳税人销售的应税消费品,应当向纳税人核算地主管税务机关申报纳税;委托加工应税消费品,由受托方向所在地主管税务机关申报纳税;进口应税消费品,应当由进口人向报关地海关申报纳税(见图 6-5)。

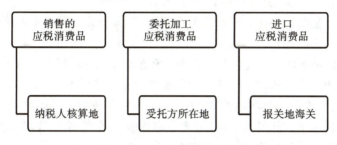

图 6-5　消费税申报地点

消费税纳税申报的途径主要有两个:一是纳税人携带相关资料到税务机关办税服务厅进行现场申报;二是通过电子税务局移动终端进行纳税申报。

对于从事酒类生产、委托加工的纳税人,需要依照法律、行政法规规定或者税务机关确定的申报期限和申报内容,办理消费税纳税申报,并且需要向税务机关报送《酒类应税消费品纳税申报表》及其附列资料,特殊情况下,还需要报送其他材料。例如,白酒生产企业还应报送《已核定最低计税价格白酒清单》,享受消费税减免税优惠政策的纳税人,还应报送《本期减免税额明细表》,委托方以高于受托方计税价格出售应税消费品时,还应报送《代扣代收税款凭证》。

二、消费税的纳税申报流程

纳税人持申报资料到办税服务厅申报纳税窗口进行申报,或通过互联网进行申报。经税务机关审核,纳税人提供的资料完整、填写内容准确、各项手续齐全、无违章问题、符合条件的,可以当场受理申报。如果当期申报有税款的,纳税人需缴纳税款,税务机关确认税款缴纳后,开具完税凭证,予以办结,并在消费税纳税申报表上签章,返还一份给纳税人。

消费税纳税申报的注意点:

(1) 消费税的纳税期限分别为 1 日、3 日、5 日、10 日、15 日,1 个月或者 1 个季度。纳税人的具体纳税期限由主管税务机关根据纳税人应纳税额的大小分别核定;

(2) 如果纳税人不能按期纳税的,也可以按次纳税;

(3) 纳税人在纳税期内没有应纳税款的,也应当按照规定按期申报纳税。纳税人享受减税、免税待遇的,在减税、免税期间,应当按照规定办理纳税申报。

提示:纳税人要对报送材料的真实性和合法性承担责任!

报税之四：企业所得税纳税申报

一、企业所得税的纳税地点和期限

企业所得税的纳税地点按照纳税对象有以下划分：

（1）居民企业以企业登记注册地为纳税地点，但登记注册地在境外的，以实际管理机构所在地为纳税地点。

（2）非居民企业在中国境内设立机构、场所的，以机构、场所所在地为纳税地点。非居民企业在中国境内未设立机构、场所的，或者虽设立机构、场所，但取得的所得与其所设机构、场所没有实际联系的，以扣缴义务人所在地为纳税地点。

企业所得税应当按年计征，分月或者分季预缴，年终汇算清缴，多退少补。

企业所得税的纳税年度采用公历年制，企业在一个纳税年度中间开业，或者由于合并、关闭等原因终止经营活动，使该纳税年度的实际经营期不足12个月的，应当以其实际经营期为一个纳税年度。

企业应当自年度终了之日起5个月内，向税务机关报送年度企业所得税纳税申报表，并汇算清缴，结清应缴应退税款。企业在年度中间终止经营活动的，应当自实际经营终止之日起60日内，向税务机关办理当期企业所得税汇算清缴。

二、企业所得税的纳税申报

实行查账征收企业所得税的居民纳税人和在中国境内设立机构的非居民纳税人，在月度、季度预缴企业所得税时，应填制《中华人民共和国企业所得税月（季）度预缴纳税申报表A类》。

企业应当自月份或者季度终了日起15日内，向税务机关报送预缴企业所得税纳税申报表，预缴税款。

实行核定征收管理办法的纳税人预缴企业所得税时，应填制《中华人民共和国企业所得税月、季度预缴纳税申报表B类》。

 模拟实战

请结合企业实际，阐述企业所涉税种如何进行纳税申报。

项目七
钱要怎么收
——应收账款的管理

CHUANGYE GUANLI
CAISHUITONG

项目导入

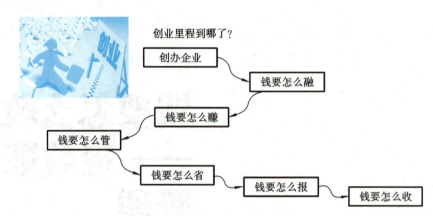

企业在经营过程中,为了扩大销售,通常会采用赊销的形式,应收账款因此成为创业者要面对的不可避免的问题。这一项目中,我们将共同学习如何有效管理企业的应收账款。

教学目标及要求

1. 知识目标:了解应收账款的概念、作用、持有成本以及应收账款的信用管理。
2. 能力目标:掌握应收账款的管理办法和信用标准的制定,掌握应收账款信用管理的执行关键点。
3. 素质目标:能够理解应收账款存在的意义,能建立合适的应收账款管理办法,理解企业要进行合理催收,避免暴力催账。

收钱之一:应收账款概述

一、应收账款的概念

什么是应收账款

应收账款是指企业因对外销售产品、材料,提供劳务及其他原因,产生的应收而未收到的款项。

二、产生应收账款的原因

除了依靠提高产品质量、降低价格、开展售后服务、投入广告等手段以外,通常企业还会采用赊销来扩大销售。赊销就是指企业已经把商品交给了客户,但客户未及时付款,从而产生应收账款,相当于企业的钱免费给客户用了一段时间,还存在收不回来的可能性。产生应收账款的原因如图7-1所示。

1) 商业竞争

商业竞争是企业产生应收账款的主要原因。在社会主义市场经济条件下,存在着

提示:由竞争引起的应收账款,是一种商业信用。

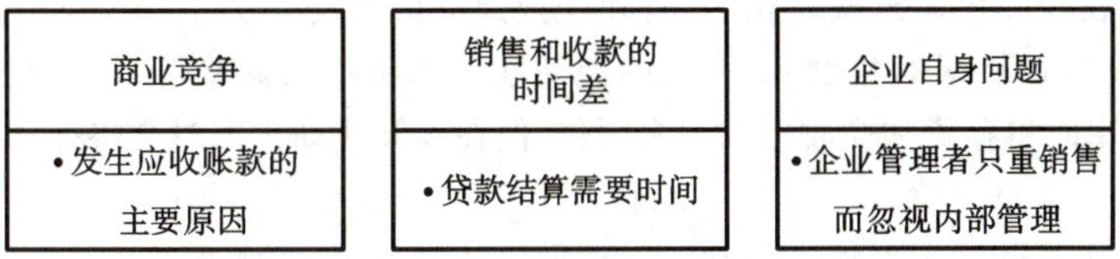

项目七 钱要怎么收——应收账款的管理

商业竞争	销售和收款的时间差	企业自身问题
• 发生应收账款的主要原因	• 货款结算需要时间	• 企业管理者只重销售而忽视内部管理

图7-1 产生应收账款的原因

激烈的商业竞争,迫使企业以各种手段扩大销售。除了依靠产品质量、价格、售后服务、广告等因素外,赊销也是扩大销售的手段之一。对于同等的产品价格、类似的质量水平、一样的售后服务,实行赊销的产品的销售额将大于现金销售的产品的销售额。出于扩大销售的竞争需要,企业不得不以赊销或其他优惠方式招揽顾客,于是就产生了应收账款。

2) 销售和收款的时间差

商品成交的时间和收到货款的时间经常不一致,这也会导致应收账款的产生。虽然现实生活中现金销售很普遍,特别是对于零售企业很常见,但是对于批发商和大型生产企业来说,发货的时间和收到货款的时间往往不同,这是因为货款结算需要时间。销售企业只能接受这种现实,并承担由此引起的资金垫支的后果。

提示:由于销售和收款的时间差而造成的应收账款不属于商业信用。

3) 企业自身的问题

主观上,企业管理者普遍注重销售,而忽视包括应收账款管理在内的内部管理,客观上,管理者对于应收账款管理无论在经验还是理论上都十分缺乏。市场竞争日益激烈,企业管理者为了扩大销售,增加企业的竞争力,从而忽视应收账款的风险,也是应收账款形成的一个重要原因。

三、应收账款的作用及持有成本

1. 应收账款的作用

1) 增加销售的作用

商业竞争是应收账款产生的直接原因。市场竞争激烈时,赊销是促进销售的一种重要方式。在卖方市场条件下,产品供不应求,企业没有必要采用赊销而持有应收账款。只有当市场经济发展到一定程度并且市场转变为买方市场时,各行各业才会为了扩大市场占有率和增加销售收入而采用赊销的方式。赊销方式能够吸引客户的原因主要有以下两点:首先,在银根紧缩、市场疲软和资金匮乏的情况下,客户总是希望通过赊欠方式得到需要的材料物资和劳务;其次,许多客户希望保留一段时间的支付期以检验商品和复核单据。因此,在市场竞争激烈的情况下,如果企业不采用赊销方式销售产品,那么销售收入和利润就会减少,最终可能导致企业亏损。

知识点:银根指的是市场上货币周转流通的数量。当市场需要的货币少而流通量大时,人民银行采取一系列措施减少货币的流通量,称为紧缩银根。

2) 减少存货的作用

在大部分情况下,企业持有应收账款比持有存货更有优势。

第一,从财务角度看,应收账款和存货都属于流动资产,但两者的性质不同。应收账款是一种可以确认为收入的债权,而存货除占用一部分资金外,其持有成本相对较高,如需要储存费用、保险费用、管理费用等。

第二,从生产的目的来看,产品售出并因此获得利润是生产的最终目的,将生产出来的产品放在仓库里而未实现销售,有违企业建立的目的。

思考:企业的存货有哪些?

第三,从资信评级的角度看,存货的流动性要比应收账款差得多,虽然财务人员在计算流动比率时将存货和应收账款一视同仁,但在计算速动比率时会将存货予以扣除。

2. 应收账款持有成本

应收账款在给企业带来经济利益的同时也存在一定的风险。应收账款持有成本是指企业持有一定应收账款所付出的代价,主要包括以下三个方面:机会成本、管理成本、坏账成本,如图 7-2 所示。

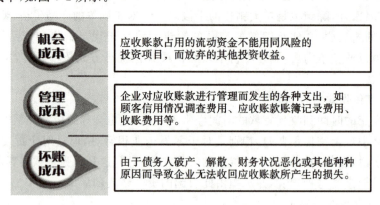

图 7-2 应收账款持有成本

1) 机会成本

机会成本是指应收账款占用的流动资金不能用于同风险的投资项目,而放弃的其他投资收益。简单地说,机会成本指的是如果企业不把资金给客户占用,而用这部分资金去进行同样风险的投资项目而产生的收益。

2) 管理成本

管理成本是指企业对应收账款进行管理而发生的各种支出,如顾客信用情况调查费用、应收账款账簿记录费用、收账费用等。

管理成本的内容比较多,它与应收账款的规模有一定的关系,但不一定成正比。可以说,一般应收账款规模越大,管理费用越多,但针对管理成本的核算得具体情况具体分析。

3) 坏账成本

坏账成本是指由于债务人破产、解散、财务状况恶化或其他种种原因而导致企业无法收回应收账款所产生的损失。它一般与应收账款的数量成正比,所以通常可以根据历史情况预估本年度的坏账成本。

收钱之二:应收账款的管理

一、应收账款管理

应收账款管理是指在赊销业务中,从授信方(销售商)将货物或服务提供给受信方

(购买商),从债权成立开始,到款项实际收回或作为坏账处理结束,授信企业采用系统的方法和科学的手段,对应收账款回收全过程所进行的管理。其目的是保证足额、及时地收回应收账款,降低和避免信用风险。应收账款管理是信用管理的重要组成部分,它属于企业后期信用管理范畴。

广义的应收账款管理分为两个阶段:第一个阶段是从债权成立开始到应收账款到期日这段时间的管理,即拖欠前的账款管理;第二个阶段是应收账款到期日后的账款管理,即拖欠后的账款管理。信用管理机构为了对这两个阶段的管理加以区别,往往将账款被拖欠前的管理称为应收账款管理(即狭义的应收账款管理),而将逾期后的账款管理叫作商账追收。

提示:商账追收是指通过合法的追收流程和技巧,进行商账追收服务,降低企业风险率和坏账率,防范和规避企业由于使用赊销方式带来的信用风险。

二、应收账款管理目标

应收账款是有成本的,在实行赊销时就应该权衡应收账款信用政策所增加的盈利和所需付出的成本。当应收账款所能实现的盈利超过增加的成本时,才应当实行赊销。所以创业者在进行应收账款管理的时候,管理目标就是在发挥应收账款强化竞争、扩大销售的同时,尽可能降低应收账款的成本,最大限度地提高应收账款的投资效益。

三、应收账款管理的现状

目前,许多企业在应收账款的管理上存在以下主要倾向:

(1)在赊销货物前对客户的信用状况调查不够,导致应收账款不断增加。

对客户的信用状况进行调查时,首先,要了解客户过去的信用状况,即通过当面采访、询问、观察等方式获取客户的信用资料;其次,要评估客户目前和将来的信用状况,通过一定的评估方法了解客户的财务情况和偿还能力,再决定是否对其采用赊销政策。但是,许多企业在对客户的信用状况没有充分调查了解的情况下,为了扩大市场份额,增加销售收入,一味地增加赊销额,企业的应收账款规模也就越来越大,从而增加企业的风险。

(2)对应收账款的账龄没有及时分析,导致企业风险增大。

账龄反映的是应收账款的持有时间,它不仅是估算应收账款总体风险和时间价值损失的主要依据之一,也是计提坏账准备的现实基础。一般而言,追收欠款的难点和重点是逾期款项,特别是陈年老账,拖欠越久,收回的难度越大,变现的可能性越小,预期的价值也就越低。企业的财务管理部门应利用账龄分析表来检测应收账款的发展趋势,避免长期应收账款的存在,减少企业风险。但目前,许多企业对应收账款的账龄没有及时分析,大量陈账、呆账常年挂账,造成企业资金周转困难,同时,对挂账时间很长的应收账款也没有采取相应措施,以至遇到债务人破产或死亡,收款凭证资料丢失或损失,当事人离职情况不明等情况,使应收账款成为坏账。这样在增加企业管理成本的同时也直接减少了企业的经济效益。

(3)催收应收账款的方法和程序不当,导致应收账款的催收费用大量增加。催收费用是指当欠款单位因各种原因没有及时偿还所欠款项时,债权人为了收回应收账款所耗用的各种费用,包括人工成本和其他各项成本。企业在赊销前虽然对用户进行了

提醒:企业一定要合理催收,避免冲突!

信用调查和信用评估，但还是会有一部分应收账款由于种种原因不能及时收回，这就要求企业制定合理的催收方法和程序。一般说来，企业催收应收账款应从催收费用最小的方法开始，即从电话联系开始，到信函通知、电告催收、派员面谈直至诉诸法律等。然而，有些企业在催收应收账款时没有坚持效益优先的原则，因催收方法不当造成催收费用大量增加，增加了企业的管理费用。

四、应收账款管理不善的弊端

1. 降低了企业的资金使用效率，使企业效益下降

在赊销的情况下，企业的物流与资金流不同步，企业发出商品，开出销售发票后，货款却不能同步收回，这种没有货款回笼的销售收入，势必形成没有现金流入的销售利润、销售税金上缴及年内所得税预缴。如果涉及跨年度的应收账款，还可能导致企业用流动资金垫付股东年度分红。企业因追求表面效益而产生的预缴税款及垫付股东分红，占用了大量的流动资金，久而久之，必将影响企业资金的周转，进而导致企业实际经营状况被掩盖，影响企业生产计划、销售计划等的制订，无法实现既定的效益目标。

2. 夸大了企业经营成果

我国企业实行的记账基础是权责发生制，发生的当期赊销全部记入当期收入，因此，企业账上利润的增加并不表示能如期实现现金流入。同时，会计制度要求企业按照应收账款余额的一定比例来提取坏账准备。如果实际发生的坏账损失超过提取的坏账准备，会给企业带来很大的损失。由此看来，大量应收账款的存在，虚增了账面上的销售收入，在一定程度上夸大了企业经营成果，增加了企业的风险成本。

> 提示：一般企业的坏账准备率为 3% ~ 5%。

3. 加速了企业的现金流出

赊销虽然能使企业产生较多的利润，但是并未真正增加企业现金流入，反而使企业不得不运用有限的流动资金来垫付各种税金和费用，加速了企业的现金流出，主要表现为：

第一，企业流转税的支出。应收账款带来销售收入，但并未实际收到现金，而流转税是以销售收入为计算依据的，企业必须按时以现金交纳。企业交纳的流转税如增值税、消费税、资源税以及城市建设税等，必然会随着销售收入的增加而增加。

第二，所得税的支出。应收账款产生了利润，但并未以现金实现，而所得税必须按时以现金支付。

第三，现金利润的分配同样存在这样的问题，另外，应收账款的管理成本、应收账款的回收成本都会加速企业的现金流出。

4. 对企业营业周期有影响

营业周期即从取得存货开始到销售存货并收回现金为止的这段时间。营业周期的长短取决于存货周转天数和应收账款周转天数，营业周期为两者之和。由此看来，不合理的应收账款的存在，使营业周期延长，影响了企业资金循环，使大量的流动资金沉淀在非生产环节上，致使企业现金短缺，影响工资的发放和原材料的购买，严重影响了企业正常的生产经营。

5. 增加了应收账款管理过程中的出错概率,给企业带来额外损失

企业面对庞杂的应收账款账户,核算过程中难以及时发现差错,不能及时了解应收账款动态情况以及欠款企业详情,造成责任不明确。应收账款的合同、合约、承诺、审批手续等资料的散落、遗失,有可能使企业该按时收回的应收账款不能按时收回,该全部收回的只有部分收回,能通过法律手段收回的,却由于资料不全而不能收回,最终造成企业的财产损失。

五、应收账款的风险及防范

由于各种原因,应收账款中总有一部分不能收回,形成呆账、坏账,直接影响企业经济效益。应收账款管理的根本任务就在于制定适合企业自身的信用政策,努力降低成本,力争获取最大效益,从而保证应收账款的安全性,最大限度地降低应收账款的风险。应收账款的防范如图 7-3 所示。

什么是坏账?

思考:什么是呆账?

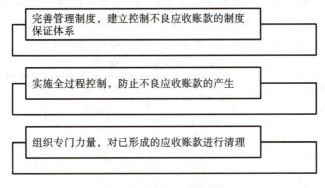

图 7-3 应收账款的防范

(1)完善管理制度,建立控制不良应收账款的制度保证体系。

一是要建立信用评价制度,即具备什么样条件的单位才能达到可以垫资的信用标准和条件。二是要建立完善的合同管理制度,对付款方式、归还办法、归还期限、违约责任等做出明确的规定,增强法律意识。三是要建立应收账款的责任制度,明确规定责任单位和责任人。四是要建立合理的奖罚制度,并作为经济责任制的主要考核指标及离任审计的评价指标。五是要建立应收账款分析制度,分析应收账款的现状和发展趋势及制度的执行情况,及时采取措施进行控制。

(2)实施全过程控制,防止不良应收账款的产生。

对应收账款的管理,应主要控制好两个阶段:一是项目的竞标签约阶段,要对购买方的品质、偿还能力、财务状况等进行认真的调查研究,并分析其宏观经济政策,出具可行性研究报告,对购买方的资信状况进行评价,做出是否垫资的决策。二是项目的履约阶段,项目的履约过程必须建立收款责任制,确定具体的责任人员,按照合同及时敦促购买方履约并关注资信变化的情况,另外,对内部履约的情况进行分析,如质量、工期、结算等是否符合合同规定,针对出现的不良趋势,及时采取措施挽回损失,并防止发生变相垫资。

(3)组织专门力量,对已形成的应收账款进行清理。

提醒：针对应收账款，尽量按期收回账款，否则会因拖欠时间太长而发生坏账，使企业蒙受损失。

在当前市场经济条件下，必须加大应收账款清欠工作的力度，制定相应制度，并采取相应管理措施。对于已发生的应收账款，应根据不同情况，在单位负责人的分配协调下，有区别、有重点地开展清欠工作，加强对账，力争尽快回收资金；对于不能正常收回的应收账款，应加大清欠力度，采取以物抵债、让利清收等措施强行收回；对于已生成多年的坏账，经多次清欠无果的，可采取与经济效益挂钩，清账提成的办法；对于那些有一定偿还能力，对归还欠款不重视、不积极，并以种种借口推托不还的债务单位，应采取诉讼方式，以法律手段强制收回。

六、账龄分析

账龄是指负债人所欠账款的时间。通常而言，应收账款账龄越长，发生坏账损失的可能性就越大。账龄分析法是指根据应收账款拖欠时间的长短来估计坏账损失的一种方法，又称"应收账款账龄分析法"。采用账龄分析法时，将不同账龄的应收账款进行分组，并根据前期实际发生坏账的有关资料，确定各账龄组的估计坏账损失百分比，再将各账龄组的应收账款金额乘以对应的估计坏账损失百分比数，计算出各组的估计坏账损失额之和，即为当期的坏账损失预计金额（见表7-1）。

表 7-1 应收账款账龄分析表

应收账款账龄	账户数量	金额/万	百分率/(%)
信用期内	200	120	60
超过信用期1～30天	100	50	25
超过信用期31～60天	50	20	10
超过信用期60天以上	20	10	5
合计	370	200	100

账龄分析

如表7-1所示，该企业根据应收账款是否超过信用期及超过信用期的时间，将应收账款划分为4个不同级别的账龄，其中在信用期内的占比60%，超过信用期的占比40%。对于可能发生的坏账损失，要提前做好准备。同时考虑不同收账政策需要付出的代价。

（1）对过期较短的客户，不给予过多的打扰；
（2）对过期稍长的客户，可以适当地书面通知收款；
（3）对过期较长的客户，采取频繁的书面催款并可打电话询问。

对过期很长的客户，催款时可使用严厉的措辞，必要时提请仲裁或提起诉讼。

收钱之三：应收账款信用管理

应收账款信用管理

要使企业的赊销有较好的效果，实现应收账款管理的基本目标，一个基本手段就是制定和执行合理的信用政策。信用政策是指企业为对应收账款进行规划与控制而确立的原则性规范，是企业财务政策的一个重要组成部分。一个企业的信用政策主要包括信用标准、信用期间、信用条件三个部分。

一、信用标准

信用标准是指公司决定授予客户信用所要求的最低标准,代表公司愿意承担的最大的付款风险的金额。如果客户达不到该项信用标准,就不能享受公司按商业信用赋予的各种优惠,或只能享受较低的优惠。如果公司执行的信用标准过于严格,就会降低对符合可接受信用风险标准的客户的赊销额,从而减少公司的销售量。如果公司执行的信用标准过于宽松,可能会对不符合可接受信用风险标准的客户提供赊销,从而增加还款风险并增加坏账费用。

企业在设定某一顾客的信用标准时,往往先要评估其还款的能力,可以通过"5C"分析法来进行评估,如图7-4所示。5C分析法最初是金融机构对客户进行信用风险分析时所采用的专家分析法之一,主要对借款人的品质(character)、能力(capacity)、资本(capital)、抵押(collateral)和条件(condition)五个方面进行全面的定性分析,以判别借款人的还款意愿和还款能力。由于这五个方面的英文单词开头第一个字母都是"C",故称5C分析法。

提示:企业需要在高信用标准和低信用标准之间进行权衡,以确定合适的信用标准。

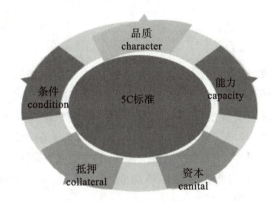

图7-4　5C分析法

(1)品质(character)是指客户的信誉,即履行偿债义务的可能性。企业必须设法了解客户以前的付款记录,是否一贯按期付款,有无逾期或者未偿付的记录,以及客户与其他卖方企业的关系是否良好。

(2)能力(capacity)是指客户的偿债能力,即其流动资产的数量与质量以及流动资产与流动负债的关系。流动资产越多,或者流动资产的变现能力越强,履约的可能性就越大。

(3)资本(capital)是指客户的财务实力和财务状况,表明顾客可能偿还债务的背景。

(4)抵押(collateral)是指客户拒绝还款或无力还款时能被用作抵押的资产。这个因素主要是针对不知底细或者信用状况有争议的客户,如果他们有抵押物,在到期不能付款时就可以用其抵押物进行偿付,减少损失。

(5)条件(condition)是指可能影响客户付款能力的经济环境。历史发展过程中,总有经济不景气的时候,行业发生动荡的案例也数不胜数,所以需要了解客户在过往困难时期的履约情况。

企业掌握客户以上五个方面的状况后,就可以对客户的信用进行综合评估了。对综合评价高的客户可以适当放宽信用标准,而对综合评价低的客户就要实行严格的信用标准,甚至可以拒绝提供信用以确保经营安全。

二、信用期间

信用期间(credit period)是企业允许客户从购货到付款的最长间隔时间,或者说是企业给予顾客的付款期间。例如,某企业采用顾客在购货后的50天内付款的信用政策,则信用期间为50天。信用期间过短,不足以吸引顾客,在竞争中会使销售额下降;信用期间过长,对销售额的增加固然有利,但盲目放宽信用期间所得的收益有时会被增加的费用抵消,甚至造成利润减少。因此,企业必须慎重研究,确定恰当的信用期间。

信用期间的确定,主要是分析改变现行信用政策对收入和成本的影响。延长信用期间,会使销售额增加,产生有利影响;与此同时,应收账款、收账费用和坏账损失增加,会产生不利影响。当有利影响大于不利影响时,企业可以延长信用期间,否则不宜延长。

三、信用条件

信用条件是企业赊销商品时,给予客户延期付款的若干条件,主要包括信用期限和现金折扣等。信用期限是企业为客户规定的最长付款期限。适当地延长信用期限可以扩大销售量,但信用期限过长也会造成应收账款的机会成本增加,同时加大坏账损失的风险。为了促使客户早日付款,加速资金周转,企业在规定信用期限的同时,往往附有现金折扣条件,即客户如能在规定的期限内付款,则能享受相应的折扣优惠。折扣的表示往往由折扣率与折扣期限两者构成,折扣率越小,折扣期限一般越长;折扣率越大,折扣期限一般越短。

现金折扣的表示方法一般采用"2/10,1/20,n/30"等符号形式表示,2/10表示在销售发票开出后10天内付款,就可以享受2%的价格优惠;5/30表示在销售发票开出后20天内付款,就可以享受1%的价格优惠;n/30表示付款最后期限为30天,此时付款没有价格优惠。

四、应收账款信用管理执行关键点

应收账款的信用管理控制,可分为事前管理控制、事中管理控制、事后管理控制三个环节,如图7-5所示。

1. 事前管理关键措施

1)制定应收账款指标

企业信用管理部门和财务部门应参考业界经验,结合企业实际情况,基于具体数据和事实,通过科学的计算和分析,制定符合企业需求的应收账款指标,包括但不限于应收账款周转率、计提比率、超期定义、平均收款期、流动比率等。

2)加强信用知识培训

企业应制订信用知识培训计划,对销售人员和财务人员进行培训,以加强员工对

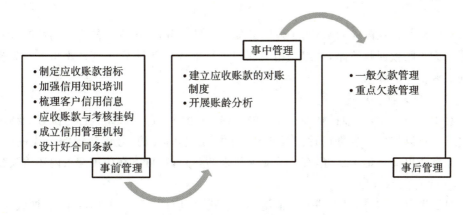

图 7-5 应收账款的信用管理控制

信用知识的理解。培训后应进行考试,确保培训效果。

3)梳理客户信用信息

企业可以通过多种途径收集、梳理客户信用信息。既可以通过外部途径,比如购买国际国内专业评级机构的评级结果,或通过政府部门、媒体、银行了解客户诚信状况;也可以将客户交易的历史数据作为评估客户信用的参考。

4)应收账款与考核挂钩

企业应收账款的管理可以与考核指标挂钩,将收款责任明确下来。同时应落实到具体部门和个人,由具体的业务人员负责管理客户在某一时间段的超期应收款。

5)成立信用管理机构

由信用管理机构统一管理客户信用,执行企业信用管理政策及制度,收集、梳理客户信息,确定客户的信用等级以及信用额度,并根据需要,定期不定期地更新客户信用等级情况。

6)设计好合同条款

对于资信情况良好的客户,可以不要求其提供银行保函,但是对于经过评估,信用情况确实不好的客户,或在交易历史上存在恶意拖欠情况的客户,要求其必须提供银行保函作为交易条件。

2. 事中管理关键措施

1)建立应收账款的对账制度

对账可以分为日常对账和专项对账,日常对账可以由财务人员通过邮件、电话等形式与客户沟通,并获取客户的确认;专项对账由财务部门拟制对账函,将书面函件寄送客户或通过邮件发函,要求客户做出正式回复。对于对账中发现的差异,财务人员应与客户一一核对,找出存在差异的原因并及时解决。对于发现的高风险问题,应及时与客户沟通,同时采取暂停发货、加入黑名单等措施。

2)开展账龄分析

财务部门应定期对应收账款进行账龄分析,可召集销售部门召开分析会议,并针对有风险的客户制定应对方案,将责任落实到具体个人,尽快收回欠款,避免出现超期应收款。

提示:财务部门应对客户进行评估,识别一般客户与重点客户,分类跟踪管理。

3. 事后管理关键措施

对于已经存在的应收账款，企业财务部门要进行分析，根据不同客户的情况，确定不同的应收账款回收策略，并组织相关部门进行催收。要区分一般欠款和重点欠款，分别采取不同的政策。

1) 一般欠款管理

对于一般欠款，在维护好客户关系的前提下，由财务部门和销售部门配合，及时收回欠款。可以先由财务部门通过发邮件、打电话、上门拜访、会议洽谈等方式进行催收。通常历史交易记录良好，有持续业务往来的客户，都可以在信用期限内还清欠款。

2) 重点欠款管理

对于重点欠款，如果前述催收措施不起作用，就应成立专门的催收小组，构成人员包括但不限于财务人员、销售人员、法务人员等。对于存在超期欠款，且无主动还款意愿的客户，经内部评估后，应采取风险控制措施，包括风险接受、风险转移、风险降低等措施。

①风险接受：如果经评估，客户确实存在经营困难情况，可以经内部审议后，与客户谈判，适当降低回款要求，提供回款折扣，促使客户及时付款。

②风险转移（即转让）：企业与银行等金融机构签订有关应收账款保理业务的协议，转让其对应收账款部分或全部的权利及义务给金融机构，并收取一定费用。

③风险降低：在催收的同时提示客户，如果不及时付款，将会把银行保函予以兑现，或经法务评估后，收集客户欠款相关的证据材料，向法院起诉，要求客户及时还款。

提示：对于存在超期欠款，且客户无主动还款意愿的，经内部评估后，应采取风险控制措施。

案例讨论

四川长虹应收账款管理分析

四川长虹是1988年6月由国营长虹机器厂独家发起并控股成立的股份制试点企业。1994年3月11日，四川长虹在上海A股上市。上市后长虹的净资产从3950万元迅速扩张到133亿元，成为"中国彩电大王"，"长虹"品牌也成为全国驰名商标。

四川长虹上市之初的好景并没有持续太长时间，从1998年开始，彩电价格战愈演愈烈，使得彩电业的利润很快被稀释掉，而且市场上已出现了供大于求的局面，此时四川长虹的经营业绩开始直线下降。为遏制经营业绩的下滑以及由此带来的股价下跌，2001年2月，长虹集团选择了走海外扩张之路，力求成为"全球彩电霸主"，欲为公司寻找一个新的利润来源。

经过数次赴美考察，四川长虹选择与美国Apex Digital公司达成海外销售协议。从2001年7月开始将彩电发向海外，由Apex公司在美国直接提货。然而彩电发出去了，货款却未收回。

按照出口合同，接货后90天内Apex公司就应该付款，否则长虹方面就有权拒绝发货。然而，四川长虹一方面提出对账的要求，一方面却继续发货。2003年底，四川长虹应收账款的期末余额高达50.84亿元，而在这笔巨额应收账款中，Apex公司的欠款占了87.55%。

公司2003年年报中,应收Apex公司的欠款不仅比年初时增加了6.22亿元,而且出现了9.34亿元账龄在一年以上的欠款。四川长虹虽已经为此计提了9338万元的坏账准备,但应收账款给公司带来的风险已经开始显现。到了2004年12月14日,Apex共欠长虹4.72亿美元货款。四川长虹自此开始了漫长的追讨历程。终于,在2004年12月28日,四川长虹发布了年度预亏提示性公告。在公告中首次承认,受应收账款计提和短期投资损失的影响,预计2004年度将出现大的亏损。

截至2004年底,公司对Apex公司所欠货款按个别认定法计提坏账准备的金额约25.97亿元,该项会计估计变更对2004年利润总额的影响数约为22.36亿元。同时,截至年报披露日,公司逾期未收回的理财本金和收益累计达1.83亿元。虽然在2005年3月,四川省绵阳市领导在一个新闻发布会上透露,长虹已经从Apex追回1亿美元,但四川长虹于2005年4月披露的年报仍爆出了上市以来的首次亏损,2004年全年实现主营业务收入115.38亿元,同比下降18.36%,全年亏损36.81亿元,每股收益−1.701元。

这笔巨额坏账成为四川长虹时至今日的困扰。2008年,四川长虹对Apex公司应收账款余额为27.16亿元,计提坏账22.92亿元之后,账面净值仍有4.24亿元。

讨论:有哪些对策可以解决企业应收账款存在的问题?

案例讨论

艾利奥特制造公司应收账款管理探析

艾利奥特制造公司是一家从事塑料衣架生产的公司,而塑料衣架生产这个行业的竞争很激烈。塑料衣架作为一种普通商品,在生产工艺上几乎无任何差别。进入这个行业也比较简单,只要买一些比较便宜的二手压模设备就可以。制取印模可能会贵一些,但是印模一旦到手,就可以无限期地使用。塑料制造业主要通过价格、服务及送货方式等进行竞争,而合成树脂供应商之间的竞争很少采取价格让步这种形式,相对来讲,信用融通更常用一些。所以,如果想在塑料衣架生产行业中取得成功,就必须做到努力提高产量,降低生产成本,最大限度地提高设备利用率(经常采用三班制),充分发挥销售人员的积极性,高层机构全面而谨慎地进行控制工作。按目前的标准来衡量,艾利奥特制造公司的设备利用率较低。而乔伊斯化工公司正是艾利奥特制造公司的主要原材料供应商,并且乔伊斯公司也把艾利奥特公司视为感兴趣的客户之一。

艾利奥特制造公司1970年和1971年的销售成本大幅增长,并且在1971年会计年度,由于时装式样翻新以及服装业中出现的不确定性因素,使塑料衣架的需求下降。但艾利奥特制造公司试图采取与市场走向背道而驰的销售政策。由于实行这种不合时宜的政策,艾利奥特制造公司不得不增加一笔用于催收账款的数目可观的费用。

由于艾利奥特制造公司将产品价格压得过低,加上乔伊斯公司提供的原材料价格并没有下降,导致1971年的销售毛利比上一年减少了10万美元。因此,艾利奥特公司存在严重的经营风险和财务风险,几乎破产。这也给乔伊斯公司带来了巨大的信用风险。

讨论:
1. 应收账款信用管理制度的设定对于企业来说有怎样的影响?
2. 是什么原因导致艾利奥特公司面临破产?

案例讨论

电力施工企业应收账款管理探析

随着国家对新能源建设力度的不断加大,传统的电力施工企业之间的竞争越来越激烈,越来越多的电力施工企业都面临"干工程难,催要工程款更难"的双重困境。一方面,为在竞争中抢占市场、广揽活源,企业需要垫付大量的资金来承揽项目;另一方面,电厂业主由于融资问题等种种原因拖欠工程款,占压电力施工企业大量流动资金,使电力施工企业面临巨大的商业风险。

积极而有效的应收账款管理将有利于加快企业资金周转,提高资金使用效率,也有利于防范经营风险,维护投资者利益,促进经济效益的提高,因此,越来越多的电力施工企业已经意识到应收账款的重要性,应收账款管理能力的高低将直接关系到电力施工企业市场竞争力的水平。

电力施工企业应收账款管理存在的主要问题如下。

1. 应收账款管理制度不健全

有些电力施工企业对应收账款的管理缺乏规章制度,或有章不循,形同虚设。财务部门不及时与经营、合同结算等业务部门核对相关数据,工程结算收入与核算脱节,出现问题不能及时暴露,有些电力施工企业应收账款居高不下,账龄老化,却任其发展,无人问津,部门之间管理责任不清。

2. 考核制度不健全,片面追求经营收入

部分电力施工企业负责人只重视施工产值的增长,将工程项目管理人员的工资报酬与施工产值相匹配,忽视了将能否收回工程款及应收账款的质量纳入项目管理的相应绩效考核中,使得项目管理人员只重视电力施工产值的完成,而不考虑应收账款的回收情况。由于对应收账款管理不够重视,企业往往存在应收账款责任部门不明确、对账不及时、催收不力的现象,从而导致应收账款负担沉重。有的电力施工企业负责人有关债权的法律知识欠缺,对应收账款管理各环节重视不足,致使应收账款的追讨出现过了追溯实效等不正常的情况;有的甚至为了政绩及个人利益,将其他一些不应计入应收账款的项目通过应收账款科目核算。

3. 应收账款日常疏于管理

部分电力施工企业对应收账款的管理不够严密,或者疏于对往来账款的管理,未能做到定期与相关单位核对账目,欠款企业也往往对债权人的对账要求持抵触情绪,不愿意对账,长此以往就造成了往来账目不清,为以后的催收、清理工作带来困难。企业财务管理制度要求公司应该有严格的应收账款管理政策,如果平时企业催收力度不够,欠款企业就会理所当然地拖欠货款。大量工程应收账款的发生终于让这些企业知道了应收账款管理的重要性和财务管理的重要性。不仅施工需要管理,财务同样需要严格管理,科学的管理制度必不可少。

4. 不良社会风气的影响

一方面,当前市场经济迅猛发展,市场竞争日益激烈,为扩大市场份额的需要,越来越多的施工企业采取垫付资金来增加企业的竞争力,这就造成企业间相互拖欠应收账款的现象更加严重;另一方面,很多企业故意拖欠账款,即使有钱也不还,社会普遍缺乏诚信。

5. 施工企业过度依赖人情收款

部分施工企业过分依赖靠人情回收工程款,缺少相应的管理程序,在遭到长期拖欠工程款时,碍于面子或考虑到以后还想合作,长期不采用法律手段回收工程款,导致应收账款越积越多,以致最后企业无法正常运作。

讨论:提高应收账款管理水平的途径有哪些?

模拟实战

1. 你创办的企业会存在应收账款吗?为什么?
2. 你的企业如何评估客户赖账的可能性?
3. 针对超过信用期限的客户,你打算如何催收?

项目八
钱要怎么保
——创业风险防范

CHUANGYE GUANLI
CAISHUITONG

项目导入

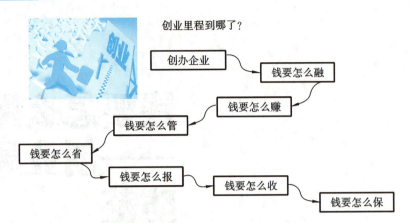

同学们,上一项目中我们学习了如何有效地进行企业应收账款管理。在创业过程中,企业会遇到各种风险,如财务风险、技术风险、营销风险和法律风险,等等。在这一项目中,我们将共同学习创业的各种风险来源,以及如何有效地应对这些风险。

教学目标及要求

1. 知识目标:认识创业各个阶段的风险,了解创业财务风险、技术风险、营销风险和法律风险。

2. 能力目标:掌握创业财务风险、技术风险、营销风险和法律风险等的防范措施。

3. 素质目标:在创业过程中能够有一定的风险意识,知道如何应对各种类型的风险。

案例导入

博士伦信任危机

成立于1853年的博士伦(Bausch+Lomb)是一家全球性的眼睛保健公司,其全球总部设在美国纽约州罗切斯特市。该公司目前年营业额近二十亿美元,在全球五十多个国家聘有约11 500名员工,产品行销全球一百多个国家。核心业务有:隐形眼镜,护理药水,眼科药品、屈光手术、白内障手术、玻璃体视网膜手术产品。博士伦隐形眼镜及护理产品自1987年投放中国市场以来,市场销售额逐年增加,博士伦几乎成为隐形眼镜的代名词。

2006年的时候,博士伦公司属下产品——润明护理液可能诱发眼疾的危机陆续在新加坡、马来西亚和中国等地爆发,多年来稳健发展的博士伦公司遭遇了少有的产品信任危机。

相似的危机事件,不同的影响和结局。经历这样一场风波后,博士伦虽受到了不小的冲击,但大旗仍然不倒。和前几年三株、巨能钙等企业遭遇产品危机时的不堪一击相比,"博士伦护理液风波"给本土企业提供了一个更具参考价值的鲜活案例。危机发生后,公众关注的焦点往往集中在两个方面:一方面是利益问题,另一方面是感情问题。无疑,利益是公众关注的焦点。危机事件往往会造成组织利益和公众利益的冲突激化,从危机管理的角度来看,无论谁是谁非,组织都应该主动承担责任。国内外大量企业危机事例也已经证明,维护公众利益、承担社会责任远比使用各类公关技巧有效。

回顾博士伦公司的危机处理全过程,虽然存在反应速度较慢、整体沟通不足等缺陷,令其形象一度受挫,但其勇于面对现实,在关键时刻做出让步并承担责任的姿态和做法又重拾消费者信心,从而安然度过危机。从这个意义上说,学习优秀企业,不只是简单模仿别人危机应对中的公关技巧,更重要的是学习企业经营发展的基本理念和价值观。

讨论:
1. 了解博士伦护理液危机事件的始末。
2. 从博士伦事件中探索企业应对产品信任危机时可采用的措施。

保钱之一:创业风险及防范概述

一、创业风险的概念

大多数经济学家认为,创业者是指在有盈利机会的情况下自愿承担风险进行创业的人。创业本身是一个不断试错、发现机会和创造价值的过程,所以风险无处不在。

创业风险来自与创业活动有关因素的不确定性。在创业过程中,创业者要投入大量的人力、物力和财力,要引入和采用各种新的生产要素与市场资源,要建立或者对现有的组织结构、管理体制、业务流程、工作方法进行变革。这一过程中必然会遇到各种意想不到的情况和各种困难,从而有可能使结果偏离创业的预期目标。

二、创业风险的来源

创业风险的来源如图8-1所示。

图 8-1 创业风险的来源

1) 盲目选择项目

大学生创业时如果缺乏前期市场调研和论证,只是凭自己的兴趣和想象来决定投资方向,甚至仅凭一时的心血来潮就做决定,一定会碰得头破血流。大学生创业者在创业初期一定要做好市场调研,在了解市场的基础上创业。

提示:大学生创业者资金实力较弱,选择启动资金不多、人手配备要求不高的项目,从小本经营做起比较适宜。

2）缺乏创业技能

很多大学生创业者眼高手低，当创业计划转变为实际操作时，才发现自己根本不具备解决问题的能力，这样的创业无异于纸上谈兵。一方面，大学生应先去企业打工或实习，积累相关的管理和营销经验；另一方面，积极参加创业培训，积累创业知识，接受专业指导，提高创业成功率。

3）创业资金风险

资金风险在创业初期会一直伴随在创业者的左右，是否有足够的资金创办企业是创业者遇到的第一个问题。企业创办起来后，就必须考虑是否有足够的资金支持企业的日常运作。对于初创企业来说，如果连续几个月入不敷出或者因为其他原因导致企业的现金流中断，都会给企业带来极大的威胁。相当多的企业会在创办初期因资金紧缺而严重影响业务的拓展，甚至错失商机而不得不关门大吉。如果没有广阔的融资渠道，创业计划只能是一纸空谈。除了银行贷款、自筹资金等传统方式外，还可以充分利用风险投资、创业基金等融资渠道。

4）社会资源贫乏

企业创建、市场开拓、产品推介等工作都需要调动社会资源，大学生在这方面会感到非常吃力，因此平时应多参加各种社会实践活动，扩大自己人际交往的范围。创业前，可以先到相关行业领域工作一段时间，通过这个平台，为自己日后的创业积累人脉。

5）管理风险

一些大学生创业者虽然技术出类拔萃，但理财、营销、沟通、管理方面的能力普遍不足。要想创业成功，大学生创业者必须技术、经营两手抓，可从合伙创业、家庭创业或从虚拟店铺开始，锻炼创业能力，也可以聘用职业经理人负责企业的日常运作。创业失败，很多都是管理方面出了问题，包括决策随意、信息不通、理念不清、患得患失、用人不当、忽视创新、急功近利、盲目跟风、意志薄弱等。特别是大学生知识单一、经验不多，资金实力和心理素质明显不足，更会增加管理方面的风险。

6）竞争风险

如何面对竞争是每个企业都要考虑的事，对初创企业来说更是如此。如果创业者选择的行业是一个竞争非常激烈的领域，那么在创业之初极有可能受到同行的强烈排挤。一些大企业为了把小企业吞并或挤垮，常会采用低价销售的手段。对于大企业来说，由于其实力雄厚或能获得规模效益，短时间的降价并不会对它造成致命的伤害，而对初创企业来说，可能意味着面临彻底毁灭的危险。因此，考虑好如何应对同行的残酷竞争是初创企业生存的必要前提。

7）团队分歧的风险

现代企业越来越重视团队的力量，初创企业在诞生及成长过程中最主要的力量来源一般都是创业团队，一个优秀的创业团队能使初创企业迅速地发展起来。但与此同时，风险也蕴含在其中，团队的力量越大，产生的风险也就越大。一旦创业团队的核心成员在某些问题上产生分歧，不能达成统一意见时，极有可能会对企业造成强烈的冲击。事实上，做好团队协作并非易事，特别是与股权、利益相关联时，很多在创业初期关系很好的伙伴都会闹得不欢而散。

8）核心竞争力缺乏的风险

对于具有长远发展目标的创业者来说，需要不断地发展壮大企业，因此，企业缺乏自己的核心竞争力就是一个风险。一个依赖别人的产品或市场来打天下的企业是很难成长为优秀企业的。核心竞争力在创业之初可能不是最重要的问题，但要谋求长远的发展，就是最不可忽视的问题，没有核心竞争力的企业终究会被淘汰出局。

9）人力资源流失风险

一些研发、生产或经营型企业需要面向市场，大量的高素质专业人才或业务队伍是这类企业成长的重要基础。对于那些依靠某种技术或专利创业的企业而言，拥有或掌握某一关键技术的业务骨干的流失是创业失败的最主要风险源。

> 提示：防止专业人才及业务骨干流失应当是创业者时刻注意的问题。

10）意识上的风险

意识上的风险是创业团队的内在风险，这种风险虽然无形，却有强大的毁灭力。风险性较大的意识有：投机心理、侥幸心理、试试看的心态、过分依赖的心理、回本心理等。

三、创业各阶段的创业风险

1. 创业前期的创业风险

1）临渊羡鱼

古往今来，一切成功都是从"苦"中得来的。在创业初期，创业者应做好吃苦的准备，不要一味羡慕成功创业的人，而应该"收心"，脚踏实地走好每一步。

2）悲观主义

创业的过程中，难免遇到挫折和困难，如果创业者是一个悲观主义者，一旦碰到暂时难以解决的问题就灰心丧气，再无当初的激情和雄心壮志，失去了面对现实的勇气，那么失败可能是难以避免的。

3）方向不明

创业方向是创业者首先应考虑的要素，如果创业方向错误，则可能一步错，步步错。有了创业的方向，就应该朝着这个方向，制定实现目标的方法、措施等，方向不明就意味着盲目。在这里，明确的目标代表明确的计划。通过创业实践，我们可以发现"做正确的事情"比"正确地做事情"更重要。

> 提示：管理学中有一个公式"成绩＝目标＋效率"。可见目标的重要性。

4）合伙人选择不慎

企业运营中除了最重要的业务活动之外，还有一项必不可少的关乎成败的因素——合伙人。在创业过程中，创业者除了需要不断学习外，还需要找到有实力、有魄力的合伙人，助自己一臂之力。

5）管理规章制度不健全

健全的管理规章制度是一个企业良性运作的基础。正所谓没有规矩，不成方圆，管理规章制度即所谓的"规矩"。企业创业前期，可以借鉴其他同类公司的规章制度，然后在实际运行过程中进行改良，最后将其发展为适合企业长期发展的管理规章制度。

6）融资不谨慎

创业者只有做好产品，提升企业的竞争力，让资本市场看到企业的未来，才能获得比较好的估值。创业者如果有好的项目,在有多项融资可供选择的情况下,可有条件地选择投资者,除了投资的金额,还应考虑投资者的经验、资源及对企业后期的帮助等。

案例导入

盲目合作导致创业失败

小王和小张同在一家公司上班。一天,小王在网上看到一家店铺的衣服很有特色,且价格不贵。正好小张经过,两人交流之后,认为这是个不错的商机,便准备合伙开一家店铺。

两人各投入两万元,很快选好了店铺,不久第一批货也到了。开业第一天,店里的人很多,但是没有一个人购买。第二天遇大雨,逛街的人很少,自然也没有生意。第三天人又多起来,但只有小张一人看守店铺,忙乱中不仅收了一张100元假币,还丢失了两件衣服,忙了一天没赚反亏。这样持续了一段时间,店里生意起起伏伏,小王仍在公司上班,很少来店里帮忙,小张则独自一人在店里工作。当店里生意不好时,小张内心充满了对小王的抱怨。

不到半年,在小王和小张大吵一架后,店铺正式关门。

> 思考:作为创业者,你会选择孤军奋战还是寻找合伙人?

2. 创业中期的创业风险

1) 战略性风险

战略性风险指创业者在创业中期的目标、战略、决策带来的风险。具体表现为:目标游离、业务领域不明、急功近利、孤军奋战、遇难即退。形成孤军奋战局面的原因可能来自两方面:一方面是没有找到"同盟军";另一方面是即使有"同盟军",却因为缺乏信任,不能够向其合理授权,将所有的事情都揽在自己身上,而个人精力有限,往往是鞭长莫及,最终导致创业失败。

2) 管理风险

管理风险将成为创业路上遇到的重大风险之一,总结起来,管理风险大概有如下两种:管理人员的选择和管理制度的完善。

3) 财务风险

财务是建立一个企业最终的落脚点。作为创业者,面临的财务风险大概有如下两种:无财务记账意识和无成本观念。

3. 创业后期的创业风险

1) 盲目冒进

当企业初具规模、小有成就时,许多企业趁着手里有一定储蓄,不顾发展实际,超越自身实力,盲目开拓市场。此时,如遇到一点意外,就可能产生巨大的损失,最终导致前期所有的努力都功亏一篑。

2) 好大喜功

有一些创业者把追求企业规模、知名度、市场占有率作为首要目标,而不考虑步步为营、稳中求进的发展策略。这种好大喜功的心态和过分追求表象的行为,最终不仅会让创业者吃亏,甚至可能使他们一手创建的企业遭受灭顶之灾。

3) 挥霍浪费

当创业初步成功之后,虽然企业有了资源,有了资金。但是如果管理混乱,且没有很好地控制成本和费用,就算企业业务在不断增长,最终利润也有可能下降。

 案例导入

纸醉金迷的生活让企业彻底崩盘

安安在网络市场做服务设计,公司业务蒸蒸日上,大学好友小军看到安安的生意风生水起,决定入股。安安拿着小军投入的20万元,决定开发新的项目"Logo 设计",于是重新租了办公室,买了计算机,准备大干一番。小军告诉安安,放弃与以前的合作伙伴合作,自己做渠道,可以赚取另外 50% 的收入。想到一个月几万元的利润,加上合伙人小军的煽风点火,安安开始谋算着自己做渠道。扣除重新租房、购买计算机等设备的开销后,新投入的资金根本无法满足自己独立做渠道的需求,因此安安决定办理房屋抵押贷款,但由于银行压缩房贷业务,安安通过银行融资非常困难。最后,在小军的引荐下,安安用房子做抵押,向小军的朋友以高于银行的利息借了30万元。

然而,当有了足够的资金之后,安安和小军没有立即把钱用到研发营销渠道上,而是大肆挥霍,过上了纸醉金迷的生活。

就这样持续了半年,公司账上的钱越来越少,公司员工也陆续离职。公司虽然还能接到老客户的订单,但是根本无法支撑开销。安安已无法掌控局面,没有人愿意帮忙,合伙人小军也无情地离去了。

最终,公司彻底崩盘。

四、创业风险的识别

创业风险识别是创业者依据企业活动,对初创企业面临的现实风险以及潜在风险运用各种方法加以判断、归类并鉴别风险性质的过程。

识别创业风险需要一定的专业知识,必须根据不同性质与条件,按照一定的途径,运用一定的方法或借助一定的工具来实施。

1. 识别创业风险的基本理念

1) 有备无患的意识

创业风险无处不在,它的出现是正常的,且一般可能带来一些损失。这时,作为创业者,既不能怨天尤人,又不能骄兵轻敌,而应密切把控创业风险,减少损失,化解不利,力争将创业风险转化为盈利的机会。

2) 识别创业风险的能力

发现和识别创业风险,是为了防范和控制创业风险。当进行企业决策和计划时,能否发现创业的潜在风险、必然风险,对于创业者来说是非常重要的,这种判断力来源于实际经验。

3) 未雨绸缪的观念

创业者不仅要识别当前面临的创业风险及可能产生的后果,更重要的是识别创业

过程中各种潜在的风险,为采取有效措施提前做好准备。

4) 持之以恒的思想

由于创业风险伴随着整个创业过程,同时具有可变性和相关性的特点,因此创业者必须有打"持久战"的准备。

5) 实事求是的精神

虽然创业风险识别是一个主观过程,但也必须遵循客观规律。为了更好地识别创业风险、防范创业风险,在识别创业风险时应按特定的程序、步骤,选用适当的方法,逐个层次地分析各种现象。

2. 识别创业风险的步骤

(1) 信息收集:通过调查、询问、现场考察等途径获得基本信息或数据,然后通过敏锐的观察和科学的分析对各类数据及现象做出处理。

(2) 识别创业风险:根据信息的分析结果,确定创业风险或潜在创业风险的范围。

(3) 重点评估:根据量化结果,进行创业风险影响评估,预测可能产生的后果和影响。

(4) 拟定计划:提出处理创业风险的方法和行动方案。

3. 识别创业风险过程中的注意事项

1) 信息搜集

信息是了解创业风险、识别创业风险的基础,信息搜集的全面与否,直接影响最终的判断。一般可以通过内部积累或专人负责、借助外部专业机构的力量等方式搜集信息。

2) 因素罗列

根据企业在运营过程中可能遇到的创业风险,先找出一级风险因素,然后进行细化,延伸到二级风险因素,最后延伸到三级风险因素。

3) 分析方式

在创业风险识别与分析过程中,一定要在获得信息和影响因素的基础上进行综合分析。既要进行定性分析,又要进行定量分析,从而避免因考虑不周导致创业风险识别错误。

> 知识点:定性分析与定量分析是人们认识事物时用到的两种分析方式。定性——用文字语言进行相关描述;定量——用数学语言进行描述。

保钱之二:创业财务风险

创业财务风险

一、创业的财务风险及产生原因

1. 财务风险的概念

财务风险是指在各项财务活动过程中,由于各种难以预料或无法控制的因素影响,企业财务状况具有不确定性,从而使企业有蒙受损失的可能。一旦出现财务风险,很有可能会影响初创企业的整体运行,甚至使创业者中断创业计划。所以,初创企业一定要注意规避财务风险。

2. 产生财务风险的原因

初创企业要想规避财务风险，首先应该明确财务风险产生的原因。企业在不同的发展阶段，产生财务风险的原因也不同。如图 8-2 所示，初创企业产生财务风险的原因主要有以下几个：

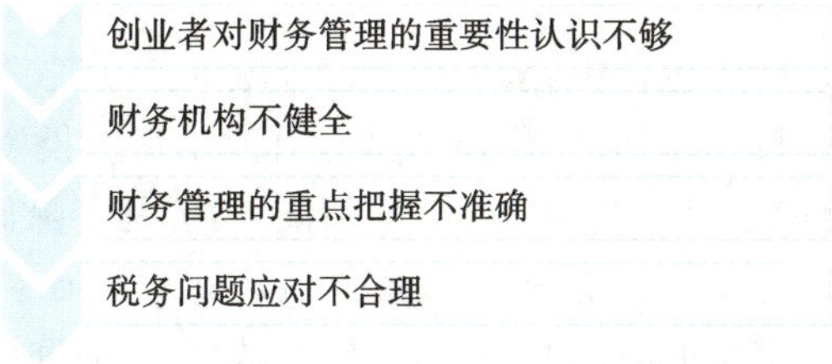

- 创业者对财务管理的重要性认识不够
- 财务机构不健全
- 财务管理的重点把握不准确
- 税务问题应对不合理

图 8-2　初创企业产生财务风险的原因

1）创业者对财务管理的重要性认识不够

很多创业者对财务管理的重要性并没有形成清晰的认知，在企业经营管理过程中，只注重怎么挣钱，却忽视了怎样管钱、用钱，使得企业内部财务管理混乱，资金使用方向不明确，最终导致企业发展无力，甚至直接倒闭。

2）财务机构不健全

初创企业大多规模小、人手少，所以一些初创企业中并没有专门的财务机构，几乎所有的财务管理工作都由创业者一人负责。由于创业者需要同时管理多个方面的工作，因此很多财务方面的问题就被忽略，以至于经常出现一些不必要的资金风险、税务风险等，这就给企业带来了巨大的财务风险。

3）财务管理的重点把握不准确

大部分初创企业在人力、物力、财力等方面的资源都比较紧缺，实力比较薄弱，这就要求初创企业在做任何一件工作时都要把握重点，确保既能够把工作做好，又能够减少资源损耗。很多初创企业存在财务风险的一个重要原因就是对财务管理的重点把握不准确，不知道财务管理重点是什么，应该管什么、怎么管、由谁管，以至于给企业带来了很多潜在的财务风险。

4）税务问题应对不合理

税务问题是所有企业在经营过程中都会涉及的问题，也是企业财务管理的一个重要方面。一些初创企业不重视税务规划问题，比如内账与外账的处理、收入与成本的确认、成本结构的优化、同业竞争与关联交易等，甚至出现违法违规事件，从而给企业埋下了财务方面的风险与隐患。

二、财务风险的表现形式

1. 筹资环节

资金的不同来源和不同的筹资方式，会产生不同的资金成本和相应的风险，公司在筹集资金时，必须在风险与成本之间权衡，以选用最佳的筹资方式。负债权益比率反映财务杠杆程度，财务杠杆越大，股本的收益率越高，但相应的财务风险也越大，最优的资本结构是在对收益和风险进行权衡之后得到的适合公司特点的资本结构。另

提示：在企业不同的资金运动环节，财务风险的表现形式也不相同。

外,加强对流动负债的管理,可以提高短期资金的使用效益,降低成本,保证日常生产经营的需要。随着金融市场的快速发展和金融体系的复杂化,企业在进行筹资决策时,企业内外部环境的不断变化,以及金融衍生工具越来越广泛的应用,都会给企业带来财务风险。

2. 投资环节

公司可投资的流动资产包括现金、可交易性金融资产、应收账款和存货等,必须在流动性和获利性之间进行权衡,做出最佳选择。对流动资产投资过多,虽然可以提高资金的流动性,从而增加公司的变现能力和偿债能力,但是会降低公司的获利能力,影响资金的周转。公司也可投资长期资产,如固定资产和长期证券。较大的资本投资项目一般需要数年甚至几十年的时间实施,由于资金数额大,时间跨度长,投资项目未来报酬是不确定的,存在较大的风险和不确定性。

3. 资金运营环节

我国企业流动资产中,存货所占比重相对较大,且很多表现为超储积压存货。存货流动性差,一方面占用了企业大量资金,另一方面企业必须为保管这些存货支付大量的费用,导致企业费用上升、利润下降。存货长期积压,企业还要承担市价下跌所产生的存货跌价损失及保管不善造成的损失,由此产生财务风险。在应收账款管理中,企业普遍存在只注重销售业绩、忽视应收账款的控制的状况。一些企业为了增加销量,扩大市场占有率,大量采用赊销方式销售产品,导致企业应收账款大量增加。同时,由于企业在赊销过程中,对客户的信用等级了解不够,盲目赊销,造成应收账款失控,相当比例的应收账款长期无法收回,直至成为坏账。资产长期被债务人无偿占用,严重影响企业资产的流动性及安全性。

4. 利润分配环节

在符合有关法律规定的前提下,公司可以自主安排盈利中有多少用于给股东发放股利,有多少用于保留盈余,作为公司进一步发展的资本,这就形成了公司股利分配政策。股利分配水平过低,股东的近期利益就得不到满足;而股利分配水平过高,虽然满足了股东的愿望,但不利于企业长期发展。

三、企业财务风险的防范

1. 建立有效的风险防范处理机制

风险防范是企业在识别风险、评估风险和研究风险的基础上,用最有效的方法把风险导致的不利后果降低到最低限度的行为。企业各部门、各人员,特别是企业的决策管理部门必须增强风险防范意识,不论是对外投资还是对内融资,也不论是研制产品还是销售产品,都应预测可能产生的风险以及企业的承受能力。应加强企业管理的基础设施建设,加强对企业管理人员的业务培训,增强他们认识风险、分析风险和防范风险的能力,提高管理决策水平,以降低经营的盲目性和决策的随意性。

2. 提高财务管理人员的风险意识

要使财务管理人员明白,财务风险存在于财务管理工作的各个环节,任何环节的工作失误都可能会给企业带来财务风险,财务管理人员必须将风险防范贯穿于财务管理工作的始终。企业应设置高效的财务管理机构,配备高素质的财务管理人员,规范各项规章制度,强化各项基础工作,使财务管理人员的风险意识不断提高。与此同时,企业必须理顺内部的各种财务关系。要明确各部门在企业财务管理中的地位、作用及应承担的职责,并赋予其相应的权力,真正做到权责分明,各负其责。在利益分配方面,应兼顾企业各方利益,以调动各部门参与企业财务管理的积极性,从而真正做到责、权、利相统一,使企业内部各种财务关系清晰明了。

3. 建立健全财务风险管理机制

财务风险管理是一个识别和评估风险、分析风险成因、预防和控制风险、处理风险损失的有机过程,在风险识别、评估和分析的基础上,确定应对风险的方案和措施,制定企业财务战略和计划,优化财务决策和控制方法,健全财务信息的控制系统,出现风险及时处理,减少损失。要加强制度建设,首先建立客户管理制度,加强对客户信用的调整,形成一套适合本企业的风险预防制度,把财务风险降至最低;其次建立统计分析制度,通过完善的统计分析,及时发现问题,采取相应措施加以控制;最后建立科学的内部决策制度,对风险较大的经营决策和财务活动,在企业内部的各职能部门中进行严格的审查、评估、论证,通过集思广益,尽量避免因个人决策失误而造成的风险。

财务风险的存在,无疑会对企业生产经营产生重大影响。企业应对财务风险管理形成足够的重视,对财务风险的成因及其防范进行研究,有效开展对财务风险的控制与管理、监测与预警,有效地降低财务风险,提高企业效益。

四、现金流危机

资产流动性是企业的生命,保证现金流的稳定对于企业来说非常重要。一般而言,初创企业最低要保证足以支撑 6 个月的账面余额。

1. 现金流方面的错误认知

激进型创业者在现金流上最容易犯的错误有以下几种。

1) 认为企业很快就能拿到投资

有很多创业者,在申请风险投资时过于乐观。事实上并不是接触了风险投资机构,就一定有获得融资的希望。另外,哪怕风险投资机构确认了投资意向,从敲定具体的投资方案,再到资金实际到账,也需要较长的一段时间。在创业中,迟迟等不到风投资金到账而导致企业停运的情况常有发生。

2) 认为企业很快就能实现盈利

部分创业者认为企业很快就能拿到投资,还有部分创业者认为企业很快就能实现盈利。然而,对于多数自主研发产品、自主市场推广、自主销售变现的初创企业而言,谁也无法保证企业一定能迅速实现盈利。

3) 认为企业很快就能获得大单

部分创业者所从事的行业具有特殊性,一定程度上存在"半年不开张,开张吃半年"的情况。所以即使企业账面资金岌岌可危,创业者却依旧不以为意,认为大单已经在路上。这样的思维方式,其实是十分危险的。建议创业者要严格避免类似的投机心态,尤其是对待企业的财务情况,更要保持足够严肃和谨慎的态度。

什么是现金流

提示:这里所说的 6 个月账面余额,不包含企业的市场投入等支出,只是指公司的房租、水电和人力成本等最低运营成本。

2. 现金流危机产生原因

企业出现现金流危机，主要有以下三个原因。

1）只注重机遇而忽视现金流

在企业管理方面，创业者一定要保持冷静，理性对待。虽说抓住机遇可以很快地将企业做大做强，但并不是所有的机遇都能实现盈利。

2）市场突变，陷入资金危机

很多时候，企业的现金流出现问题是因为市场发生变化，如企业遇到政策调整，新技术替代旧技术，产品的生命周期从成熟期走向衰退期等。

> 提示：产品生命周期，是指产品从准备进入市场开始到被淘汰退出市场为止的全部运动过程，一般分为导入期、成长期、成熟期、衰退期四个阶段。

3）投资不善，陷入资金困境

对企业而言，多元化发展是一个策略，企业即使在某个经营领域出现问题，也可以依赖在其他领域的发展来规避风险。然而，多元化发展也存在缺陷，即容易导致组织机构臃肿，使管理难度加大，一旦投资不善，就可能使企业在多个领域都失去竞争优势。另外，在外部环境发生剧变时，企业要承受来自各个方面的压力。一旦多元化战略运用不当，不仅会对新事业产生影响，还可能会影响原有事业的发展，甚至影响整个企业的发展。

3. 现金流风险应对

企业除了要保证能撑过 6 个月的账面余额外，还要避免触碰到"90 天死亡线"，这是一条不可触碰的红线。一旦企业的现金流量只能支撑企业 90 天的运营，就代表着企业踏入了死亡倒计时，这个时候创业者要利用一切办法来解决导致企业出现这种情况的问题。

当企业真的面临"90 天死亡线"的时候，创业者该怎么办？只能做到开源节流。要在不影响企业运营的基础上合法合规地减少支出，为企业赢得生存的时间，砍掉拖垮企业的项目，减少财务支出，保留主营业务，以求重获生机。同时要快速找到合适的合伙人或者投资人，为企业注入新的资金。

> 提示："90 天死亡线"是指企业的现金流量如果只能支撑企业 90 天的运营，就非常危险了！

保钱之三：创业营销风险

一、创业营销风险的概念

创业营销风险是指，由于初创企业制定并实施的营销策略与其营销环境的发展变化不协调，从而导致营销策略难以顺利实施，目标市场缩小或消失，产品难以顺利售出，盈利目标无法实现的可能性。

创业营销风险

二、创业营销风险的分类

1. 产品风险

产品风险是指产品在市场上处于不适销对路时的状态。产品风险又包括产品设计风险、产品功能质量风险、产品入市时机选择风险、产品市场定位风险和产品品牌风险等。

产品设计风险是指企业所设计的产品过时或者过于超前,不适应市场顾客的需要。

产品功能质量风险主要是指企业所销售的产品,功能质量不足或功能质量过剩,不能完全满足用户需求。

产品入市时机选择风险是指产品进入市场时间的选择出现不当。

产品市场定位风险是指产品的特色等与市场顾客的要求不相符合。

产品品牌风险是指名牌产品被侵权或维护不当,使名牌产品信誉受损害时的状态。具体表现如下:一是被外部企业或个人侵权,二是品牌未及时注册商标而被别人抢注,三是名牌形成后疏于维护或维护不当而使信誉受损等。

2. 定价风险

定价风险是指企业为产品制定的价格不当,从而导致市场竞争加剧,或用户利益受损,或企业利润受损的状态。定价风险包括以下几种。

1) 低价风险

低价是指将产品的价格定得较低。从表面上看,低价有利于销售,但定低价并不是在任何时候、对任何产品都行得通的。产品定低价实际上充满了风险,它一方面会使消费者怀疑产品的质量,另一方面会使企业开展营销活动时价格降低的空间缩小,销售难度增加。产品定低价依赖于消费需求量的广泛且较长时间内稳定不变,而消费者的需求每时每刻都在变化,因此企业对这种价格的依赖性是非常脆弱的。

2) 高价风险

高价是指企业将产品价格定得较高,单件产品盈利较大。高价产品的风险主要表现为:一是高价引起市场竞争白炽化,从而导致高价目标失效;二是高价为产品营销带来了困难,因为商品价高会让低收入者望而却步;三是定高价容易使顾客利益受损,尤其是对前期消费者的积极性伤害较大。

3) 价格变动的风险

价格变动主要有三种形式:其一是由高价往低价变动,即降价;其二是由低价往高价变动,即提价;其三是市场竞争产品价格发生变动,本企业的产品价格维持不变。在企业营销活动中,实施价格变动时,若处置不当,往往会产生不利的局面,如降价行为会引发竞争对手的恶性价格战,提价会使消费者转买其竞争对手的产品,进而导致顾客流失等。

3. 分销渠道风险

分销渠道风险是指企业所选择的分销渠道不能履行分销责任和不能满足分销目标,以及由此造成的一系列不良后果。分销渠道风险包括分销商风险、储运风险和货款回收风险等。

(1) 分销商风险。大多数企业都选择分销商销售产品,企业在选择分销商时若出现失误,将难以达到预期目的。分销商风险主要表现为:分销商的实力不适应企业产品销售条件,分销商的地理位置不好,各分销商之间不能协调甚至相互倾轧,分销商的其他违约行为等。

(2) 储运风险。储运风险主要是指由于在储运、运输过程中发生意外而导致的商品损失。主要表现为三种形式：一是商品数量上的损失，二是质量上的损失，三是供应时间上的损失。

（3）货物回收风险。货物回收风险主要是指企业不能按约从分销商处及时地收回货款而产生的货款被占用、损失等现象。货款回收风险是目前我国大多数企业所面临的十分棘手的问题，其主要表现有：分销商恶意拖欠和侵占货款，分销商因经营发生困难而无力支持等。

4. 促销风险

促销风险主要是指企业在开展促销活动的过程中，由于促销行为不当或出现干扰促销活动的不利因素，而导致企业促销活动受阻、受损甚至失败的状态。促销风险包括广告风险、人员推销风险、营业推广风险及公共关系风险等。

（1）广告风险。广告风险主要是指企业利用广告进行促销却没有达到预期结果。企业进行广告促销必须向广告公司支付一定的费用，企业所支付的这些费用具有特殊性，即费用所产生的效果不可衡量性。虽然大量的事例证明广告能促进销售，但这仅是事后的证明，能否促销以及能在多大程度上促进销售，事前并不能估计。

（2）人员推销风险。人员推销风险是指由于主客观因素造成推销人员无法成功推销产品的状态。人员推销风险包括推销人员因知识、技巧、责任心等方面的不完备而呈现的各种状态。人员推销虽然是一种传统有效的促销方式，但如果使用不当，也会给企业带来损失。尤其是在大多数企业对推销人员按销售业绩计酬的情况下，更容易出现问题。

（3）营销推广风险。营销推广是指企业为在短期内招徕顾客、刺激顾客购买而采取的一种促销措施。企业营销推广的内容、方式及时间若选择不当，将难以达到预期效果。

（4）公共关系风险。企业开展公共关系，目的是为企业及其产品树立一个良好的社会形象，为市场营销开辟一个宽松的社会环境。开展公共关系需要支付成本，如果该费用支出达不到预期的效果，甚至无效果或负效果，就会形成公共关系风险。

三、营销风险的成因

从实质上分析，市场营销风险的成因主要有两种：一种是企业主观因素造成的，另一种是市场环境的客观因素造成的。

1. 市场营销风险的主观成因

（1）企业未摆脱传统计划经济体制的影响，仍然保持传统的市场营销观念。计划经济时期商品供不应求，传统的市场营销观念奉行的是以产定销原则，企业生产什么样的商品，顾客就购买什么样的产品。而现代市场营销观念奉行按需生产、以销定产原则，强调根据市场需求组织生产经营活动。在现代市场经济条件下，商品供应相对过剩，消费是一种属于消费者主权的行为。企业营销观念错误，必然导致行为错误，错误的行为就会产生风险。

（2）企业决策者习惯凭主观想象做出营销决策，最终会导致产品积压、资金搁浅。

（3）企业营销管理者和营销人员不了解市场规则、规范或法规，也极易引发市场营销风险。

在市场经济体制下,为了维护公平的竞争环境,长期以来形成了一系列规则(如国家有关法律法规、行业行为规范、惯例等),如果某一企业的营销活动违反了市场规则,重者受到国家法律的制裁,轻者则受到同行其他企业的抵制、封杀和联合反击,最终败北。市场经济的运行有内在的规律和机制,如供求规律、价格规律、价格机制和竞争机制等,企业营销行为若违背了市场经济规律,或不能合理有效地运用这些规律,就会产生营销风险。

(4)企业缺乏处理市场营销风险的经验和知识。当企业产生营销风险后,如果缺乏处理营销风险的经验和知识,风险就不能被及时控制并化险为夷。如 1996 年 6 月发生的"三株常德事件"就是因为三株公司缺乏处理危机的经验和知识,最终导致企业受到重创——由某一事件引发的个体风险变成泱及企业整体的全面风险。

(5)企业对市场营销风险的危害认识不足。在我国企业组织机构中,很难找到处理风险危机的有关机构,企业营销管理中关于风险危机的管理也往往被忽视,这些都是对风险危害缺乏警惕的表现。浙江绍兴生产的"会稽山"牌黄酒是国内名牌货,在日本也大受欢迎。可在长期的销售过程中,该企业竟然没有认识到不注册商标会产生的风险,结果被人在日本抢先注册,进而导致产品在日本的销售受制于人,最终不得不花费 10 万美元买回本来属于自己的商标。有些企业在营销风险出现征兆时,或风险发生时,抱着侥幸的心理,总往好的方面想,而对其危害认识不足,以至延误了最佳的处理时机而酿成大祸。

(6)企业信息不灵,也是产生风险的重要原因。企业没有及时足量地了解与搜集用户、中间商、竞争者等的有关信息资料,没有对交易对象进行信誉调查,盲目发生业务往来,最终产生风险。当前市场上发生的大量上当受骗的事例都属此列。

案例分析

杭州正宇贸易有限公司是一家从事原材料贸易的企业,在向杭州某搪瓷厂供应一批原材料时,发现该厂经营状况很不正常,但贸易公司的经理认为几万元货款的回收不会有问题。结果,搪瓷厂停产,拖欠货款不还,公司派员工一催再催,该厂厂长一次次承诺,公司经理又轻信其承诺,抱着侥幸心理认为钱能收回。最终该厂被法院宣布破产,正宇公司等到的是法院的债权申报通知书。

2. 市场营销风险的客观成因

(1)市场需求变化的客观性,是导致市场营销风险客观存在的首要因素。

随着我国市场经济体制的建立、发展和完善,企业的生产经营活动愈来愈受制于市场需求,而市场需求是一个不断发生变化的不可控因素。我国企业所面对的市场需求,已经由数量型需求转变为质量型需求,并且正朝着个性化需求演进。市场需求的这种变化是经济发展的必然结果,同时进一步促进了社会经济的发展。当企业市场营销活动不适应市场需求的变化时,就会产生营销风险。市场需求由低层次向高层次变化、由数量型向质量型变化、由群体共同性向个体独特性变化,是一种客观存在的趋势,不充分认识其客观性,并努力调整市场营销活动,就不可避免地会产生营销风险。

(2) 经济形势与经济政策变化产生市场营销风险。

从全球经济形势看,各国经济之间的相互联系和影响程度在进一步上升,世界上某一国家经济形势的变化,也会导致其他国家的经济形势发生变化。特别是二十世纪末与二十一世纪初所发生的一些重大经济事件,如东南亚的金融危机、墨西哥的金融风暴、美国的新经济浪潮、欧洲经济一体化、中国成功加入WTO等,都进一步加剧了世界各国经济形势的变化。而经济形势无论是循序渐进式的变化还是因突发事件发生剧烈的变化,都会直接或间接地影响并决定企业的市场营销活动。当某种变化呈现不利因素时,就会产生营销风险。如中国入世后,企业面对的不仅仅是国内的同行,也要面对国际同行,因此市场营销的难度将加大,风险将提高。此外,各国政府为了适应经济形势的变化,推动经济的发展,其指导经济的政策也在发生变化。如我国政府在二十世纪九十年代初实行经济紧缩政策,到了二十世纪九十年代中后期,又改为实行扩张性经济政策。国家经济政策的变化导致经济形势及市场需求发生变化,进而给企业的市场营销活动带来了风险。

(3) 科技进步是导致市场营销风险的又一因素。

科学技术的变革,对企业的市场营销活动具有双重作用:一方面,科技进步为企业的市场营销活动提供了新的机遇、新的方式和方法,丰富和发展了企业的市场营销活动;另一方面,每一次技术的变革,也意味着原有技术的淘汰,从这个角度上讲,也给企业的市场营销活动带来了威胁。典型的例子是在互联网的基础上产生的网络营销,网络营销对传统营销带来的冲击是十分猛烈的,不懂网络营销,可能就会使企业处于十分危险的境地。科学技术的进步,对企业的营销组织结构、营销人员结构、营销战略与策略、营销的方式和方法等,都将产生巨大的影响,进而导致变革,变革不仅意味着新的机遇,也意味着风险。

(4) 外部的其他因素。

政治因素、军事因素等都会间接产生市场营销风险,如"9·11"事件引发的美国对阿富汗的战争,以及由此造成的美国经济下滑,都间接地影响了一些企业的市场营销结果。国家的政局稳定与否,国家与国家之间的外交与合作关系等,也都会影响并产生国内市场营销风险和国际市场营销风险。

四、营销风险的防范

1) 加强营销风险识别能力

企业开展营销风险管理工作的一个重要前提条件就是营销风险识别。营销风险若没有经过识别,就无法对其进行控制和科学管理。要不断实现营销风险识别制度化,运用德尔菲法、专家会议法、故障树法等方法对营销风险进行监测和诊断。

2) 建立风险防范与处理机构

企业要建立风险防范与处理机构,在企业内部建立风险预防的规章制度,并对制度的执行进行督促;对相关信息资料进行调查和研究,分析和评定客户的信息资料;加强对风险处理的应对能力和风险防范意识;最后由风险防范与处理机构对企业出现的风险事件进行统一处理。

3）建立风险责任制

营销风险责任的分配也会对营销风险的防范造成影响。企业要建立营销风险责任制，明晰风险责任的归属，即明确风险责任主体和风险责任范围。要以主体明确为原则，将难以明确的风险责任内容进行合并，并由同一个人或同一组人来承担。风险责任制的建立，能让企业的营销目标得以实现，对企业的营销行为也起到了很好的规范作用，能确保营销过程的安全。

4）提高企业员工素质

企业员工素质不高也是造成企业产生营销风险的原因。因此，需要加强对企业员工的培训，提高员工的素质和能力，包括员工的政治素质、文化素质、业务素质和道德素质。在对企业的营销人员进行考核时，在考核销售额及利润的同时，也要对其责任心与风险防范意识进行考核。

复杂多变的国内外市场环境，使得企业的营销风险不断增加。企业要在竞争如此激烈的环境中立于不败之地，就必须从加强营销风险识别能力、建立风险防范与处理机构、建立风险责任制、提高企业员工素质四个方面来加强和改进营销风险管理，只有这样，才能确保企业安全和稳定的运营，促进企业的发展。

案例讨论

滴滴乘客遇害案件危机公关

2018年5月6日，一位滴滴乘客在郑州航空港区搭乘一辆滴滴顺风车赶往市内时遇害。

滴滴公司针对媒体报道的21岁空姐李女士搭乘滴滴顺风车遇害一事，发布公告向受害者家属及公众道歉，表示已经成立专项工作组，密切配合警方开展案件侦查工作。同时，滴滴承诺将全力做好后续工作，全面彻查各项业务，避免类似事件发生。

然而，2018年8月24日，浙江省乐清市又有一名女孩乘坐滴滴顺风车后遇害。浙江乐清案发生后，滴滴声称犯罪嫌疑人钟某的车牌是临时伪造的，但越来越多的信息证明，滴滴要么犯了错，要么撒了谎。人民日报曾发表微评论，表示"真相只有一个，无论谁撒谎都不可原谅。女孩遇害事件不可潦草收场，回应应实，整改应实，把乘客安全放在首位更应该实。没有实事求是之心，就难以走出危机；不推出实打实措施，就无法赢得信赖"。

2017年，滴滴发布了《新经济，新就业——2017年滴滴出行平台就业研究报告》，报告显示，滴滴顺风车日均订单200万，占滴滴平台总订单量的十分之一。但与此同时，司机性侵、性骚扰事件屡屡引爆舆情。顺风车屡现安全问题的背后，是否缺少相关制度进行把控？2016年7月27日，交通运输部、工业和信息化部等7部委联合发布了《网络预约出租汽车经营服务管理暂行办法》（下称《办法》），《办法》明确规定，从事网约车服务的驾驶员，应当符合以下条件：取得相应准驾车型机动车驾驶证并具有3年以上驾驶经历；无交通肇事犯罪、危险驾驶犯罪记录，无吸毒记录，无饮酒后驾驶记录，最近连续3个记分周期内没有记满12分记录；无暴力犯罪记录。《办法》同时将顺风车单独列出,称"私人小客车合乘,也称为拼车、顺风车,按城市人民政府有关规定执行"。相比网约车驾驶员的国家标准,顺风车驾驶员准入门槛普遍偏低。大部分城市仅要求司机三证齐全、实名注册。2018年8月28日,广东省交通运输厅副厅长王富民通过广东民生热线透露:"在网约车管理上,一家独大的滴滴不仅在广东,在全国也拒绝将数据接入政府部门监管,不肯提供详尽的驾驶人员和运营车辆数据,因此无法进行有针对性的执法,只能靠原始的围堵来执法。"既然是互联网平台,就必须有足够的监管,内部的和外部的监管都必须有。滴滴不是独立王国,接受政府部门监管是基本的义务。

由此,滴滴留给公众的印象是把资本思维凌驾于公共利益之上。滴滴将"资本思维"应用到了极致,所以在商业上取得了巨大的成功,却一再逾越价值与道德的边界,给巨量的"黑车"披上"互联网+共享"的外衣,以"顺风"名义堂皇上路。没错,互联网的确催生了技术创新、推动了经济增长、提升了公众的生活品质、节约了公共资源,但是,如果这一切都无底线,则所有的进步都将是巨大的食人陷阱。

讨论:滴滴应该如何做好危机公关?

案例讨论

海底捞老鼠门事件

2017年8月25日,《法制晚报》发布了名为《记者历时4个月暗访海底捞:老鼠爬进食品柜 火锅漏勺掏下水道》的新闻,新闻中对老鼠在后厨地上乱窜、打扫卫生的簸箕和餐具同池混洗、用顾客使用的火锅漏勺掏下水道等现象做了细致的报道。由于涉及"食品安全"这个敏感问题,一时间舆论哗然,海底捞的口碑急转直下。"老鼠门"事件发生3个小时后,海底捞的公关部门做出了回应,承认企业内部管理不当,出台了相关整改措施等,迅速挽回颓势。1~2天内,舆论导向就发生了变化,海底捞的支持率不断攀升。这一次的危机公关被许多业内人士称为企业危机公关的标杆案例。

海底捞"老鼠门"事件的公关活动堪称迅速、有效。在新闻报道3个小时后,海底捞就进行了回应,承认新闻所披露的问题属实,表明愿意承担相应的经济责任和法律责任,并将这次事件的责任归结为管理层失职;之后发出了第二份通告,明确了此次事件的处理办法,包括关停两家涉事的门店、主动向政府主管部门汇报事件进展、迅速与第三方虫害治理公司研究整改措施等。海底捞此次公关活动符合了企业危机公关处理的5S原则,即承担责任、真诚沟通、速度第一、系统运行与权威证实原则,因而打了个漂亮的"翻身仗",在一定程度上赢回了公众的支持。

讨论:为什么说海底捞的做法体现了成功的营销风险管理?

案例讨论

卫龙辣条危机事件

2018年9月初,卫龙辣条"荣登"微博热搜榜,可上榜不是因为好事,而是因为卫龙辣条抽检不合格的相关信息。由于卫龙辣条的受众极广,人们非常担心自己的常吃的辣条是否真的违规,一场闹得沸沸扬扬的卫龙辣条抽检危机由此爆发。

事件起因与经过如下。在8月30日这天,湖北省食品药品监督管理局发布抽检公告,提及不合格样品有21批次,其中卫龙辣条被检出不合格,理由是卫龙辣条被检测出含有要求不得使用的山梨酸及其钾盐、脱氢乙酸及其钠盐。

公众向来非常关注食品安全问题,加上卫龙辣条在该领域的影响力非常大,所以消息一经发出,很快就登上了微博热搜。对此,卫龙食品非常重视,并在深夜1点多通过微博、微信发布了相关声明,声明中强调卫龙食品全部合规,没有违规现象。

卫龙食品的声明非常干脆,以强硬姿态回应了湖北省食品药品监督管理局的抽检公告,这个声明的核心就是:现在没有全国统一的标准,卫龙是河南企业,一直按照河南标准生产,湖北省食品药品监督管理局的抽检公告,创业者不认。

在卫龙的此次危机公关中,创业者可以看到几个比较重要的点:

(1) 速度很快:深夜1点发出声明,反映了卫龙的危机公关人员反应非常迅速;

(2) 立场坚定:因为卫龙食品本身不存在瑕疵,加上抽检报告的影响很大,卫龙的回应非常强硬;

(3) 权威佐证:卫龙在简短的声明中,清晰地告诉消费者,卫龙食品是安全可靠的,执行的是河南省的标准,而抽检报告依据的是湖北省的标准。

讨论:卫龙辣条危机公关有哪些值得学习的地方?

案例讨论

永和豆浆冲制门事件

2011年8月3日,媒体曝光:永和豆浆号称现场磨制的豆浆,实为豆浆粉冲制,指责其欺骗消费者。随后多家媒体追踪报道,有店员予以否认。

2011年8月5日,永和豆浆首次承认存在冲制豆浆。

2011年8月9日,永和豆浆召开发布会,董事长林炳生和总裁林建雄坦承部分门店确实有冲制豆浆,宣布冲制豆浆将在店内显著位置明示,保障消费者知情权;同时,永和豆浆保证豆浆粉不含任何添加剂,如果检出,重金赔偿100万元;永和还邀请有关专家在发布会上,对媒体和公众解释了现磨和冲制的区别。

随后,尽管仍有部分媒体和批评家对该事件的处理进行质疑,但该事件对消费者的影响已经迅速化解,永和豆浆的经营在遭受轻微影响后,很快恢复正常。

没有选择隐瞒事实、堵截真相的老方法,也没有痛苦道歉、严肃追责的新套路,相比遭遇了类似事件的味千拉面——其骨汤被曝为勾兑而非熬制——生意大受影响、股价一落千丈的下场,永和豆浆安然过关确实令人惊奇!

危机创伤理论的创始人、STR危机诊断工具的开发者李华先生指出,永和豆浆此役的成功之处,不在于其对媒体和意见领袖的掌控,也不在于其对公众舆论的引导,而在于其准确把握了事件对公众的影响,并采取了针对性的解决措施。

讨论:永和豆浆的营销风险处理给了我们什么启示?

保钱之四：创业技术风险

一、创业技术风险的概念

创业技术风险

初创企业在发展历程中要面对各种与产品技术相关的不确定因素，而创业者一旦忽视技术风险管理，可能就会走向失败。

创业技术风险是指由于技术的不确定性而导致创业失败的可能性。创业活动往往表现为将某一创新技术应用于实践，将其转化为产品或服务的过程。而技术是否可行，在预期与实践之间是否出现偏差，这其中存在巨大的风险。

二、创业技术风险的来源

创业技术风险来源主要有以下五个方面（见图8-3）。

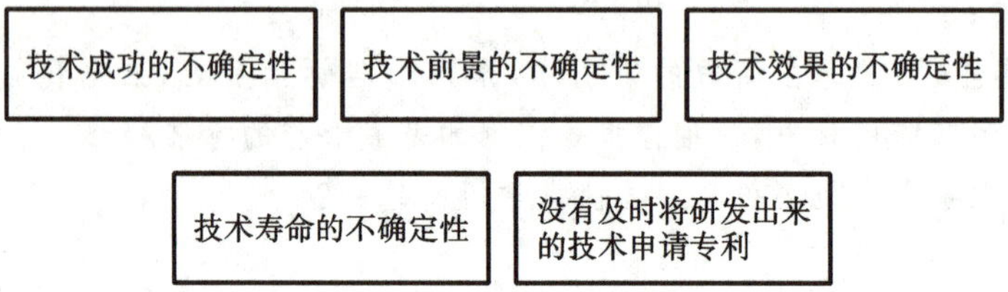

```
技术成功的不确定性    技术前景的不确定性    技术效果的不确定性

技术寿命的不确定性    没有及时将研发出来
                    的技术申请专利
```

图 8-3　创业技术风险来源

1）技术成功的不确定性

技术从研究开发到实现产品化、产业化的过程中，任何一个环节的技术障碍，都有可能使产品的技术创新遭遇失败。

2）技术前景的不确定性

由于受到现有知识和技术的影响，许多新技术是否能很快地完善、成熟，工程师和企业管理者是无法预先掌握的，所以技术前景具有不确定性。

3）技术效果的不确定性

即使初创企业能够依托现有的技术环境成功研发出新产品，但是新产品的实际效果如何，同样是一个未知数。如果新产品达不到预期效果，也会对初创企业造成严重打击。

4）技术寿命的不确定性

高新技术产品的重要特点之一就是寿命周期短、更新换代快，因此，如果创业者不能在技术的寿命周期内迅速实现产业化、回收资金并有所赢利，那将意味着创业失败。

5）没有及时将自己研发出来的技术申请专利

一项高价值的专利技术，创业者可以利用它来为自己谋取巨大的利益，提高自己的市场占有率。而没有申请专利的技术，就很难达到这种效果。该技术的内容一旦被别人知道了，就很有可能被盗取并直接修改使用。

三、创业技术风险的防范

第一,建立技术发展趋势的预测系统。系统可以实时追踪相关技术的发展状况,判断未来趋势,监测竞争对手的研发过程和产品的商业化进程,关注市场对不同技术产品的种种反应。

第二,高度重视专利申请、技术标准申请等保护性措施,使创业者自己和团队的发明创造得到国家法律保护,否则,产品遭遇竞争对手的仿制,就会失去占有市场的先机。

第三,在合适的时机选择战略合作伙伴,采取灵活的方式分担风险。比如,可以在创业创新项目中吸收风险投资来分担风险,或是将技术创新活动的一部分或全部转移给其他企业或组织。技术风险转移方式包括技术转让、委托开发和联合创新等。

保钱之五:创业法律风险

在创业初期,创业者必须对企业的法律风险给予高度重视。对于涉及法律问题的工作,创业者一定要提高警惕,增强法制意识,防范法律风险,避免不必要的损失。

一、法律风险的来源

初创企业在创业过程中可能涉及的法律风险大致可以分为以下几种。

1. 企业设立中的法律风险

企业设立是所有创业者都要经历的第一步,是企业发展的起点和根基,其重要性不言而喻。企业设立中存在的法律风险主要表现为三个方面。

一是出资不到位。投资者不向企业投入正常生产经营所必需的流动资金,出现虚假出资、抽逃注册资金和不适当履行出资等情况,导致企业在运营启动上存在风险。

二是出资人不明。这种情况往往发生于家族企业,企业财产与家庭财产混同,企业在法律上丧失独立人格,股东承担连带责任风险。

三是虚假登记。如果企业登记的经营者与实际经营者不一致,登记的企业类型与实际经营的性质不一致,这就容易发生出资人承担连带责任风险。这类法律风险较为严重,对企业的损害较大,容易造成企业倒闭。

创业法律风险

2. 违规开具发票的法律风险

决定一般纳税人当期应交税款的两个影响因素:一是当期的销项税额;二是当期采购取得的进项税额。有的企业为了少交税款,会通过增加进项税额的方法进行所谓的筹划,这就很容易触碰到一条非常危险的红线——虚开增值税专用发票。

虚开增值税专用发票,包括以下三种情况:

(1)购销双方没有业务往来,就开出了增值税专用发票。也就是说,企业没有采购商品或服务,为了增加进项税额以达到多抵扣税款的目的,找别的企业开出专用发票,这是最典型的虚开增值税专用发票。

链接:增值税相关内容请见项目五第二节。

（2）购销双方虽然有业务往来，但开的发票，无论是金额还是项目，都和实际发生的业务不相符。例如，企业当期从供应商处购入原材料10万元，但让供应商给企业开了100万元的发票，这就是金额和实际业务不符，是虚开增值税专用发票。

（3）企业和供应商是有业务往来的，但供应商所开发票的内容和真实开展的业务不一致。例如，企业从五星级酒店购买了一批月饼发给员工，要求五星级酒店开具会议费的发票。这就属于业务的内容和实际发生不相符，也属于虚开增值税专用发票。

无论是哪一种形式的虚开发票，都将受到处罚。这里的处罚不仅指税法上的罚款等，而且上升到了刑法的高度。

《中华人民共和国刑法》第二百零五条 虚开增值税专用发票或者虚开用于骗取出口退税、抵扣税款的其他发票的，处三年以下有期徒刑或者拘役，并处二万元以上二十万元以下罚金；虚开的税款数额较大或者有其他严重情节的，处三年以上十年以下有期徒刑，并处五万元以上五十万元以下罚金；虚开的税款数额巨大或者有其他特别严重情节的，处十年以上有期徒刑或者无期徒刑，并处五万元以上五十万元以下罚金或者没收财产。

第二百零八条 非法购买增值税专用发票或者购买伪造的增值税专用发票的，处五年以下有期徒刑或者拘役，并处或者单处二万元以上二十万元以下罚金。

以上法规中提及的"税款数额巨大"如何理解？首先，税款只是专用发票上列明的税额部分，不涉及价款。其次，税款巨大是指虚开发票的数额在50万元以上的。

对于虚开增值税专用发票，哪些人可能会受到处罚？按照创业者一般的理解，"虚开"处罚可能是针对开票方的，但是按照相关法规的解释，处罚的对象不仅仅是开票方，具体包括以下三类人。

> 提醒：虚开增值税发票，处罚的对象不仅仅是开票方，还包括受票方和中间人！

1）开票方

没有发生经济业务就开票了，开票方自然属于虚开发票的被处罚方，如果虚开的税额大于50万，则开票方有可能被判处无期徒刑。

2）受票方

接受发票的一方属于受票方。受票方与开票方所受处罚的严厉程度是一样的。

3）中间人

除了开票方和受票方以外，还有一类人也可能会被牵连而受到处罚，这就是介绍人或中间人。A和B，一个想买发票，一个想卖发票，中间人C给A和B牵线搭桥，一旦被认定为虚开增值税专用发票，中间人同样会受到相关的处罚。

3. 知识产权风险

由于很多初创企业的实力比较薄弱，知识产权保护机制并不完善，因此很有可能在知识产权方面遭受损失。因此，创业者在日常经营过程中必须采取相关措施来防范知识产权风险。

例如：与相关技术人员签订保密协议，避免出现新技术随着人员离开而流失的情况；开展知识产权保护讲座，提升员工的风险防范意识；建立良好的奖惩制度，并提供职位晋升空间，减少主要技术人员的流动等。

4. 人力资源风险

从员工招聘、试用转正、薪酬发放到员工离职，企业的整个用人流程都应有法可依,任何违反《中华人民共和国劳动法》(下文简称《劳动法》)的行为都有可能给企业带来法律纠纷。一旦发生人力资源纠纷,企业不仅要承担一定的经济损失,还有可能对自身形象造成不良的影响,影响企业在行业内的口碑。

提示:人力资源风险主要涉及是否违反《劳动法》。

二、初创企业规避法律风险的措施

创业者要想规避法律风险,可以从以下几个方面入手,如图 8-4 所示。

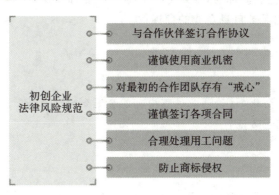

图 8-4 初创企业规避法律风险的措施

1. 与合作伙伴签订合作协议

创业过程中会不断出现风险和问题,对于不太成熟的创业者来讲,在遇到问题的时候难免会与合作伙伴产生一些分歧,双方如果因为利益分配、权利义务、拆伙分配财产等问题发生争议,合作协议就是很好的法律依据。所以,创业者一定要与合作伙伴及时签订合作协议。

2. 谨慎使用商业机密

商业机密主要是指不为公众所知悉,能为权利人带来经济利益,具有实用性并经权利人采取保密措施的设计资料、程序、产品配方、制作工艺、制作方法、管理诀窍、客户名单、货源情报、产销策略等技术信息和经营信息。很多创业者在创建自己的企业时,习惯将之前在其他企业就职时了解到的商业机密运用在自己的经营管理过程中,这种做法存在非常大的法律风险。对于这些资料,创业者应该谨慎使用,特别是那些与前任企业已经签订了保密协议的资料,更是不能使用。

提示:受不当利益驱使,员工离职后,可能带走商业秘密;不忠实的在职员工也可能向他人提供商业秘密。据有关调查显示,企业泄露商业秘密,30%是企业的在职员工,28%是离退休的员工。

3. 对最初的合作团队存有"戒心"

创业团队中的各个成员之间应该相互信任,但是在信任的同时,也应该保留一些"戒心"。在创业初期,创业团队中各个成员之间的合作时间还比较短,对彼此的品行都缺乏深入的了解。如果创业者对其他成员毫无"戒心",将一切信息与资源都公布出来,那么一旦有人心怀不轨,就会给初创企业带来巨大的损失。

4. 谨慎签订各项合同

企业在经营过程中必然会签订大量的合同,用以规范双方当事人的权利和义务,保障彼此的利益。在签订各项合同时,一定要明确签订合同的目的,对合同中所涉及的重要条款进行严格审查,以免因合同问题产生法律纠纷。

5. 合理处理用工问题

每家企业都会遇到用工问题，要想避免这一方面的法律风险，创业者就应该按照《劳动法》的相关规定，给予员工合理的薪酬待遇，正确签订劳动合同，以保障企业与员工双方的利益。

6. 防止商标侵权

创业者在选择企业商标时，要避免与其他企业商标相类似，以免侵犯他人的商标权。同时，也应注意保护自身企业的商标权。

 模拟实战

1. 请结合自身企业，讨论创业过程中可能会遇到哪些风险。
2. 如何进行风险防范？

项目九
如何看懂财务报表

**CHUANGYE GUANLI
CAISHUITONG**

项目导入

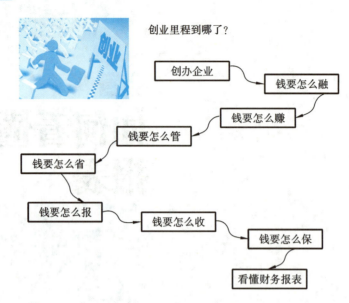

同学们,通过前几个项目的学习,我们系统地了解了创业过程中所涉及的各种财税知识,这一项目中我们将共同学习如何看懂企业的财务报表。

教学目标及要求

1. 知识目标:了解财务报表的含义和目标,掌握各类财务报表的特征和编制。
2. 能力目标:能够从财务报表中分析出企业的运营情况,对企业今后的发展做出相应的预测。
3. 素质目标:具有良好的职业道德,在编制报表的过程中坚持原则、不做假账,有遵守行业规范的工作意识和行为意识。

报表之一:财务报表概述

什么是财务报表

一、财务报表的含义

财务报表是指在日常会计核算资料的基础上,按照规定的格式、内容和方法定期编制的,综合反映企业某一特定日期财务状况和某一特定时期经营成果、现金流量状况的书面文件。

二、财务报表的组成

一套完整的财务报表包括资产负债表、利润表、现金流量表、所有者权益变动表和财务报表附注。

(1) 资产负债表，反映企业资产、负债及资本的期末状况以及长期偿债能力、短期偿债能力和利润分配能力等。

(2) 利润表（或称损益表），反映本期企业收入、费用和应该计入当期利润的利得和损失的金额及结构情况。

(3) 现金流量表，反映企业现金流量的来龙去脉，分为经营活动、投资活动及筹资活动三部分。

(4) 所有者权益变动表，反映企业本期所有者权益（股东权益）总量的变动情况，包括结构变动的情况，特别是直接计入所有者权益的利得和损失。

(5) 财务报表附注是为了便于财务报表使用者理解财务报表的内容而对财务报表的编制基础、编制依据、编制原则和方法及主要项目等所做的解释。其主要内容有：主要会计政策，会计政策的变更情况、变更原因及其对财务状况和经营成果的影响，非经营项目的说明，财务报表中有关重要项目的明细资料，其他有助于理解和分析报表而需要说明的事项。

三、财务报表的作用

财务报表是财务报告的主要组成部分，它所提供的会计信息具有重要作用，主要体现在以下几个方面：

(1) 全面系统地揭示企业一定时期的财务状况、经营成果和现金流量，有利于经营管理人员了解本单位各项任务指标的完成情况，评价管理人员的经营业绩，以便及时发现问题，调整经营方向，制定改善经营管理水平的措施，提高经济效益，为经济预测和决策提供依据。

(2) 有利于国家经济管理部门了解国民经济的运行状况。通过对各单位提供的财务报表资料进行汇总和分析，了解和掌握各行业、各地区的经济发展情况，以便宏观调控经济运行，优化资源配置，保证国民经济稳定持续发展。

(3) 有利于投资者、债权人和其他有关各方掌握企业的财务状况、经营成果和现金流量情况，进而分析企业的盈利能力、偿债能力、投资收益、发展前景等，为他们的投资、贷款和贸易决策提供依据。

(4) 有利于满足财政、税务、工商、审计等部门监督企业的经营管理。通过财务报表可以检查、监督各企业是否遵守国家的各项法律、法规和制度，有无偷税漏税的行为。

四、财务报表的种类

1. 按服务对象的不同，可以分为对外报表和内部报表

对外报表是企业必须定期编制，定期向上级主管部门、投资者、财税部门等报送或按规定向社会公布的财务报表。这是一种主要的、定期的、规范化的财务报表，它要求有统一的报表格式、指标体系和编制时间等，资产负债表、利润表和现金流量表等均属于对外报表。

内部报表是企业根据其内部经营管理的需要而编制的，供企业内部管理人员使用的财务报表。它不要求统一格式，没有统一的指标体系，如成本报表就属于内部报表。

2. 按报表所提供会计信息重要性的不同,可以分为主表和附表

主表即主要财务报表,是指所提供的会计信息比较全面、完整,能基本满足各种信息需要者的不同要求的财务报表。现行的主表主要有三张,即资产负债表、利润表和现金流量表。

附表即从属报表,是指对主表中不能或难以详细反映的一些重要信息所做的补充说明的报表。现行的附表主要有:利润分配表和分部报表,是利润表的附表;应交增值税明细表和资产减值准备明细表,是资产负债表的附表。主表与有关附表之间存在钩稽关系,主表反映企业的主要财务状况、经营成果和现金流量,附表则对主表做进一步的补充说明。

3. 按编制和报送的时间不同,可分为中期财务报表和年度财务报表

广义的中期财务报表包括月度、季度、半年度财务报表。狭义的中期财务报表仅指半年度财务报表。

年度财务报表是全面反映企业整个会计年度的经营成果、现金流量情况及年末财务状况的财务报表。企业每年年底必须编制并报送年度财务报表。

4. 按编报单位不同,分为基层财务报表和汇总财务报表

基层财务报表由独立核算的基层单位编制,是用以反映本单位财务状况和经营成果的报表。

汇总报表是指上级主管部门将本身的财务报表与其所属单位报送的基层报表汇总编制而成的财务报表。

5. 按编报的会计主体不同,分为个别报表和合并报表

个别报表是指在以母公司和子公司组成的具有控股关系的企业集团中,由母公司和子公司各自为主体分别单独编制的报表,用以分别反映母公司和子公司本身的财务状况和经营成果。

合并报表是以母公司和子公司组成的企业集团为会计主体,以母公司和子公司单独编制的个别财务报表为基础,由母公司编制的综合反映企业集团经营成果、财务状况及资金变动情况的财务报表。

五、财务报表填列要求及审核

1. 财务报表填列要求

为了保障财务报表的质量,满足会计信息使用者的需要,财务报表的编制也是有严格要求的,需要做到以下几点。

1) 数字真实

财务报告中的各项数据必须真实可靠,如实地反映企业的财务状况、经营成果和现金流量。这是对会计信息质量的基本要求。

2) 内容完整

财务报表应当反映企业经济活动的全貌,全面反映企业的财务状况和经营成果,满足各方面对会计信息的需要。凡是国家要求提供的财务报表,各企业必须全部编制并报送,不得迟报和漏报。凡是国家要求统一披露的信息,都必须进行披露。

3）计算准确

日常的会计核算以及财务报表的编制，涉及大量的数字计算，只有准确计算，才能保证数字的真实可靠。这就要求编制财务报表必须以核对无误的账簿记录和其他有关资料为依据，不能使用估计或推算的数据，更不能以任何方式弄虚作假，玩数字游戏或隐瞒谎报。

4）报送及时

及时性是信息的重要特征，财务报表信息只有及时地传递给信息使用者，才能为使用者的决策提供依据。否则，即使是真实可靠和内容完整的财务报告，由于编制和报送不及时，对报告使用者来说，会计信息的使用价值就大大降低了。按照我国现行会计准则的规定，月报在月度结束后 7 天内提供；季报在季度结束后 15 天内提供；半年报在半年度结束后 60 天内提供；年度报告在年度结束后 120 天内提供。

5）手续完备

企业对外提供的财务报表应加具封面、装订成册、加盖公章。财务报表封面上应当注明企业名称、企业统一代码、组织形式、地址、报表所属年度或者月份、报出日期，并由企业负责人和主管会计工作的负责人、会计机构负责人（会计主管人员）签名并盖章；设置总会计师的企业，还应当由总会计师签名并盖章。

由于编制财务报表的直接依据是会计账簿，所有报表的数据都来源于会计账簿，因此为保证财务报表数据的正确性，编制报表之前必须做好对账和结账工作，做到账证相符、账账相符、账实相符以保证报表数据的真实准确。

> 提示：对账就是核对账目，是指在会计核算中，为保证账簿记录正确可靠，对账簿中的有关数据进行检查和核对的工作。
> 结账是在把一定时期内发生的全部经济业务登记入账的基础上，计算并记录本期发生额和期末余额。结账分月度结账、季度结账和年度结账三种。

2. 财务报表的审核

财务报表的审核是指对报表的形式、内容、数据以及相关资料的审核，它是对财务报表质量进行全面监督、检查与控制的重要手段，是汇总及合并报表的基础。合理、仔细地审核报表可以在很大程度上避免重复性工作，提高合并、汇总报表的效率，也是财务报表质量的有效保障。

（1）财务报表的形式审核。主要是对财务报表及其附注、附表等的正确性和合理性进行审核。

（2）表内运算关系和核对关系的审核。主要是对表内运算关系及存在净额的会计科目的审核。

（3）财务报表间钩稽关系的审核。主要是对资产负债表、利润表、现金流量表、利润分配表四者之间科目对应关系的审核。

六、欺诈性报表的危害及防范

1. 欺诈性报表的危害

（1）使企业财务状况处于恶性循环中，最终导致破产倒闭。

欺诈性报表由于提前确认收入或递延确认费用，一方面为后期留下了潜亏，需由以后各期消化，使后期利润增长的潜力大大降低；另一方面，上层利润管理的目标是以上年业绩作为基数制定的，一般在下达任务时都比上年有所增加，实现利润的难度越来越大。面对目标利润越来越高的局面，下属单位的各级管理者，为了追求个人业绩或受其他短期目标的驱使，造假的可能性更大。一年一年地进行欺诈，公司的潜亏越来越大，隐患越来越多，最终导致企业走向破产倒闭之路。如在2001年12月，曾在《财富》500强上排名第七的美国能源交易商安然公司因1997年至2000年的财务报表中虚增5.91亿美元的盈利，只好黯然走上破产之途。

（2）使投资者遭受巨大损失，甚至血本无归。

美国某公司虚增巨额利润，误导投资者，在其欺诈行为暴露后，投资者对该公司的信心崩溃，股价在短时间内从数十美元跌至几十美分。我国的银广夏公司在高层管理人员的精心策划下，通过虚增巨额利润而成为中国上市公司中的绩优蓝筹股，是昔日上市公司中的50强，2000年每股盈利0.827元，股价从1999年12月30日的13.97元上涨到2000年12月29日的75.98元，一年上涨的幅度为440%，高居深沪两市第二。但好景不长，随着欺诈行为的暴露，暴利神话被戳穿，其股价遭遇连续15个跌停，从除权后的每股30.77元的高价直跌到6元左右，使投资者遭受了巨大的经济损失。

（3）使会计师事务所出现信任危机。

美国安然公司的欺诈性财务报表是由世界五大会计师事务所之一的安达信会计师事务所审计的，随着安然公司伪造财务报表行为的暴露，安达信公司的信誉毁于一旦，其处罚也在所难免，可能面临高达数十亿美元的索赔，还可能面临刑事指控，这引发了美国会计界的强烈地震。该事务所的注册会计师也陷于诉讼中，有的被吊销营业执照，有的被追究刑事责任。

2. 对于欺诈性财务报表的防范措施

（1）制定切合实际的内部业绩评价指标。

企业的高层管理者在制定内部业绩评价指标、短期财务目标时，应深入实际进行调查，制定并下达切实可行的利润预算指标，使其既能实现，又富有挑战性；在制定内部激励机制、下属人员提升机制时，应从长计议，综合考虑，而不能仅以完成利润指标的情况作为唯一标准。

（2）强化内部审计责任。

内部审计是代表管理者或董事会进行的审计，通过内部审计人员的检查和测验，可以查明内部控制机制是否运行良好，内部职责的划分是否真正得以实施。审计人员还可以亲临现场或采用不事先通知的临时性访问，以阻止欺诈行为的发生，还可通过对事实的调查、账簿的审计发现欺诈行为，提出管理建议，使管理者及时获悉相关信息并进行处理。

（3）注册会计师应遵循通用的审计准则和职业道德。

注册会计师进行独立审计的目的，是对受托单位公开的财务报告发表意见。尽管在例行审计中，注册会计师只对受托单位已公布的财务报表是否符合通用会计准则发表意见，不必揭露欺诈。但他们亲临现场查证报表数据、检查内部控制制度是否健全，有助于阻止欺诈的发生，有时还会发现欺诈。如果注册会计师在审计过程中没有遵循通用的审计准则和职业道德，会计师事务所和注册会计师不仅要承担经济赔偿责任，而且会受到刑事责任追究。由于财务报表使用者深信会计师事务所是可能为他们挽回经济损失的少数几个机构之一，尤其在被审计单位破产清算时，报表使用者对会计师事务所的期望值更大，因此注册会计师应在财务报表审计中遵循通用审计准则、执行必要的审计程序和遵守职业道德，规避财务报表的欺诈风险。

报表之二：资产负债表

一、认识资产负债表

资产负债表是创业者需要看懂的第一种报表，表 9-1 所示是××股份有限公司 2021 年第二季度的资产负债表。

表 9-1 ××股份有限公司第二季度资产负债表

编制单位：××股份有限公司　　时间：2021-6-30　　单位：元　　币种：人民币

项　　　　目	期　末　余　额	年　初　余　额
流动资产：		
货币资金	3 394 119 013.68	2 070 527 802.97
以公允价值计量且变动计入当期损益的金融资产		
衍生金融资产		
应收票据及应收账款	200 958 629.82	288 499 726.07
其中：应收票据		
其他非流动资产		
非流动资产合计	32 670 700 405.18	32 440 171 683.07
资产总计	37 041 250 420.22	36 202 918 701.84
流动负债：		
短期借款	1 500 000 000.00	
以公允价值计量且变动计入当期损益的金融负债		
非流动负债合计	149 514 230.26	93 852 815.34
负债合计	26 698 467 930.28	24 265 026 786.21
所有者权益（或股东权益）		
实收资本（或股本）	6 097 402 727.00	6 097 402 727.00
其他权益工具		
其中：优先股		
永续债		
资本公积	2 318 161 831.23	2 317 907 947.71
减：库存股		
其他综合收益	−13 438 995.88	−43 234 737.77

续表

项　　目	期　末　余　额	年　初　余　额
专项储备		
盈余公积	1 437 313 649.93	1 437 313 649.93
未分配利润	503 343 277.66	2 128 502 328.76
所有者权益(或股东权益)合计	10 342 782 489.94	11 937 819 915.63
负债和所有者权益(或股东权益)总计	37 041 250 420.22	36 202 918 701.84

法定代表人：　　　　主管会计工作负责人：　　　　会计机构负责人：

如表 9-1 所示，从外形来看，资产负债表包括表头，表体，表尾三部分。表头包括 4 个因素：表名、编制时间、编制单位、计量单位。

这张资产负债表的表名是资产负债表，编制时间是 2021 年 6 月 30 日，编制单位是××股份有限公司，计量单位是元。

表体部分按纵向排列顺序，从上到下依次是资产、负债、所有者权益。这个表还提供了比较数据，即期末余额和年初余额。

资产负债表是反映企业在某一特定日期的财务状况的会计报表，这里的某一特定日期是指月末、季末、半年度末、年末。如上述 2021 年 6 月份的资产负债表，日期就是 2021 年 6 月 30 日。资产负债表反映的是企业的财务状况，包括资产、负债和所有者权益状况。具体如图 9-1 所示。

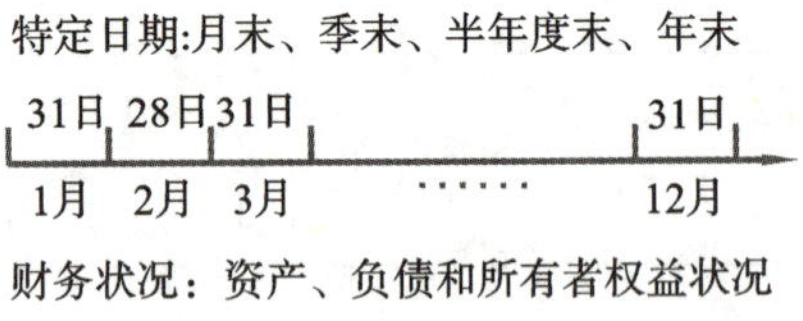

特定日期：月末、季末、半年度末、年末

31日 28日 31日　　　　31日
1月　2月　3月 …… 12月

财务状况：资产、负债和所有者权益状况

图 9-1　资产负债表的特定日期

二、看懂资产负债表

表 9-2 是一张资产负债表的简表，资产负债表分为三大模块——资产、负债和所有者权益。这三者之间的关系构成了最基本的会计等式，那就是"资产＝负债＋所有者权益"，称为会计恒等式。资产和负债有流动和非流动之分，最后的资产总计(A)等于负债与所有者权益总计($B+C$)。

表 9-2　资产负债表简表

项　　目	金　　额	项　　目	金　　额
流动资产	A	流动负债	B
		非流动负债	
非流动资产		所有者权益(自己的钱)	C
资产总计	A	负债与所有者权益总计	$B+C$

关于上表中的项目，我们可以用更通俗的话来解释，所谓资产就是在外人看来你

的公司有多少钱和物品可以支配,负债就是欠别人的早晚要归还的那部分资产,所有者权益其实就是投资人能从公司瓜分到的利益。如果有一天,该公司破产,资产抵债以后的剩余部分就归投资者所有了,但是如果资不抵债的话,那投资者就什么也拿不到。

假设有一名叫阿美的大学生,大学毕业之后,想自己开一家果汁店当老板。那怎样可以开一家果汁公司呢?没错,最关键的问题是启动资金,也就是钱。大学期间阿美打工攒了一些积蓄,再加上攒的压岁钱,差不多有一万块钱,但是距离开一个果汁店还远远不够。于是阿美将想法告诉了父母,父母表示很支持,借了阿美两万元,约好四年内还清,所以阿美的启动资金加起来一共有三万元。阿美很快拥有了人生第一家公司——"阿美果汁有限公司"。阿美需要购买好几台榨汁机,还要进购一些水果。假设购买榨汁机花了1000元,进购水果花了2000元,购买店铺花了20 000元。"阿美果汁有限公司"就拥有了第一张资产负债表(见表9-3)。

表 9-3 阿美果汁有限公司资产负债表

资产		负债	
货币资金	7000	借款(父母)	20 000
存货(水果)	2000	所有者权益	
固定资产(店铺和榨汁机)	1000+20 000=21 000	实收资本(阿美)	10 000
资产合计	30 000	负债和所有者权益合计	30 000

从资产负债表中可以直观地看到每一个科目和前述经营行为之间的关系,用数字化、结构化的语言来表达企业在做什么,这就是财务的内涵所在。从表9-3中可以看出:

(1) 负债和所有者权益端代表着资金来源,资产端则代表着资金的去向,或者说资金占用情况。

(2) 资金=负债+所有者权益,这是恒等不变的。

资产负债表的资产端由"货币资金""固定资产""存货"三个部分组成。所谓货币资金就是指还没有花完的钱,可以划分为金融性资产。水果和店铺以及榨汁机是不一样的,水果是一次性的生产原料,在榨成汁的过程中就会被消耗掉,但是榨汁机等固定资产可以被反复使用,因此将水果称为短期经营性资产,而将榨汁机和店铺称为长期经营性资产。

资产负债表的报表项目要按照一定的顺序进行排列:

(1) 资产项目通常按资产流动性的大小来排列,先排流动资产,后排非流动资产。

(2) 负债需要按偿还期限的长短来排列,偿还期短的先排,偿还期长的后排。因此先排流动负债,后排非流动负债。

(3) 所有者权益需要按照稳定性的大小来排列,稳定性强的先排,稳定性弱的后排,所以先排投入资本,后排留存收益。因为对于每个企业来讲,盈利的状况并不是确定的,有时也可能会亏损,所以排在后面。

三、资产负债表的格式

1. 账户式

资产负债表(账户式)如表 9-4 所示。

表 9-4　资产负债表(账户式)

单位：　　　　　　　　××年×月×日　　　　　　　　货币：

资产	权益
各项目	负债
	各项目
	负债合计
	股东权益
	各项目
	股东项目合计
资产合计	权益合计

提示：依照我国企业会计准则的规定，资产负债表采用的格式一般为账户式。

这张资产负债表是账户式的资产负债表，左边是资产，右边是负债和所有者权益。它遵循的是资产＝负债＋所有者权益。

账户式资产负债表的优点是资产、负债和所有者权益的恒等关系一目了然，缺点是由于报表的宽度受到纸张大小的限制，不便于编制两个以上时点的数据进行比较。

2. 报告式

资产负债表(报告式)如表 9-5 所示。

表 9-5　资产负债表(报告式)

单位：　　　　　　　　××年×月×日　　　　　　　　货币：

资产＝权益	资产－负债＝所有者权益
资产	资产
各项目	各项目
资产合计	资产合计
权益	负债
各项目	各项目
负债合计	负债合计
股东权益	
各项目	股东权益
股东权益合计	各项目
权益合计	股东权益合计

上面是资产,中间是负债,最后是所有者权益,如本节内容最开始展示的报表。这种报表的优点是,可以把多个时点的数据并列出来进行比较分析,有利于了解企业财务状况的发展趋势。

四、资产

1. 资产的含义

资产是指企业过去的交易或经济形成的、由企业拥有或控制的、预期将给企业带来经济效益或效用的资源。

2. 资产的确认条件

(1) 与该资源有关的经济利益很可能流入企业;
(2) 该资源的成本或价值能够可靠地计量。

3. 资产的特征

(1) 资产是企业赖以生存和发展的经济资源;
(2) 资产是企业过去的交易活动或经济事项形成的经济资源;
(3) 资产是为企业所拥有或控制的经济资源;
(4) 资产是预期会给企业带来经济效益或效用的经济资源。

思考:模拟创办的企业有哪些资产?

4. 资产的分类

按照资产的流动性来划分,资产可分为流动资产、非流动资产,如图 9-2 所示。

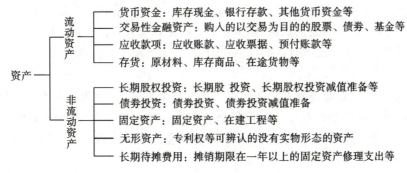

图 9-2 资产的分类

五、负债

1. 负债的含义

负债是指企业过去的交易或事项形成的、企业必须承担的、将来需通过资产或劳务来偿还的现时经济义务。

2. 负债的确认条件

(1) 与该经济义务有关的经济利益可能流出企业;
(2) 未来流出的经济利益的金额能够可靠地计量。

3. 负债的特征

(1) 负债是企业的现时经济义务;

(2) 负债是企业过去的交易活动或经济事项形成的;
(3) 负债是企业必须承担的经济义务;
(4) 负债是将来需通过资产或劳务来偿还的经济义务。

4. 负债的分类

按照偿还期限的长短,负债可分为流动负债和非流动负债,如图9-3所示。

思考:模拟创办的企业有哪些负债?

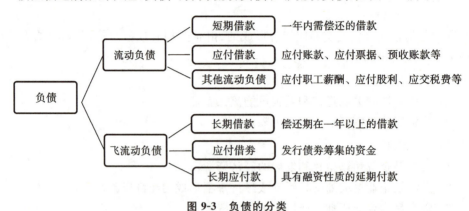

图 9-3 负债的分类

六、所有者权益

1. 所有者权益的含义

所有者权益是指企业资产扣除负债后,由所有者享有的剩余权益。所有者权益是所有者对企业资产的剩余索取权,是企业的资产扣除债权人权益后应由所有者享有的部分,既可反映所有者投入资本的保值增值情况,又体现了保护债权人权益的理念。

2. 所有者权益的特征

所有者权益是企业投资者对企业资产的剩余索取权,这表明企业在清算时,资产要优先清偿债务,剩余权益才分配给投资者。企业投资者在利用资金获得收益的同时,也要承担因风险可能造成的损失。所有者权益与债权人权益相比较,一般具有以下四个基本特征:

思考:所有者权益与负债的区别。

(1) 所有者权益在企业经营期内可供企业长期、持续地使用,企业不必向投资人返还资本金,而负债须按期返还给债权人,成为企业的负担。

(2) 企业所有人凭其对企业投入的资本,享受税后分配利润的权利。所有者权益是企业分配税后净利润的主要依据,而债权人除按规定取得利息外,无权分配企业的盈利。

(3) 企业所有人有权行使企业的经营管理权,或者授权管理人员行使经营管理权,而债权人并没有经营管理权。

(4) 企业所有人对企业的债务和亏损负有无限的责任或有限的责任,而债权人与企业的其他债务没有关系,一般也不承担企业的亏损。

3. 所有者权益的内容

所有者权益按经济内容划分,可分为投入资本、资本公积、盈余公积和未分配利润四种,如图9-4所示。

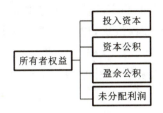

图 9-4 所有者权益分类

1) 投入资本

投入资本是投资者实际投入企业经营活动的各种财产物资,包括国家资本、法人资本、个人资本和外商资本。国家资本是有权代表国家投资的部门或者机构以国有资产投入企业的资本;法人资本是企业法人或其他法人单位以其依法可以支配的资产投入企业的资本;个人资本是社会个人或者企业内部职工以其合法的财产投入企业所形成的资本;外商资本是国外投资者以及我国香港、澳门和台湾地区投资者投入的资本。

2) 资本公积

资本公积是通过企业非营业利润所增加的净资产,包括接受捐赠、法定财产重估增值、资本汇率折算差额和资本溢价所得的各种财产物资。接受捐赠是指企业因接受其他部门或个人的现金或实物等捐赠而增加的资本公积;法定财产重估增值是指企业因分立、合并、变更和投资时资产评估或者合同、协议约定的资产价值与原账面净值的差额;资本汇率折算差额是指企业收到外币投资时由于汇率变动而发生的汇兑差额;资本溢价是指投资人缴付的出资额超出其认缴资本金的差额,包括股份有限公司发行股票的溢价净收入及可转换债券转换为股本的溢价净收入等。

3) 盈余公积

盈余公积指企业从税后利润中提取形成的、存留于企业内部、具有特定用途的收益积累。盈余公积根据其用途不同可分为公益金和一般盈余公积两类。公益金专门用于企业职工福利设施的支出,如购建职工宿舍、托儿所、理发室等方面的支出。公司制企业的法定盈余公积按照规定比例 10% 从净利润中提取。企业提取的盈余公积可用于弥补亏损、扩大生产经营、转增资本(或股本)或派送新股等。

提示:法定盈余公积累计额已达到注册资本的50%时可以不再提取。

4) 未分配利润

未分配利润是企业留待以后年度分配或待分配的利润,它在以后年度可继续进行分配,在未进行分配之前,属于所有者权益的组成部分。从数量上来看,未分配利润是期初未分配利润加上本期实现的净利润,减去提取的各种盈余公积和分出的利润后的余额。未分配利润是指企业实现的净利润经过弥补亏损、提取盈余公积和向投资者分配利润后留存在企业的、历年结存的利润。未分配利润有两层含义:一是留待以后年度处理的利润;二是未指明特定用途的利润。

七、资产负债表的意义及作用

1. 反映企业资产的构成及其状况,分析企业在某一日期所拥有的经济资源及其分布情况

资产负债表可以揭示企业的资产及其分布结构。通过流动资产,可了解企业在银

提示:相对于所有者权益的其他部分来说,企业对于未分配利润的使用有较大的自主权。

行的存款以及变现能力,掌握资产的实际流动性与质量;而通过长期投资,可了解企业从事的是实业投资还是股权或债权投资,以及是否存在新的利润增长点或潜在风险;通过将固定资产中的工程物资与在建工程进行比较,掌握固定资产消长趋势;通过无形资产与其他资产,可以了解企业资产潜力。

2. 可以反映企业某一日期的负债总额及其结构,揭示企业的资产来源及其构成

根据资产、负债、所有者权益之间的关系可知,如果企业负债比率高,相应的所有者权益即净资产就低,说明主要靠债务"撑大"了资产总额,真正属于企业自己的财产不多。另外,如果流动负债多,并且流动资产中的货币资金与短期投资净额以及应收票据、股利、利息等可变现总额低于流动负债,说明企业不但还债压力较大,而且借来的钱成了被他人占用的应收账款与滞销的存货,反映了企业经营不善、产品销路不好、资金周转不灵。

分析企业现今与未来需要支付的债务数额,负债总额表示企业承担的债务的多少,负债和所有者权益的比例反映了企业财务的安全程度。

3. 可以反映企业所有者权益的情况,了解企业现有投资者在企业投资总额中所占份额

实收资本和留存收益是所有者权益的重要内容,反映了企业投资者对企业的初始投入和资本累积的多少,也反映了企业的资本结构和财务实力,有助于报表使用者分析、预测企业经营安全程度和抗风险的能力。

4. 可据以解释、评价和预测企业的短期偿债能力

偿债能力指企业以其资产偿付债务的能力,短期偿债能力主要体现在企业资产和负债的流动性上。流动性指资产转换成现款而不受损失的能力或负债距离到期清偿的时间,也指企业资产接近现金的程度或负债需要动用现金偿还的期限。资产转换成现金的时间越短,速度越快,转换成本越低,表明流动性越强。例如,可随时上市交易的有价证券投资,其流动性一般比应收款项强,因为前者可随时变现;而应收款项的流动性又比存货强,因为通常应收款项能在更短的时间内转换成现金,而存货一般转换成现金的速度较慢。负债到期日越短,其流动性越强,表明要越早动用现金。

短期债权人关注的是企业是否有足够的现金以及可及时转换成现金的资产,以清偿短期内将到期的债务。长期债权人及企业所有者也要评价和预测企业的短期偿债能力,短期偿债能力越低,企业越有可能破产,从而越缺乏投资回报的保障,越有可能收不回投资。资产负债表分门别类地列示流动资产与流动负债,本身虽未直接反映短期偿债能力,但通过将流动资产与流动负债进行比较,并借助于报表附注,可以解释、评价和预测企业的短期偿债能力。

5. 可据以解释、评价和预测企业的长期偿债能力和资本结构

企业的长期偿债能力主要指企业以全部资产清偿全部负债的能力。一般认为资产越多,负债越少,其长期偿债能力越强,反之,若资不抵债,则企业缺乏长期偿债能力。资不抵债往往由企业长期亏损、蚀耗资产引起,还可能由举债过多所致。所以,企业的长期偿债能力一方面取决于它的获利能力,另一方面取决于它的资本结构。

资本结构通常指企业权益总额中负债与所有者权益,负债中流动负债与长期负

> 提示:企业的资产结构能够反映其生产经营过程的特点,有利于报表使用者进一步分析企业生产经营状况。

> 提示:负债结构反映了企业偿还负债的紧迫性和偿债压力的大小,通过资产负债表可以了解企业负债的基本信息。

> 提示:资产负债表为管理部门和债权人信贷决策提供重要的依据。

债,所有者权益中投入资本与留存收益或普通股与优先股的关系。负债与所有者权益的数额表明企业所支配的资产中有多少为债权人提供,又有多少为所有者提供。这两者的比例关系,既影响债权人和所有者的利益分配,又牵涉债权人和所有者投资的相对风险,以及企业的长期偿债能力。

6. 可据以解释、评价和预测企业的财务弹性

财务弹性指标反映企业两个方面的综合财务能力,即迎接各种环境挑战、抓住经营机遇的适应能力,包括进攻性适应能力和防御性适应能力。所谓进攻性适应能力,是指企业能够抓住经营中出现的稍纵即逝的获利机会,不致放任其流失。所谓防御性适应能力,是指企业能在客观环境极为不利的条件下,或因某一决策失误而陷入困境时转危为安的生存能力。

企业的财务弹性主要来自资产变现能力、经营活动中产生现金流入的能力、对外筹集和调度资金的能力,以及在不影响正常经营的前提下变卖资产获取现金的能力。财务弹性强的企业不仅能从有利可图的经营活动中获取现金,而且可以向债权人举借长期负债和向所有者筹措资本,投入新的有利可图的事业,即使遇到经营失利,也可随机应变,及时筹集所需资金,分散经营风险,避免陷入财务困境。

资产负债表本身并不能直接提供有关企业财务弹性的信息,但通过它所列示的资产和对这些资产的要求权的信息,以及负债流动性、资本结构等信息,并借助利润表及附注、附表的信息,可间接地解释、评价和预测企业的财务弹性,并为管理部门增强企业在市场经济中的适应能力提供指导。

7. 可据以解释、评价和预测企业的绩效,帮助管理部门做出合理的经营决策

企业的经营绩效主要表现为获利能力,而获利能力可用资产收益率、成本收益率等相对值指标来衡量,将资产负债表和利润表的信息结合起来,可据以解释、评价和预测企业的经营绩效,并可深入剖析影响企业绩效优劣的根源,寻求提高企业经济资源利用效率的良策;有助于投资者对资产负债进行动态的比较,进一步分析企业经营管理水平及其发展前景与后劲。

8. 有助于评价企业的盈利能力

通常情况下,资产负债率应当控制在适度的比例,如工业生产类企业应低于60%为宜,不过,过低(如低于40%)也不好,说明企业缺乏适度负债经营的勇气。结合资产收益率,还可评价企业的资产创利、盈利能力。以山川股份有限公司为例,其资产负债率期初是40.83%,期末是37.38%,虽然在下降,但净资产收益率没有提高,而且期末股东权益较期初增加2249.08万元,尚不如存货增加数,说明企业产品的市场并不乐观,盈利能力一般。

报表之三:利润表

一、认识利润表

利润表是反映企业在一定会计期间经营成果的报表。表9-6所示为青岛××股

利润表

份有限公司利润表。

表 9-6　青岛××股份有限公司利润表

编制单位:青岛××股份有限公司　　　　　　　　　　2020 年 1—9 月
单位:元　　　　币种:人民币　　　　　　　　　　　审计类型:未经审计

项　　目	本期金额 (7—9 月)	上期金额 (7—9 月)	年初至报告期 期末金额 (1—9 月)	上年年初至报告期 期末金额 (1—9 月)
一、营业收入				
减:营业成本				

二、利润表编制基础与格式

1. 理论基础

利润表编制的原理是"收入－费用＝利润"的会计平衡公式和收入与费用的配比原则。

企业在生产经营中不断地发生各种费用,同时取得各种收入,收入减去费用,剩余的部分就是企业的盈利。取得的收入和发生的相关费用的对比情况就是企业的经营成果。如果企业经营不当,发生的费用超过取得的收入,企业就形成了亏损;反之,企业就能取得一定的利润。会计部门应定期(一般按月份)核算企业的经营成果,并将核算结果编制成报表,这就形成了利润表。

2. 格式

利润表的格式有两种,单步式和多步式,如表 9-7 和表 9-8 所示。

表 9-7　单步式利润表

编制单位:　　　　　　　　年　　月　　　　　　　　单位:元

项　　目	行　次	本期金额	上期金额
一、收入			
……			
收入合计			
二、费用			
……			
费用合计			
三、净利润			

单步式利润表就是将所有的收入扣除所有的费用,得出净利润。由于信息量单一,通常不予采用,我国规定要采用多步式利润表。

表 9-8　多步式利润表

编制单位：　　　　　　　　　　年　月　　　　　　　　　单位：元

项　　目	本期金额	上期金额
一、营业收入		
减：营业成本		
税金及附加		
销售费用		
管理费用		
二、营业利润（亏损以"－"号填列）		
加：营业外收入		
减：营业外支出		
三、利润总额（亏损总额以"－"号填列）		
减：所得税费用		
四、净利润（净亏损以"－"号填列）		

表 9-8 是一张多步式利润表，这张表中包含了三个利润项目：营业利润、利润总额和净利润。利润需要分步进行计算，所以叫作多步式。

三、收入

1. 收入的概念

收入是指企业在日常生活中形成的、会导致所有者权益增加的、与所有者投入无关的经济利益的总流入。

2. 收入的确认条件

（1）合同各方已批准该合同并承诺将履行各自义务；

（2）该合同明确了合同各方与所转让商品或提供劳务相关的权利和义务；

（3）该合同有明确的与所转让商品相关的支付条款；

（4）该合同具有商业实质；

（5）企业因向客户转让商品而有权取得的对价很可能收回。

3. 收入的特征

（1）收入是企业在日常经济活动中形成的；

（2）收入会导致所有者权益增加；

（3）收入是与所有者投入无关的经济利益的总流入；

（4）作为合同收入的一部分，在客户取得相关产品控制权时确认收入。

4. 收入的来源

企业收入来源的渠道各式各样,不同收入来源的特征有所不同,其收入确认条件也往往存在差别,如销售产品、提供劳务、让渡资产使用权等,如图9-5所示。

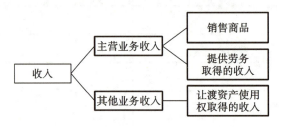

图 9-5　企业收入的来源

> 思考:模拟创办的企业,收入来源有哪些?

四、费用概述

1. 费用的概念

费用是指企业为实现经营目标在日常生产经营过程中发生的资源消耗。

从广义上来讲,消耗是指一切损耗,包括经营性与非经营性的消耗。经营性消耗一般指经营过程中的经营费用与成本消耗,非经营性消耗一般指与企业经营活动没有直接关联的消耗。

2. 费用的特征

(1)费用最终会导致企业资源的减少,这种减少具体表现为企业的资金支出。从这个意义上说,费用本质上是企业资源的流出,它与资源流入企业所形成的收入相反,也可理解为资产的耗费,其目的是取得收入,从而获得更多资产。

(2)费用最终会减少企业的所有者权益。一般而言,企业的所有者权益会随着收入的增长而增加;相反,费用的增加会减少所有者权益。但是所有者权益的减少也不一定都列入费用,如企业偿债性支出和向投资者分配利润,显然减少了所有者权益,但不能归入费用。

(3)费用可能表现为资产的减少或负债的增加,或者二者兼而有之。

3. 费用的来源

企业费用的来源如图9-6所示。

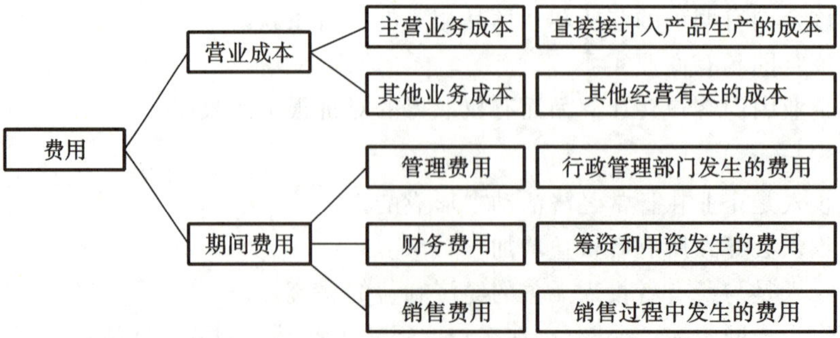

> 思考:模拟创办的企业,费用来源有哪些?

图 9-6　企业费用的来源

五、利润

1. 利润的概念

利润是指企业在一定会计期间的经营成果。

利润包括收入减去费用后的净额,直接计入当期利润的利得和损失等。

企业是否盈利必须看收入与费用的比较结果。

2. 利润的特征

第一,影响企业利润的因素除了收入和费用外,还包括利得和损失。

第二,收入大于费用,企业形成盈利;收入小于费用,企业形成亏损。

第三,盈利增加所有者权益,亏损减少所有者权益。

3. 利润的来源

利润包括营业利润、利润总额和净利润,如图 9-7 所示。

营业利润

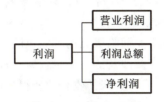

图 9-7 企业利润的来源

1) 营业利润

营业利润是企业利润的主要来源。它是指企业在销售商品、提供劳务等日常活动中所产生的利润。其内容为主营业务利润和其他业务利润扣除期间费用之后的余额,通常也称为毛利。

营业利润＝主营业务收入－主营业务成本＋其他业务收入－其他业务成本
　　　　－营业费用－管理费用－财务费用－税金及附加

2) 利润总额

利润总额＝营业利润＋营业外收入－营业外支出

营业利润来自企业正常的经营活动;所谓投资收益就是把钱投给别人来帮自己收益,如投资证券、办厂分红等;营业外收支净额也可能为企业带来收益。

当利润总额为负时,企业一年经营下来,其收入还抵不上成本开支及应缴的税费,这就是通常所说的企业发生亏损。

当利润总额为零时,企业一年的收入正好与支出相等,企业不亏不赚,这就是通常所说的盈亏平衡。

当利润总额大于零时,企业一年的收入大于支出,这就是通常所说的企业盈利。

营业外收入主要包括:非流动资产处置利得、非货币性资产交换利得、出售无形资产收益、债务重组利得、企业合并损益、盘盈利得、因债务人原因确实无法支付的应付款项、政府补助、教育费附加返还款、罚款收入、捐赠利得等。

营业外支出是指企业发生的与企业日常生产经营活动无直接关系的各项支出,包括非流动资产处置损失、非货币性资产交换损失、债务重组损失、公益性捐赠支出、非常损失、盘亏损失等。

3）净利润

净利润是指企业当期利润总额减去所得税后的金额,即企业的税后利润。所得税是指企业将实现的利润总额按照所得税法规定的标准向国家计算缴纳的税金。

净利润＝利润总额－所得税费用

净利润是一个企业经营的最终成果,净利润多,企业的经营效益就好;净利润少,企业的经营效益就差。它是衡量一个企业经营效益的主要指标。

净利润

六、利润表分析

主营业务收入涉及的税收有可能是增值税,也有可能是消费税。这些税种的计税基数都是主营业务收入,只是因为行业不同而产生不同的税种。收入的产生会直接导致这些税收的产生,作为企业,在业务收入产生之前,就要考虑到税收的产生。如果业务的发生使企业无法承受其税收压力,就应该在业务发生之前控制该业务发生的行为。企业应该对那些加上税收就毫无利润空间的业务不予考虑。否则,忽略税收而怀着侥幸心理成交业务,就会令企业面临极大的税收风险。

利润表中各项目的数据,直接涉及的就是企业所得税。企业所得税有两种征收方式,一是查账征收,二是核定征收。查账征收企业所得税的企业,是核算出企业的利润以后,再根据利润多少,乘以企业所得税率来征收的。而利润的得出就是企业的收入减去成本费用。那么,准确、如实地反映企业的成本费用,就变得非常重要。如果企业在成本费用发生后,不重视取得合理合法的原始单据,就很难正确核算出企业的实际利润,这样查账征收的企业就会增加税负。从这里可以看出,规范企业的业务行为,取得规范的原始单据是极其重要的。对于核定征收企业所得税的企业,有两种核定方式:一是根据收入核定,对于按收入核定征收所得税的企业来说,确保收入的如实反映是特别重要的,不能虚报或隐瞒收入,否则税务风险就会很大;二是根据成本费用核定,即根据每月发生的成本费用为计算所得税的依据。对于根据成本费用核定征收所得税的企业来说,确保主营业务成本、经营费用、管理费用、财务费用的真实准确核算是非常重要的,否则这些数据都会给企业带来税收风险。

利润表并不复杂,对于中小企业来说,主要就是确认收入、成本、费用。它直接关系到几大重点税收:增值税、消费税、企业所得税,这些重点税收又延伸出其他的附加税费。所以作为中小企业创业者,一定要将利润表搞清楚,并确保企业利润表里所有的数据对应的业务行为都是真实可查的,这样才能避免企业的税收风险,防患于未然。

提示:利润表并不复杂,但是直接关系到企业的增值税、消费税、企业所得税!

七、利润表的作用

1）可以了解企业的经营成果,评价企业的获利能力

经营成果通常指以营业收入、其他收入抵扣成本、费用、税金等的差额所表示的收益信息。经营成果是一个绝对值指标,可以反映企业财富增长的规模。获利能力是一个相对值指标,它指企业运用一定经济资源(如人力、物力)获取经营成果的能力。经济资源可以因报表用户的不同需要而有所区别,可以是资产总额、净资产,可以是资产的耗费(成本或费用),还可以是投入的人力(如职工人数)。因而衡量获利能力的指标

包括资产收益率、净资产(税后)收益率、成本收益率以及人均实现收益等指标。经营成果的信息直接由利润表反映,而获利能力的信息除利润表外,还要借助其他会计报表和注释附表才能得到。

通过比较和分析同一企业在不同时期,或不同企业在同一时期的资产收益率、成本收益率等指标,能够揭示企业利用经济资源的效率;通过比较和分析收益信息,可以了解某一企业收益增长的规模和趋势。

2) 可据以解释、评价和预测企业的偿债能力

偿债能力指企业以资产清偿债务的能力。利润表本身并不提供偿债能力的信息,然而企业的偿债能力不仅取决于资产的流动性和资本结构,也取决于获利能力。企业在个别年份获利能力不足,不一定影响偿债能力,但若一家企业长期丧失获利能力,则资产的流动性必然由好转坏,资本结构也将逐渐由优变劣,陷入资不抵债的困境。因而一家数年收益很少,获利能力不强甚至亏损的企业,通常其偿债能力不会很强。

债权人和管理部门通过分析和比较利润表的有关信息,可以间接地解释、评价和预测企业的偿债能力,尤其是长期偿债能力,并揭示偿债能力的变化趋势,进而做出各种信贷决策和改进企业管理工作的决策,如维持、扩大或收缩现有信贷规模,应提出何种信贷条件等。

3) 企业管理人员可据以做出经营决策

通过比较和分析利润表中的各种构成要素,可知悉各项收入、成本、费用与收益之间的消长趋势,发现各方面工作中存在的问题,揭露缺点,找出差距,改善经营管理,努力增收节支,杜绝损失的发生,做出合理的经营决策。

4) 可据以评价和考核管理人员的绩效

比较前后期利润表中各项收入、费用、成本及收益的增减变动情况,并查考其增减变动的原因,可以较为客观地评价各职能部门、各生产经营单位的绩效,以及这些部门和人员的绩效与整个企业经营成果的关系,以便评判各部门管理人员的功过得失,及时做出采购、生产、销售、筹资和人事等方面的调整,使各项活动趋于合理。

利润表上述重要作用的发挥,与利润表所列示信息的质量直接相关。利润表信息的质量取决于企业在确认收入、确认费用以及确定其他利润表项目时所采用的方法。由于会计程序和方法的可选择性,企业可能会选用对其有利的程序和方法,从而导致收益偏高或偏低。例如,在折旧费用、坏账损失和已售商品成本等方面都可按多种会计方法计算,产生多种选择,影响会计信息的可比性和可靠性。另外,利润表中的信息表述的是各类业务收入、费用、成本等的合计数以及非重复发生的非常项目,这也会削弱利润表的重要作用。

提示:股东、债权人和管理部门可解释、评价和预测企业的获利能力,据以对是否投资或追加投资、投向何处、投资多少等做出决策。

提示:管理部门可根据利润表找出偿债能力不强之原因,努力提高企业的偿债能力,改善企业的形象。

报表之四:现金流量表

一、认识现金流量表

现金流量表如表 9-9 所示。

现金流量表概述

表 9-9 母公司现金流量表

编制单位：　　　　　　　　　　　2013 年　　　　　　　　　　　单位：元

一、经营活动产生的现金流量	
销售产成品、商品、提供劳务收到的现金	
收到的其他与经营活动有关的现金	
购买原材料、商品、接受劳务支付的现金	
支付的职工薪酬	
支付的税费	
支付其他与经营活动有关的现金	
经营活动产生的现金流量净额	
二、投资活动产生的现金流量	
收回短期投资、长期债券投资和长期股权投资收到的现金	
取得投资收益收到的现金	
处置固定资产、无形资产和其他非流动资产收回的现金净额	
短期投资、长期债券投资和长期股权投资支付的现金	
购建固定资产、无形资产和其他非流动资产支付的现金	
投资活动产生的现金流量净额	
三、筹资活动产生的现金流量	
取得借款收到的现金	
吸收投资者投资收到的现金	
偿还借款本金支付的现金	
偿还借款利息支付的现金	
分配利润支付的现金	
筹资活动产生的现金流量净额	
四、现金净增加额	
加：期初现金余额	
五、期末现金余额	

　　从外形来看，现金流量表包括表头、表体、表尾。表头包括表名、编制时间和计量单位。这张现金流量表的表名是母公司现金流量表，编制时间是 2013 年，计量单位是元。表体部分按纵向排列顺序，从上到下依次是经营活动现金流量、投资活动现金流量、筹资活动现金流量以及其他一些影响因素。

二、现金流量表的含义

1. 现金流量表的概念

现金流量表是反映企业一定会计期间现金和现金等价物流入和流出情况的报表。这里的一定会计期间是指月度、季度或年度。

2. 现金的概念

一般常说的现金指的是库存现金、银行存款和其他货币资金。广义的现金还包括现金等价物。现金等价物是指企业持有期限短、流动性强、易于转换为已知金额现金、价值变动很小的投资。期限短一般是指从购买日起三个月内到期。

思考：你能想到哪些现金等价物？

三、现金流量表理论依据

现金流入量－现金流出量＝现金流量净额

现金流入量是企业在一定时期内从各种经济业务中收进现金的数量，如销售商品、提供劳务收到的现金，吸收投资收到的现金，借款收到的现金。

现金流出量是企业在一定时期内为各种经济业务付出现金的数量，如企业接受劳务、购置固定资产、偿还借款、对外投资等，都会使企业的现金数额减少，这些减少的现金数量就称为现金流出量。

因此，在一定时期内，有现金流入量，也有相应的现金流出量，现金流入量减去现金流出量的差额，就叫作现金流量净额，也叫作净现金流量，或者叫作现金净流量。

四、现金流量表结构分析

企业的现金流量由经营活动产生的现金流量、投资活动产生的现金流量和筹资活动产生的现金流量三部分构成。分析现金流量及其结构，可以了解企业现金的来龙去脉和现金收支构成，评价企业经营状况、创现能力、筹资能力和资金实力。

1. 经营活动产生的现金流量分析

在企业经营正常、购销平衡的情况下，将销售商品、提供劳务收到的现金与购进商品、接受劳务付出的现金进行比较，是有一定意义的，前者与后者的比值大，说明企业的销售利润大，销售回款良好，创现能力强。

将销售商品、提供劳务收到的现金与经营活动流入的现金总额比较，前者与后者的比值大，说明企业主营业务突出，营销状况良好。

2. 投资活动产生的现金流量分析

当企业扩大规模或开发新的利润增长点时，需要大量的现金投入，若投资活动产生的现金流入量补偿不了流出量，则投资活动现金净流量为负数，但如果企业投资有效，将会在未来产生现金净流入用于偿还债务、创造收益。因此，分析投资活动现金流量，应结合企业的投资项目进行，不能简单地以现金净流入还是净流出来论优劣。

提示：将本期经营活动现金净流量与上期比较，增长率越高，说明企业成长性越好。

3. 筹资活动产生的现金流量分析

一般来说，筹资活动产生的现金净流量越大，企业面临的偿债压力也越大，但如果现金净流入量主要来自企业吸收的权益性资本，则不仅不会面临偿债压力，反而会增强资金实力。因此,可将吸收权益性资本收到的现金与筹资活动现金总流入进行比较,前者与后者比值大,说明企业资金实力增强,财务风险降低。

4. 现金流量构成分析

首先,分别计算经营活动现金流入、投资活动现金流入和筹资活动现金流入占现金总流入的比例,了解现金的主要来源。一般来说,经营活动现金流入占现金总流入比例大的企业,经营状况较好,财务风险较低,现金流入结构较为合理。其次,分别计算经营活动现金支出、投资活动现金支出和筹资活动现金支出占现金总流出的比例,它能具体反映企业的现金用于哪些方面。

五、现金流量表与其他报表的比较分析

1. 现金流量表与损益表的比较分析

损益表是反映企业一定期间经营成果的重要报表,它揭示了企业利润的计算过程和形成过程。利润被看成评价企业经营业绩及盈利能力的重要指标,但也存在一定的缺陷。众所周知,利润是收入减去费用的差额,而收入与费用的确认与计量包括了太多的会计估计。尽管会计人员在进行估计时遵循了会计准则,并有一定的客观依据,但不可避免地要运用主观判断。有的企业账面利润很大,看似业绩可观,而现金却入不敷出,举步艰难;有的企业虽然账面巨额亏损,却现金充足,周转自如。所以,仅以利润来评价企业的经营业绩和获利能力有失偏颇。如能结合现金流量表所提供的现金流量信息,特别是经营活动现金净流量的信息进行分析,则较为客观全面。

具体分析时,可将现金流量表的有关指标与利润表的相关指标进行对比,以评价企业利润的质量。

(1) 将经营活动现金净流量与净利润进行比较,能在一定程度上反映企业利润的质量。也就是说,企业每实现1元的账面利润中,实际有多少现金支撑,比率越高,利润质量越高。但只有在企业经营正常,既能创造利润又能获得现金净流量时,分析这一比率才有意义。为了与经营活动现金净流量计算口径保持一致,净利润指标应剔除投资收益和筹资费用。

(2) 将销售商品、提供劳务收到的现金与主营业务收入进行比较,可以大致说明企业回收现金的情况及企业销售的质量。收现数所占比例大,说明销售收入实现后所增加的资产转换现金速度快、质量高。

(3) 将分得股利或利润及取得债券利息收入所得到的现金与投资收益进行比较,可大致反映企业账面投资收益的质量。

2. 现金流量表与资产负债表的比较分析

资产负债表是反映企业期末资产和负债状况的报表,将现金流量表的有关指标与资产负债表有关指标进行比较,可以更为客观地评价企业的偿债能力、盈利能力及支付能力。

1) 偿债能力分析

流动比率是流动资产与流动负债之比,而流动资产体现的是能在一年内或一个营业周期内变现的资产,包括了许多流动性不强的项目,如呆滞的存货、有可能收不回的

> 提示:一般来说,经营活动现金支出比例大的企业,其生产经营状况正常,现金支出结构较为合理。

> 提示:偿债能力分析反映上市公司偿债能力的指标,主要有流动比率、速动比率、现金比率、资本周转率、清算价值比率和利息支付倍数等。

应收账款,以及本质上属于费用的待摊费用、待处理流动资产损失和预付账款等。它们虽然具有流动资产的性质,但事实上不能再转变为现金,不再具有偿付债务的能力。而且,不同企业的流动资产结构差异较大,资产质量各不相同,因此,仅用流动比率等指标来分析企业的偿债能力,往往有失偏颇。可运用经营活动现金净流量与资产负债表相关指标进行对比分析,作为流动比率等指标的补充。具体内容为:

(1) 经营活动现金净流量与流动负债之比。该比率可以反映企业通过经营活动获得现金偿还短期债务的能力,比率越大,说明偿债能力越强。

(2) 经营活动现金净流量与全部债务之比。该比率可以反映企业用经营活动中所获现金偿还全部债务的能力,比率越大,说明企业承担债务的能力越强。

(3) 现金(含现金等价物)期末余额与流动负债之比。这一比率反映企业直接用现金偿还债务的能力,比率越高,说明企业偿债能力越强。但由于现金收益性差,这一比率也并非越大越好。

2) 盈利能力及支付能力分析

盈利能力是指企业获取利润的能力,也称为企业的资金或资本增值能力,通常表现为一定时期内企业收益数额的多少及其水平的高低。由于利润指标存在缺陷,因此,可运用现金净流量与资产负债表相关指标进行对比分析,作为每股收益、净资产收益率等盈利指标的补充。

提示:盈利能力指标主要包括营业利润率、成本费用利润率、盈余现金保障倍数、总资产报酬率、净资产收益率和资本收益率六项。

(1) 经营活动现金净流量与总股本之比。这一比率反映每股资本获取现金净流量的能力,比率越高,说明企业支付股利的能力越强。

(2) 经营活动现金净流量与净资产之比。这一比率反映投资者投入资本创造现金的能力,比率越高,说明创现能力越强。

六、编制现金流量表的意义

编制现金流量表的意义如图 9-8 所示。

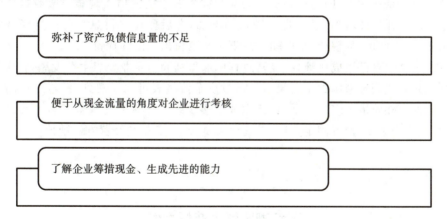

图 9-8 编制现金流量表的意义

1. 弥补了资产负债信息量的不足

资产负债表是利用资产、负债、所有者权益三个会计要素的期末余额编制的,利润表是利用收入、费用、利润三个会计要素的本期累计发生额编制的。而资产、负债、所有者权益三个会计要素的发生额没有得到充分地利用,没有填入会计报表。会计资料中,一般是发生额与本期净增加额(期末、期初余额之差或期内发生额之差)说明变动的原因,期末余额说明变动的结果。本期的发生额与本期净增加额得不到合理地运用,不能不说是一个缺憾。

根据资产负债表的平衡公式有:现金=负债+所有者权益-非现金资产。这个公式表明,现金的增减变动受公式右边因素的影响,负债、所有者权益的增加(减少)导致现金的增加(减少),非现金资产的减少(增加),导致现金的增加(减少)。现金流量表中的内容是采用间接法即利用资产、负债、所有者权益的增减发生额或本期净增加额填报的,使账簿的资料得到充分地利用,现金变动原因的信息得到充分的揭示。

2. 便于从现金流量的角度对企业进行考核

对一个经营者来说,如果没有现金、缺乏购买与支付能力是致命的。由于管理的要求,企业的经营者亟须了解现金流量信息。在当前商业信誉存有诸多问题的情况下,与企业有密切关系的部门与个人投资者、银行、财税、工商等不仅需要了解企业的资产、负债、所有者权益的结构情况与经营结果,更需要了解企业的偿还和支付能力,了解企业现金流入、流出及净流量信息。

利润表的利润是按照权责发生制原则核算出来的,核算的利润与现金流量是不同步的。利润表上有利润而银行账户上没有钱的现象经常发生。近几年来,随着大家对现金流量的重视,深深感到根据权责发生制编制的利润表不能反映现金流量是个很大的缺陷。现金流量表划分经营活动、投资活动、筹资活动,分类说明企业一个时期流入多少现金,流出多少现金及现金流量净额,从而可以了解现金从哪里来、到哪里去,便于从现金流量的角度对企业做出更加全面合理的评价。

3. 了解企业筹措现金、生成现金的能力

如果把现金比作企业的血液,企业取得新鲜血液的办法有两个:

第一,为企业输血,即通过筹资活动吸收投资者投资或借入现金。吸收投资者投资,企业的受托责任增加;借入现金则负债增加,今后要还本付息。在市场经济条件下,没有"免费使用"的现金,企业输血后下一步要付出一定的代价。

第二,企业自己生成血液,在经营过程中取得利润。企业要想生存发展,就必须获利,利润是企业现金来源的主要渠道。通过现金流量表可以了解到,经过一段时间经营,企业的内外筹措了多少现金,自己生成了多少现金。筹措的现金是否按计划用到企业扩大生产规模、购置固定资产、补充流动资金上,还是被经营方侵蚀掉了。

提示:企业筹措现金、生产现金的能力,是企业加强经营管理、合理使用调度资金的重要信息,是其他两张报表所不能提供的。

案例讨论

瑞幸咖啡财务造假案例

案例背景

瑞幸咖啡(luckin coffee)是国内新兴的咖啡品牌,自2017年6月注册成立以来一直保持快速发展的态势。2019年末,瑞幸咖啡门店数量超过4500家,成为国内咖啡市场最大的一匹"黑马"。同时,瑞幸咖啡是世界范围内从成立到首次公开募股(IPO)

用时最短的公司。

2020年4月2日,瑞幸咖啡在SEC新公布的一份文件显示,公司COO刘建及其部分下属员工从2019年第二季度起从事某些不当行为,伪造销售额约22亿元,而瑞幸咖啡2019年前3个季度的主营业务收入为29.29亿元,即22亿元的造假金额几乎为前3个季度的总收入。

此消息一经公布,瑞幸咖啡当日股价下跌75.57%,市值蒸发49.7亿美元,每股股价由26.2美元降至4.6美元以下。

事件回顾

2020年1月31日,做空机构浑水声称收到了一份长达89页的匿名做空报告,直指瑞幸数据造假。2月3日,瑞幸否认浑水所有指控。

直到4月2日,瑞幸咖啡突然发布公告,称自查发现公司首席运营官刘剑财务造假,牵涉约22亿元交易额,公司董事会成立特别委员会,进行内部调查。此外,美国多家律所对其发起集体诉讼,控告瑞幸咖啡做出虚假和误导性陈述,违反美国证券法。

5月19日,瑞幸收到纳斯达克交易所要求退市的要求。

6月29日,瑞幸咖啡正式在纳斯达克交易所停止交易,进入退市程序,结束了400多天的上市之旅,瑞幸咖啡的股价定格在了1.38美元/股,相较上市时17美元的发行价缩水了90%(见图9-9)。

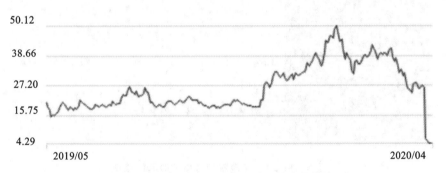

图9-9　2019—2020年瑞幸咖啡股价变化情况

7月1日,瑞幸咖啡在其官网宣布,公司内部调查基本完成,董事会特别委员会发现,财务造假始于2019年4月,公司2019年净营收被夸大约21.2亿元人民币,成本和费用在2019年被夸大了13.4亿元。(人民币,下同)

7月31日,官方正式披露对瑞幸咖啡财务造假事件的调查进展。财政部网站发布消息称,依据《中华人民共和国会计法》,财政部组织力量,自5月6日起对瑞幸咖啡公司境内2家主要运营主体瑞幸咖啡(中国)有限公司和瑞幸咖啡(北京)有限公司成立以来的会计信息质量开展检查,并延伸检查关联企业、金融机构23家。截至目前,检查基本完成。

检查发现,自2019年4月起至2019年末,瑞幸咖啡公司通过虚构商品券业务增加交易额22.46亿元,虚增收入21.19亿元(占对外披露收入51.5亿元的41.16%),虚增成本费用12.11亿元,虚增利润9.08亿元。

9月22日,国家市场监管总局及上海、北京市场监管部门,对瑞幸咖啡(中国)有限公司、瑞幸咖啡(北京)有限公司及北京车行天下咨询服务有限公司、北京神州优通科技发展有限公司、征者国际贸易(厦门)有限公司等45家涉案公司做出行政处罚决定,处罚金额共计6100万元。

10月12日,市场监管总局宣布,对瑞幸咖啡(中国)有限公司和瑞幸咖啡(北京)做出行政处罚,罚款人民币200万元整。

2020年瑞幸咖啡事件时间线梳理如图9-10所示。

1月31日	知名做空机构浑水发布一份89页的匿名报告,称瑞幸2019年第三季度和第四季度的财务数据造假。
2月3日	瑞幸咖啡在SEC发布公开回应,坚决否认并将采取适当防御措施。
2月4日	浑水在推特上抛出第二份来自尘光研究长达66页的做空报告,声称瑞幸财务数据和业务数据造假。
2月5日	美国部分律师事务所开始启动针对瑞幸的集体诉讼。
2月10日	瑞幸咖啡连续发布15条"超过5%披露"的重要公告,涉及股东股权事宜。
2月26日	瑞幸咖啡悄然调整新的价格体系,针对产品全线涨价1元。
3月27日	瑞幸咖啡宣布任命两名新的独立董事,刘二海卸任审计委员会成员。
4月2日	瑞幸咖啡"自爆"公司存在22亿元的财务造假,股价一夜跌去75%,市值蒸发352亿。

图9-10 2020年瑞幸咖啡事件时间线梳理

瑞幸咖啡财务造假手段

1)虚假的销售业绩

瑞幸咖啡通过各种方法虚增销售收入,2019年第三季度和第四季度的销量约夸大了69%和88%。虚增收入的方法主要包括虚增订单、虚增每件商品的实际销售价格、夸大2019年第三季度的广告支出、虚增其他产品收入等。考虑到瑞幸咖啡送货单贡献下降,瑞幸咖啡的每笔订单商品数从一季度的1.38下降至4季度的1.14。

2)复杂的关联交易

瑞幸管理层的股票质押比率较高,瑞幸集团董事长陆正耀及一批关系密切的股权投资者曾经从神州租车套现16亿美元,通过收购宝沃汽车给关联方转移资金,借发展"无人零售"之名吸走大量公司现金,使公开投资者遭受损失。

3)令人质疑的商业模式

中国消费者摄入的咖啡因有95%来自茶,咖啡产品市场很小。瑞幸咖啡的客户对价格的敏感度比较高,通过降低折扣来增加收入的方法并不现实。公司缺乏有竞争力的非咖啡产品;瑞幸咖啡的客户多为机会主义者,品牌忠诚度低。

瑞幸咖啡财务造假迹象

财务报表中反映的规模、增速、占比等指标与均衡值不相匹配,可能是财务造假,也可能是新商业模式。新经济企业仅靠流量就可以估值上亿元,新商业模式的新财务特点在传统以银行为主体的金融体系中很少见,但是在当前的金融体系中出现频率较高。

瑞幸咖啡的财务造假数据主要表现在以下方面:订单量平均膨胀率为72%;第三季度的每日商品售出量虚增69%,第四季度虚增88%;实际单价的夸大幅度不低于12.3%;商店损失为24.7%～28%。2018—2019年瑞幸咖啡公布的平均每家门店单日销售商品数量如图9-11所示。

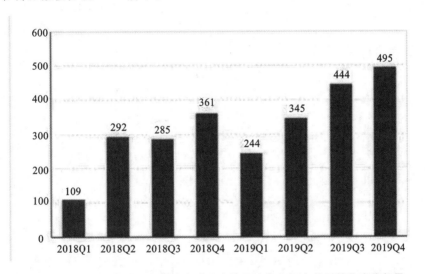

图9-11　2018—2019年瑞幸咖啡公布的平均每家门店单日销售商品数量

讨论:结合以上案例,搜索相关资料回答以下问题。

1. 瑞幸咖啡财务数据造假事件的爆发对于在美国上市的中国概念股而言有哪些负面影响?

2. 证监会针对瑞幸咖啡财务造假事件做出了哪些处理意见?

3. 对于财务造假的行为提出个人的看法。

项目十
创业拓展：创业新形势

CHUANGYE GUANLI
CAISHUITONG

案例导入

互联网技术给人们的生活带来了翻天覆地的变化，创业形势也随着技术的进步而变幻莫测。区块链作为一种最新的技术，将改变人们的生活，为未来的智能社会提供支撑，也会影响未来的创业形势。

2008年11月1日，一个自称"中本聪"的人在一个隐秘的密码学讨论组上贴出一篇研究报告，阐述了他对电子货币的新构想，比特币就此问世，区块链也随之产生。但区块链并不等同于比特币，而是比特币及大量加密数字货币的底层实现技术体系。

工信部赛迪区块链研究院院长助理黄忠义说，互联网上的贸易，几乎都要借助金融机构作为可资信赖的第三方信用机构来处理电子支付信息。但金融中介会增加交易成本，限制了实际可行的最小交易规模，也限制了日常的小额支付交易。基于此，人们需要另一种电子支付系统，它能使任何达成一致的双方直接进行交易，不需要第三方中介参与。

区块链便是一个链式数据结构存储的分布式账本（数据库），可以在弱信任环境下，帮助用户分布式地建立一套信任机制，保障用户业务数据不被非法篡改、公开透明、可溯源。简而言之，每个参与者手上都有一个独立账本。每一次变化，记一次账，就要对所有参与者进行广播，所有人都确认后，才能被记录到账本中。

例如，如今医院普遍采用电子健康病历，但数据难共享。在医疗数据中心化存储下，信息安全和隐私保护也得不到保障。而区块链可通过不可篡改和加密技术对病历信息进行确权，患者、医院或医疗机构通过设置获取权限来解决数据共享后的数据权利问题和责任划分问题。因此，医疗数据区块链共享平台便可成就很多应用场景，病人历史数据等信息可以上链，病史和影像资料可供进入系统的人员查看。这些医疗数据还可以用来建模和机器学习。

习近平总书记在中央政治局第十八次集体学习时强调："把区块链作为核心技术自主创新重要突破口，加快推动区块链技术和产业创新发展，积极推进区块链和经济社会融合发展。"

区块链基础认知

拓展之一：区块链的认知

特别提示：区块链不同于传统的社会关系的信任构建模式，它是基于机器和算法的信任，因此，将会促进社会关系的智能化，提高公正性和效率。

一、区块链基础认知

唐·塔普斯科特是全球著名的新经济学家、商业策略大师，被称为"数字经济之父"。他在《区块链革命》这本书中提出了一个重要观点："不是机器人，不是大数据，甚至不是人工智能，而是区块链将引发人类第四次工业革命，并重新定义互联网甚至人类社会。"

摩根士丹利首席经济学家讲过这样一句话："我们要像九十年代重视互联网一样重视区块链。"

近些年来，新兴的 IT 技术开始涌现，如大数据、云计算、人工智能、5G，以及区块链。这些技术能为人们的未来生活带来什么？在不久的将来，人们将会看到无人驾驶、智能交通、会学习的机器人，这些主要依靠人工智能作为支撑。同时，人们将会看到智能合约、智能保险、数字货币等涉及人类社会关系的自动、智能化处理，这些主要依靠区块链作为支撑，如图 10-1 所示。

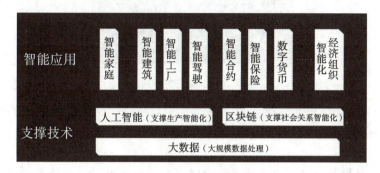

图 10-1　智能应用的支撑技术

二、区块链的概念

区块链是一种去中心化的分布式账本数据库，区块链技术本质上是一种数据库技术。每个区块就像一个硬盘，把信息全部保存下来，再通过密码学技术进行加密，这些被保存的信息就无法被篡改。从这个定义中可以看出两个重点，去中心化和分布式账本，这也是区块链技术的特点。

区块链的概念

从应用层面来定义区块链。很多最初的创业合作伙伴，要么是同学、朋友、同事或者同乡，如新东方的三位创始人，徐小平与俞敏洪同为北大教师，王强是俞敏洪的北大同学；要么有血缘关系或姻亲关系，如百度的李彦宏和马东敏夫妇。全世界的家族企业更是数不胜数，沃尔玛、强生、宝洁等都是家族企业。这是因为信任问题！

提示：信任对方，相信对方能够与自己合伙创业，是合作开始并能持续下去的最根本原因。

传统社会，人际交往主要在血缘与地缘的基础上展开，其特征为熟人信任，人们彼此信任的保障机制主要是熟人关系，如血缘关系、同学关系、朋友关系。但是熟人信任存在一些问题：一是，血缘是先天性的，后天难以获得，而同学和朋友关系，需要长时间的情感投入才可以获得；二是，熟人信任的范围有限，没人能够与所有人接触、交往，获得信任；三是，熟人信任比较脆弱，会受到环境、情绪等的影响。因此，人们需要建立更可靠、更稳定的信任关系。

现代社会主要是依托第三方机构来构建信任。如购买房产，需要到房管局登记，企业上市，需要通过证券交易所；再如消费者在淘宝、京东等平台网上购物时，商家通过第三方背书的手段获取消费者的信任。"背书"一词来源于银行的票据业务。票据转让时，原持有人在票据背面加盖自己的印鉴或者签名，以证明该票据真实有效，如果有问题就找原持有人。为某人背书，就是为某人做担保的意思。陌生的人或事很难去信任。消费者购买商品时，商家会通过第三方手段，给予消费者安全感，获取消费者的信任，如图 10-2 所示。

提示：传统社会建立信任，主要靠的是"熟人信任"。现代社会，主要是依托第三方构建的中介信任。

第三方构建的中介信任无处不在，但是存在两个问题：第一，构建成本依然高昂，

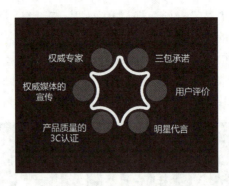

图 10-2　第三方手段

要构建一个可信任的中介品牌,就需要中介组织长期、持续的投入与品牌积累。第二,第三方支付仍然存在一定的风险,如淘宝交易中采用支付宝来降低风险,买家确认收货后,钱才会付给卖家。

因此,区块链的定义可以从技术和应用两个层面来理解。从技术层面看,区块链是一种去中心化的分布式账本数据库,具有去中心化、不可篡改的特点。从应用层面看,区块链是一种依赖机器与算法的新型信任构建模式,可以重构原来依赖于人的诸多社会活动关系,未来的智能社会需要智能的社会关系信任设施。

三、区块链的起源与发展

1. 区块链的历史起源

区块链是近几年出现的新名词,其历史可以追溯到 40 多年前。在这一过程中,主要出现了密码朋克、密码学支付系统 Ecash,哈希现金以及时间戳等。

第一,密码朋克(见图 10-3)。

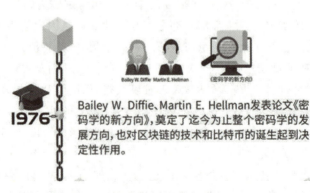

图 10-3　密码朋克

1992 年,英特尔的高级科学家蒂姆·梅(Tim May)在自己家中和朋友聚会,讨论互联网应该如何更好地保护人们的隐私,他们成立了一个小组,叫作"密码朋克"。1993 年,埃里克·休斯(Eric Hughes)写了一本书,叫《密码朋克宣言》,正式提出"密码朋克"(cypherpunk)的概念。"密码朋克"认为保护个人隐私是自由社会的重要基石,反对政府和公司对个人隐私的侵害,以代码和密码学为武器,与当局进行长期的周旋,对密码学技术的扩散和民用发挥了至关重要的作用。加密数字货币是密码朋克长期努力的目标。

第二,Ecash(见图10-4)。

图 10-4　Ecash

1982年,大卫·乔姆发明了密码学匿名现金支付系统Ecash。他认为分布式的、真正的数字现金系统应该为人们的隐私加密,因此该电子支付系统里的加密使用了数学编码。支付时付款方是匿名的,但收款方是非匿名的。按照乔姆的设想,每个人都随身携带装有匿名现金的可充值智能卡,这种智能卡可以和来自家里、公司或者政府的电子现金流畅往来。这个设想有点现在的云存储的味道。但在当时,乔姆提出的这种理念太超前了,在当时的人类社会没有大范围实施的基础,所以1998年,Ecash宣布倒闭。

第三,哈希现金(见图10-5)。

图 10-5　哈希现金

1997年,英国密码学家亚当·贝克发明了哈希现金(HashCash)机制,用到了工作量证明系统POW。工作量证明系统是比特币的核心理念之一,其实亚当·贝克最初发明这个系统是想解决垃圾邮件的问题,也就是为了避免包含有相同信息的邮件。他的工作量证明系统解决了数字货币的一大难题。如何保证数字货币不被交易过很多次?这就要求计算机在获得信息之前,需要做一定的工作量计算来避免重复交易。

第四，时间戳。

哈伯和斯托尼塔在1997年提出了一个用时间戳的方法保证数字文件安全的协议。简单来说，就是用时间戳的方式表达文件创建的先后顺序，文件被盖上时间戳后就不能改动，这就使文件被篡改的可能性降到零。这个协议也成为比特币区块链协议的原型之一。时间戳可以保证数字货币的安全性，也可以保证文件的先后顺序。在区块链系统中，每一个新区块生成时都会被打上时间戳，最终依照区块生成时间的先后顺序相连成区块链。

经过前面一些技术的发展，2004年，一位密码朋克成员哈尔·芬尼提出了电子货币和加密现金的概念，在其中采用了可重复使用的工作量证明机制（RPOW）。很多人认为这是中本聪发明比特币的创意来源。哈尔·芬尼是第一笔比特币转账的接受者，也是除了中本聪以外的第一个比特币"矿工"，在比特币发展的早期与中本聪有大量互动与交流，主要是哈尔·芬尼向中本聪报告故障然后解决问题。

2. 区块链的数字货币阶段

区块链数字货币阶段的发展如下。

2008年比特币诞生，进入区块链数字货币时代。

> 事件提醒：区块链数字货币时代的标志是2008年比特币诞生。

2008年11月，中本聪发表了著名的论文《比特币：点对点的电子现金系统》，描述了一个点对点电子现金系统，能在不具信任的基础之上，建立一套去中心化的电子交易体系。

2009年1月，中本聪用他的第一版软件挖掘出了创始区块，从此，比特币打开了数字货币的潘多拉魔盒。

比特币刚诞生的时候，人们用大写的B开头的Bitcoin指比特币网络系统或者网络协议，用小写的b开头的bitcoin指在这个网络上运行的数字货币。由这个大写和小写的不同可以看到，在早期的密码学圈子里，对于比特币的底层技术还是非常重视的，且重视程度远远大于比特币这种代币本身。

3. 区块链的现在与未来

现如今区块链技术已进入3.0阶段，区块链的应用已经延伸到各个领域，下一步要研究的是如何将区块链运用到各行业具体的场景中去，如金融、互联网、医疗等。

区块链未来会如何发展？目前对于区块链这个新兴技术，出现了两种不同的观点。有些人认为区块链就是圈钱的，是骗人的；而有些人认为区块链是万能的，甚至觉得区块链是企业、经济，乃至整个人类的救星。这些观点的存在，一定程度上是因为区块链还是一种比较尖端的技术，许多人对于区块链并不是特别了解。

首先，区块链确实处于茁壮发展中，在许多行业已经出现了区块链技术的落地应用。但我们要清楚地认识到，区块链技术尚处于发展萌芽期，距离成熟还有很长的路要走，大规模的商用还需要一定的时间。

其次，区块链作为一种保护交易安全的技术，即具有去中心化、不可篡改的特征，与众多行业的诉求相吻合。但这并不代表区块链技术适用于任何行业，也并不意味着区块链技术毫无缺陷，它的发展还有很长的路要走。

由于区块链近来的发展过于迅速，尤其是2017年底到2018年初的ICO乱象，让很多人对区块链留下了不好的印象。

项目十 创业拓展：创业新形势

ICO(initial coin offering,首次币发行)是区块链项目首次发行代币,募集比特币、以太坊等通用数字货币的行为。ICO是一种基于区块链项目的众筹方式,通过发行自己的虚拟货币,来融市场上的比特币或者以太币。由于ICO没有专业的投资机构来评审项目本身,而很多的个人投资者并不具有专业的项目分析能力,这就导致ICO市场骗子横行,很多ICO项目融到钱以后,就直接关停跑路。

国家虽然禁止ICO,却大力支持区块链的发展,可见区块链技术还是有很大的价值和应用前景的。我们可以看到,已经有许多公司通过将传统数据库和区块链技术相结合的方式实现互信,并在金融、医疗、供应链管理等传统行业进行应用,为行业发展带来确确实实的利好。

事件提醒：
2017年9月,国家明确禁止ICO行为。

对区块链也需要加强治理。现如今区块链正处在发展的关键节点,国家也出台了相关的文件和政策,加强区块链的治理。专注技术落地,服务实体经济,这已经成为业内人士的共识。我们可以看出,区块链产业的发展已经越来越正规化。当然,区块链技术要在政府工作,身份验证等方面实际运用的时候,必须是一个自上而下的推行过程,是一个涉及整个社会的改革,而这种改革并非一日之功,因此需要给这种技术多一些时间。

四、区块链的特点

1. 去中心化

从前有个封闭的山村,村民的主要工作就是挖玉石,村里的财富也是以玉石来计算的。大家把挖到的玉石堆放到一起,由村长清点记账。张三、李四、王五各自的财富,都记录在村长的账本上,他们可以依此去换取其他生活用品。

这种方式就是目前的中央记账式金融体系。银行、券商、支付宝等金融机构就是"村长",我们的流动资产,几乎都在他们的账本里,如图10-6所示。

去中心化

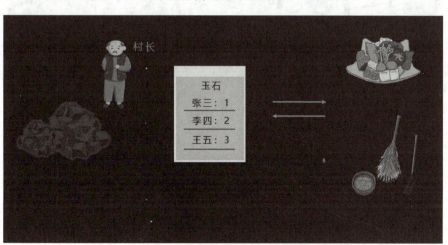

图10-6 "村长"记账

但村长是个凡人,会有自己的小心思,会出现各种小毛病。记账时,看到自己的亲戚,多记两笔;遇到刺头,则少记一块。另外,账本的保管也经常出问题,有的地方受潮模糊,还有的地方被老鼠啃掉。更过分的是,村长还起了贪念,想私吞公共财产,账本也被他涂改了。于是村民决定将不干活、白吃饭、常揩油、老出错的村长废除掉。那谁来记账呢?

村民想了一个办法:每个人都带一本账本,谁挖到了玉石,在自己记录的同时通知所有人,大家都在各自的本子上写下同样的内容,账本都由村民们分别保管,每个人都是村长,谁也剥夺不了谁的财富。以后村民之间的物品换取,也通过这个方式记账。这样既节省了一个记账的劳力,还避免了账本受潮等问题。即使马九涂改了张三的账本,但只要大家拿李四、王五、孙七的账本出来对比,就能马上发现问题并更正。并且只要村民数量足够多,即使有人动了歪念头,也无法篡改过半人的账本。这就是去中心化的分布式记账。

实际上,所有在整个区块链网络里面的节点,都可以进行记账,都有一个记账权,这就完全规避了操作中心化的弊端。区块链技术不依赖额外的第三方管理机构或硬件设施,没有中心管制,除了自成一体的区块链本身,通过分布式核算和存储,各个节点实现了信息自我验证、传递和管理。

从技术角度来说,区块链就是一个去中心化的分布式账本数据库,如图 10-7 所示,和传统的中心化方式不一样,这里没有一个实际的中心,但其实每一个点又都是中心,这就是区块链最大的特点——去中心化。

图 10-7 分布式记账

2. 开放性

假设小明把一个信息告诉他的父母、他的朋友,以及所有他认识的人,所有人都成为小明的见证人,如果这个信息发生错误,那么小明就要一个个地去解释,这就是信息的开放性。同样,在区块链中基础技术是开放的,除了交易各方的私有信息被加密外,区块链的数据对所有人开放,任何人都可以通过公开的接口查询区块链数据和开发相关应用,因此整个系统信息高度透明,具有开放性。当然,这是针对区块链中的公有链来讲的。区块链分为公有链和私有链,私有链能保障隐私,而任何人都可以进入公有链读取数据或记录信息,只要是属于整个网络体系的、有记账权的节点,都可以进行数据源的访问。

3. 不可篡改性

如果所有人都可以进去读写,万一有人想篡改信息怎么办呢?这里就要提到区块链的另一个特点——不可篡改性。比如,两个人打赌,赌一个瓷器是哪个朝代的,赌注为50元。一个人赌是清朝,另一个人赌是宋朝,那就会有三种方式来完成交易:

(1) 两人之间彼此信任。不论结果是清朝,还是宋朝,输家要给赢家50元。如果两人是朋友,这会是一个好的交易方式。然而,即便是朋友,也有可能会赖皮不认输而不愿付钱,更何况是陌生人。

(2) 两人之间制定合约。如果有任何一方不愿付钱,赢家可以告输家。但要花钱、花时间打官司,只为了讨回50元,实在是得不偿失。

(3) 两人找一个中立的第三者,每人分别先给他50元,结果揭晓后,他再把所有的100元给赢家。无奈的是,这个第三者有可能卷款潜逃。

人们无法信任陌生人,也觉得打官司劳神伤财。现在,人们只需写几行程序代码,让它在区块链网络上执行,就可以进行交易了。以刚才打赌瓷器朝代为例,这个程序会确保100元的安全,并且确认瓷器的朝代,结果揭晓后,也会自动将100元汇到赢家的账户里。

在区块链网络上的交易,是无法被篡改或终止的。因为任何人要改变区块链里面的信息,必须要攻击网络体系中至少51%的节点才能把数据改掉,这个难度是非常大的。一旦数据进入了区块链,任何信息都无法更改,而去中心化又可以实现点对点交易,这样就无须第三方的批准。区块链的不可篡改性保证其不受任何实体控制,数据可以在多台电脑上进行复制和传播,对于数据的安全性更有保障。

4. 匿名性

区块链是一种方便快捷又安全可靠的信息技术。当前人们在享受互联网带来的便利的同时,常常会感慨这是一个没有隐私的年代。网络爬虫、人肉搜索等手段,将人们的生活置于各种显微镜下,各种促销或骚扰电话让人不胜其烦,因信息泄露遭遇经济诈骗的报道也屡见不鲜。如何保护个人隐私成为公众最为关注的话题之一。

区块链可以保护我们的隐私。区块链上的每一笔交易数据都是公开透明的,但神奇的是,其他人并无法知道这一笔交易是谁来进行的。举个例子,人们通过账本可以知道,张三向李四支付了六枚比特币,但是并不知道张三和李四究竟是谁,这种匿名性在一定程度上保护了人们的隐私。类似于非实名的社交网站,区块链上的每一个组织或个人都有一个不同的代号,这个代号通常是一串无意义的数字。通过该数字的表面信息,无法对应到某一个具体对象的真实身份。

5. 可追溯性

可追溯性是指人们日常生活中产生的任何数据信息都会被区块链记录,这些数据信息都具有准确性和唯一性,且不可进行篡改。这也意味着,人们产生的数据信息都能够被追溯查询,方便政府机关更好地进行管理。

区块链的可追溯性特点,体现在以下两个方面:

1) 对产品进行实时监管,防止假冒伪劣产品出现

自买卖市场出现以来,"假货问题"就一直存在。前不久曝出的"拼多多假货事件"更是将这一问题推向了高潮。为此,如何杜绝假冒伪劣产品的出现,就成了人们共同探讨的问题。区块链的可追溯性恰巧能提供解决方法。如果将区块链技术运用到市场当中,则任何数据信息都能够被记录,并且这些数据信息是可以追溯查询的。所以,任何假冒伪劣产品出现在市场上后,区块链的可追溯性能够帮助监管部门找到产品造假的源头,方便监管部门切断源头,防止假货产品流向市场。对于已经流向市场的假冒伪劣产品,也能够查询到其具体流向和准确位置,方便监管部门将其召回,给予消费者更好的购物环境。

2) 追根溯源,对税务进行实时监督

提示:可追溯性可以方便税务机关实时进行监管,防止偷税、漏税情况的出现。

对于税务监管部门来说,如何防止偷税、漏税现象一直都是最为关心的话题。在当下的市场环境下,即便税务部门在各个流程上进行了监督,也总会有企业通过做假账来实现偷税、漏税。如果将区块链技术运用到税务管理系统当中,区块链的可追溯性使得税务部门能够对发放的每一张发票信息进行追溯查询,这就意味着,企业登记的每一笔财务信息,都能被区块链数据系统查询到。

百度在 2019 年第三季度发布了 PIC-CHAIN 图腾区块链白皮书,旨在通过联盟链的形式将图片版权信息永久性地写入区块链,并结合百度的人工智能绘图技术进行传播。工作可追溯、转载、监控,改变了传统的图像版权保护模式。

京东在 2019 年 3 月发布了一份白皮书,建立了一个支持自己应用的区块链 BaaS 平台。区块链是一个"链接器",结合了自己的云计算、大数据、人工智能和物联网技术,构建综合智能供应链系统,零售网络和金融技术,缩小商品与客户之间的距离。

阿里不仅试图在电子商务领域增加可追溯性,还应用在房屋租赁上面。

拓展之二:数字货币

一、比特币

比特币的概念

1. 比特币的概念

比特币是一种虚拟货币,它不属于哪一个国家,而是属于整个区块链网络。这要从货币的发展说起。期初,人们用稀缺的物品充当货币,比如贝壳和金银;后来各个国家依据自己的信用发行纸币,赋予了纸币交易功能,人们开始使用纸币进行支付;渐渐地,互联网和移动支付开始兴起,人们在日常生活中使用纸币的次数越来越少。使用电子支付时,收款时账户的余额会增加,付款时账户的余额会减少,整个过程只有数字发生了变化,甚至不需要纸币的参与了。就这样从纸币过渡到了中心化记账货币。

中心化记账货币指的是，人们在使用银行账户支付时，这笔交易就是由银行在记账。用微信或支付宝支付时，就是由第三方支付机构负责记账。中央银行可以对国家的所有交易进行记账，本质就是中心化的记账方式。

但是由于记账权力的中心化，很难做到百分百的安全，毕竟人们拥有的资产只是账户上的一个数字，不再是拿在手中的实际的钱。如果第三方平台的数据被篡改，人们的资产就会遭受损失。如果多找一些人共同记账，就能解决这个问题了。

只要能去掉中心化记账权，把交易记录和存储的交易信息分发给世界各地的计算机，使大家都有记账的权力，整个账本就能够变得公开透明。只不过，这一目标的实现需要创造一个独立的电子货币体系，比特币就这样诞生了，如图10-8所示。

提示：比特币最初由一个化名为中本聪的人在2008年11月1日提出，并于2009年1月3日正式诞生。

图10-8　比特币的去中心化

与所有货币不同的是，比特币不依靠特定货币机构发行，没有人能够操控它的发行数量和币值。它还可以在全世界范围内流通，在交易过程中外人无法辨认用户的身份信息，具有匿名性。

比特币的本质其实是一堆复杂算法所生成的特解。想要获得比特币，就要通过庞大的计算量不断地去寻求这个方程组的特解。这就好比，在遥远的东方埋藏着很多的宝藏，寻宝的勇士们需要长途跋涉，经历千辛万苦，才可能找到宝藏。而且可以把找到的宝藏锁起来，钥匙只在自己的手中，其他人无法拿到，这就是专属所有权。

比特币的交易信息都被记录在一个去中心化的账本上面，这个账本就是区块链。可以说，区块链技术是比特币的底层技术算法，比特币是区块链的源头。

2. 比特币转账

打开手机银行，选择转账功能，输入收款人的银行卡卡号和转账金额，再输入支付密码或者验证码就可以用银行账户进行转账了。之后银行就会把付款人账户里的钱转到收款人账户中，收款人只要查询一下就知道钱是否收到了。

其实比特币转账方式与银行转账很相似，只需要把代表中心化的银行去掉，把银行账户换成比特币地址就行了，如图10-9所示。先登录比特币钱包，选择转入和转出比特币的地址，填好转账金额后提交给比特币网络就完成了。之前提到的"矿工"就是确认这些交易的记账员，只不过，他们的工作是需要收取手续费的。手续费可以提高交易的成本，从而有效减少区块链网络中的垃圾信息。

图 10-9 比特币转账

银行在处理异地转账和跨行转账时也要收手续费,而且转账金额越大,手续费越高。而比特币转账的手续费与转账金额无关,是按字节收费的。例如,一次普通交易大约占 250 字节,要付出 0.001~0.0015 个比特币的手续费,差不多二三十元的样子。

比特币转账不像银行实时转账或者支付宝转账那样很快到达。虽然比特币网络预期是 10 分钟一个区块,但不是绝对的。可以看到,当前比特币网络里还有很多未被确认的交易。此外,转账速度与手续费也有很大关系。由于区块能够容纳交易记录的容量是有限的,因此同样的交易,"矿工"肯定会选择手续费高的优先进行打包。只要"矿工"确认之后,接收方就能够收到付款人转账的比特币。"矿工"每隔 10 分钟对全网未记账的信息进行一次确认,通常需要经过 6 次确认,确保交易记录不会被任何人篡改,转账才算真正完成。

现实生活中有银行、支付宝等作为中介机构,可以提高交易的安全性。比如说,当人们在网上购物时,可以先把货款转到支付宝中,等确认收货时,支付宝再将货款转到卖方手里。但是这个过程中会产生账期的问题,对双方而言都是不方便的。

在区块链的世界里,人们每天都要与不同的陌生人打交道,双方没有足够的信任作为基础。因此,当一笔转账发生时,这笔交易信息会在比特币网络进行全网广播,所有人都能看到这些信息。可以说,全部交易的可查询性使比特币转账更加合理与安全。相信不远的将来,它会更加深刻地影响着人们的行为方式和相处方式。

3. 区块链与比特币的关系

区块链技术是比特币的底层技术,比特币是区块链的第一个应用,也是目前区块链最成功的应用。形象点说,区块链技术相当于水,比特币相当于水里生长的一种鱼,它们之间是一种相互依存的关系。比特币的交易信息都被记录在一个去中心化的账本上面,这个账本就是区块链。如果把区块链类比成一个实体账本,那么每个区块就相当于这个账本中的一页,每 10 分钟生成一页新的账本,每一页账本上记载着比特币网络这 10 分钟的交易信息,每个区块之间依据密码学原理按照时间顺序依次相连,形

> 提示:全部交易的可查询性使比特币转账更加合理与安全。比特币转账不存在账期的问题,这在一定程度上提高了社会交易效率。

成链状结构，因此得名区块链。

构建比特币的三个层次：区块链、协议以及货币。第一层是底层技术，也就是区块链是去中心化的、公开透明的交易记录总账，其数据是有所有网络的节点共享的，由"矿工"更新、全民监督，但没有人真正拥有和控制这个数据库；第二层是协议，即区块链上进行资金转账的软件系统；第三层是货币本身，如比特币、莱特币等。这三层技术结构对所有的加密货币都是通用的，每一种不同的数字货币对应它独有的货币、协议及区块链。如今，随着区块链技术的不断发展，这种技术将被服务于各个阶层，而不仅仅限于比特币。

提示：区块链与区块链之间的关系如同"货币"与"世界"之间的关系，二者相互依存，缺一不可。

二、以太坊

1. 以太坊的概念

以太坊是一个可编程、可视化、更容易应用的区块链。

比特币开创了去中心化加密货币的先河，五年多的时间充分检验了区块链技术的可行性和安全性。比特币的区块链事实上是一套分布式的数据库，再在其中加进一个符号——比特币，并规定一套协议使得这个符号可以在数据库上安全地转移，并且无须信任第三方，这些特征的组合完美地构造了一个货币传输体系——比特币网络。

然而比特币并不完美，那就是协议的扩展性不足，例如，比特币网络里只有一种符号——比特币，用户无法自定义另外的符号，这些符号可以代表公司股票或者债务凭证等，这就损失了一些功能。另外，比特币协议里使用了一套基于堆栈的脚本语言，这种语言虽然具有一定灵活性，使得像多重签名这样的功能得以实现，然而不足以构建更高级的应用，例如去中心化交易所等。

而以太坊从设计上就是为了解决比特币扩展性不足的问题。以太坊实现了一些比特币没有的新功能，它允许任何人编写智能合约和发行代币。就像比特币一样，以太坊是去中心化的，由全网共同记账，账本公开透明并且不可以篡改。但与比特币不同的是，以太坊是可以编程的区块链，它提供了一套完备的脚本语言，因此开发人员可以直接用C语言等高级语言编程，转换成汇编语言，大大降低了区块链应用的开发难度。

以太坊除了用于转账，还用于支付智能合约的费用，为了避免以太坊的区块链上充斥垃圾合约和垃圾应用，要求在以太坊上建立和运行智能合约时，必须用ETH支付智能合约费用。也就是说，在以太坊区块链上用新创造的数字资产转账时，需要用ETH支付手续费，而不是新创造的数字资产。

2. 以太坊的创造历程

以太坊的创始人是Vitalik（见图10-10）。以太坊的概念首次在2013至2014年间由程序员Vitalik受比特币启发后提出。Vitalik对区块链的最大贡献，就是在数字货币之外，实现了区块链更广泛的应用可能——智能合约。

早在20世纪90年代，尼克·萨博就提出了智能合约的概念。智能合约的本质是一个可以自动执行的计算机程序，不需要任何人监督执行，只要开始启动，就必然产生固定的结果，然而它一直未被实践。Vitalik在区块链上看到了实现智能合约的机会，并把它变成了现实。

图 10-10　以太坊创始人

比特币只是在数据上达成共识，而以太坊在数据和程序上都能达成共识。以太坊提出的智能合约，意味着每个人都可以在上面写一些代码去实现一些功能，任何人们能够想象的可以在互联网上发生的事情，很快都会通过以太坊实现，比如一个音乐产业平台、一个电影产业平台、一个广告科技平台、一个健康医疗平台，都可以通过以太坊实现强大的功能。

以太坊自问世以来的发展历程如下。

2013 年 11 月，Vitalik 起草了以太坊初版白皮书。

2014 年 1 月，Vitalik 在迈阿密比特币会议上第一次公布了以太坊项目，Gavin Wood 和 Jeffrey Wilcke 加入以太坊项目。

2014 年 7 月，以太坊基金会成立。

2014 年 7 月 22 日到 9 月 2 日，以太坊进行了为期 42 天的以太币预售众筹，共募集 31 591 比特币，总价值在当时达到 1840 万美元。

2014 年 11 月，第一次小型开发者会议（DEVCON 0）在柏林举办。

2015 年 7 月，以太坊网络正式发布。

2015 年以太坊主网发布后，迅速成为行业的新星，2017 和 2018 年更是跟随币价上涨成了圈内圈外的焦点。在这两年时间里，Ethereum 一词的谷歌搜索量超过 1.1 亿次，推特上每天发布标签含"以太坊"的推文平均达 2 万条。

据统计，目前以太坊社区的开发者数量已经超过 25 万人，在前 100 强区块链项目中，有 94 个都是基于以太坊网络建立的。但随着以太坊的蓬勃发展，也遇到了一些问题。那就是以太坊网络的拥堵问题。

以太坊最初的设计是基于加密货币的理念，是要建立一个对等的网络，也就是一个点对点的网络。对等网络是一个信息对称的网络，在这样的网络中，通过任何一个节点都可以获知这个网络所有的信息，这与中心化的网络是不一样的。比如，在中心化的网络中，人们不可能知道百度掌握的所有信息，百度只会推送给人们它想给的或者人们想知道的一部分信息，人们是不可能通过百度知道整个互联网的信息的。

而信息对等的网络，会通过冗余技术，通过全世界上万个节点的互相备份来保证这个网络是绝对安全的，让网络的公平和对等实现最大化。但是会造成效率低下，也就会造成去中心化网络的拥堵。

因此,通过权益证明机制对以太坊扩容——权益证明机制是让区块链达成共识的一种方式,不需要像工作量证明机制那样耗费大量的能源。

权益证明机制也称股权证明机制,是工作量证明机制的一种升级。比特币的工作量证明机制需要消耗大量的能源,这就限制了技术的可扩展性和效率;而权益证明机制类似于把资产存在银行里,银行会通过人们持有数字资产的数量和时间分配相应的收益。权益证明机制通过评估人们持有代币的数量和时长来决定获得记账权的概率,这就类似于股票的分红制度,持有股权相对多的人能够获得更多的分红。这种机制消除了对能耗的需求,从而使得区块链技术摆脱了与工作量证明机制相关的效率和可扩展性的限制。以太坊的创始人目前也正在研究如何提升以太坊的性能,如何更容易地实施权益证明机制。

提示:早在 2014 年 1 月,Vitalik 就开始研究权益证明机制,但直到 2017 年 10 月底,以太坊才发布 POS 系统的首份技术文件,至今还未能正式实施。

3. 以太坊的应用举例

以太坊是一个开源的有智能合约功能的公共区块链平台,通过其专用加密货币以太币提供去中心化的虚拟机来处理点对点合约。以太坊的应用举例如图 10-11 所示。

图 10-11　以太坊的应用举例

1) 支付系统领域

以太币是以太坊网络的加密货币,目前被积极用作价值转移、价值存储。使用以太币的支付交易账单可以通过节点进行验证,并写入不可变更的账本。

2) 众筹领域

互联网众筹时代让众多小企业得以发展,如果一家公司有了新想法、新项目并有了众筹意愿,在中介众筹机构获得成功后,就需支付一定比例的手续费。而在以太坊网络,一旦众筹成功,合约达成,募集资金会在某个时刻自动分发到企业账户上,且不收取手续费,便捷而快速。

3) 物联网领域

物联网可能成为数万亿美元的大市场,无数公司都在抢占这个市场,以 Slock 为例,这家创业公司正在建设连接区块链与现实世界的桥梁,通过使用以太坊区块链,所有资产例如公寓、自行车、汽车等都能被数字化锁定或者解锁,然后通过出租,将这些资产变成收入。

4) 数字身份领域

数字身份认证现在已经在众多场景中得到广泛应用,但因具有碎片化、分散化等特点,不利于用户管理,且经常面临身份泄露、盗用等问题。区块链的分布式数据存储、点对点传输、加密算法等技术特性为数字身份的实现提供了一种可信的解决方案,

提示:未来以太坊等技术趋于成熟,涉及自动化系统的商业份额明显增长,智能合约技术有望得到更广泛的应用。

可以有效解决身份验证和操作授权问题。

5）法律领域

如何在买卖双方之间建立充分的信任,使贸易成为可能?智能合约提供了一个可行的方案。智能合约的不可改变性以及自动执行的性质可以保证合同的实施,在一定程度上解决信任问题,目前,已有多家律所及法律机构加入了企业以太坊联盟(EEA)。

三、莱特币

在现实生活中,有超过 3000 种加密货币,而且不断有更多的加密货币出现,其中莱特币是主流的加密货币之一。在比特币诞生几年后,莱特币也诞生了(见图10-12)。莱特币是一种类似于区块链的技术,那么它与比特币有何不同呢?

图 10-12 莱特币

比特币的代码是开源的,这意味着它可以被任何人修改并自由地用于其他项目。目前,许多加密货币已经推出了此代码的修改版本,并取得了不同程度的成功。如果比特币算作数字货币中的黄金,那么莱特币就是白银。两种加密货币密码可能看起来相似,但它们在市场接受度和技术机制方面实际上是截然不同的。

莱特币与比特币的区别如下。

1. 公众接受程度

比特币在市场上的知名度和接受度明显比莱特币要高,其市场上限比莱特币要高得多,比特币的压倒性优势使其成为加密投资界的主流选择。另外,比特币具有极高的市值,且其市值在加密货币中的占比保持稳定。

2. 硬币数额

比特币和莱特币都有有限数量的硬币在流通。比特币有 2100 万个可用硬币,而莱特币有 8400 万个可用硬币,是比特币的四倍。

3. 交易速度

尽管莱特币需要比比特币更复杂的技术来进行挖掘,但实际上生成区块的速度却快了四倍。莱特币还可以更快地处理金融交易,也可以在同一时期内处理更多数量的

提示:莱特币由前谷歌工程师 Charlie Lee 于 2011 年创建。目的是创建一种基于区块链的货币,这将解决比特币固有的一些问题,特别是传输速度慢的问题。

金融交易。如果比特币试图与此相匹配,则需要对比特币网络上的每个人当前正在运行的代码进行重大更新。

莱特币的更快阻塞时间降低了双重花费攻击的风险,这在两个网络具有相同散列能力的情况下是理论上的。等待至少两次确认的商家只需要等待五分钟,而他们将需要等待10分钟才能进行一次比特币确认。但比特币交易更加安全。

4. 加密算法与技术

比特币和莱特币之间最大的技术差异在于它们使用的不同加密算法。比特币使用 SHA-256 算法,而莱特币使用 Scrypt。这些不同的脚本值得注意,因为它们影响了新硬币开采过程。莱特币和比特币都需要大量的计算能力才能确认交易。SHA-256 被认为比 Scrypt 更复杂,但同时它允许更多的并行处理。这意味着比特币矿工现在能够使用更先进的方法来开采硬币。但这也意味着普通用户难以进行比特币挖掘。

拓展之三:数字票据

一、票据市场发展的现状及困境

1. 票据业务的重要性

票据作为"商品交易的血管中流动的血液",集支付、理财、交易、清算和信用等诸多金融属性于一身,业务场景复杂,当事人众多,市场规模大,在服务实体经济发展中具有重要作用。

2. 票据的概念

票据是反映一定债权债务关系、具有流通性、代表一定数量货币请求权的有价证券。在其规定期限内,持票人或收款人可向出票人或指定付款人无条件地支取确定金额的货币。

狭义上,票据指依据法律按照规定形式制成的并显示有支付金钱义务的凭证,涵盖汇票、本票和支票三大类型。

3. 票据业务的发展现状

近年来,受监管政策趋严、金融脱媒及互联网金融等因素影响,互联网与票据业务进一步融合,如图 10-13 所示。但与此同时,大量游离于监管范围之外的违规交易滋生,加之传统票据业务模式下的诸多痛点,票据市场面临更大的风险,对商业银行合规经营和经济秩序保持稳定提出了较大的挑战。

图 10-13 互联网与票据业务结合的发展趋势

一方面,票据业务发展迅速,服务实体经济的功能不断强化。

互联网金融在实际投入使用中主要分为支付和融资两大模式,而这正与票据的双重属性相吻合。服务于"小而微"企业的互联网金融,进一步发挥了票据业务在加速资金融通、缓解企业流动资金不足、寻求社会融资等方面服务于实体经济的功能。截至2017年,企业累计签发商业汇票17万亿元,期末商业汇票承兑余额为8.2万亿元,其中未贴现银行承兑汇票余额4.44万亿元,占社会融资规模的比例为2.5%。上海票据交易所日均交易规模突破1800亿元。

> 提示:票据业务是银行盈利的重要来源,也是政府和相关金融机构进行市场调控的核心手段。

首先,票据承兑业务通过服务于企业间的短期资金支付环节,为实体企业的支付和结算提供了便利;其次,票据贴现和背书转让业务为实体企业提供了便捷的融资渠道和低成本的资金来源;再次,票据转贴现业务加快了资金融通,是银行等金融机构的传统资产业务;最后,央行借助再贴现、回购等货币政策工具,推动票据在货币政策传导、促进信贷机构调整、引导扩大中小企业融资范围等方面发挥了重要作用。事实上,关于票据业务体量与宏观经济发展之间的关系,已经有人对2001年后票据业务与GDP的数据进行分析,指出票据承兑余额、承兑量、贴现量与实体经济指标存在显著的正相关关系。

另一方面,票据业务大案频发,监管政策密集出台。

随着票据业务的发展扩大,有关票据的案件也层出不穷。自2016年以来,全国各地发生了多起银行票据案件,数额巨大,牵涉机构众多,严重破坏了金融市场经济秩序。除了传统纸质票据引发的案件外,首例电票系统诈骗案发生后,电子票据也不再被视为完全安全的模式。表10-1展示了部分票据大案,其中仅2016年一年,涉案金额便已超过百亿元。

表 10-1 2016 年以来票据大案

时 间	涉案单位	涉案金额/亿元
2016 年 1 月	中国农业银行北京市分行	39.15
2016 年 1 月	中信银行兰州分行	9.69
2016 年 4 月	天津银行上海分行	7.86
2016 年 7 月	宁波银行	32
2016 年 8 月	中国工商银行、恒丰银行和焦作中旅银行	13
2016 年 12 月	邮储银行甘肃武威文昌路支行	79
2017 年 1 月	华夏银行、中国光大银行、中国银行	47.65
2017 年 7 月	中国民生银行、浦发银行、中信银行、泰安交通银行	99

4. 传统票据业务发展困境

近年来,票据市场"黑天鹅"事件不断发生,尽管监管趋严,但票据大案的源头尚未根除,当前票据业务中仍然存在诸多痛点。除了潜在的风险项,在互联网金融发展迅速、金融加速深化的背景下,传统票据业务模式面对现代商业时间和地域跨度不断扩大的挑战,其真实性、有效性和及时性都受到质疑。

(1) 票据的真实性问题:贸易背景虚构,市场中伪造票据大量存在。

由于银行审核主要基于形式要件,缺乏对实际贸易背景的有效掌控,因此风控的穿透存在天然的缺陷,特别在票据业务的初始环节,关于贸易背景真实性的审查极为重要。从近年央行等部门频频发出的罚单特点来看,票据的违法违规行为主要归结于两点:一是对没有充足贸易条件的商业汇票进行贴现;二是签发或办理没有任何实际贸易环境的银行票据及贴现。这两点都直指票据贸易背景的真实性问题。与此同时,票据市场中仍有大量假票、克隆票、变造票等伪造票据存在,这在纸质票据的流通中尤为常见。

(2)市场中的违规交易:部分交易主体和中介进行"一票多卖"等违规操作。

除了企业可能通过签发虚拟贸易合同套取票据外,部分银行在不良率高和流动性不足的压力下,往往也会出现租借"同业户"等违规操作;加之当前票据中介良莠不齐,部分中介机构利用信息不对称进行违规经营,不透明、不规范操作和高杠杆错配等乱象丛生,甚至演变为行业"潜规则"。同时,纸质票据的时滞性和流动性差等问题,电子票据系统各接入点拉长了风险链条,以及中心化网络暗藏的安全风险,共同成为票据市场中一票多卖、短期回购、清单交易、过桥贷款、出租账户等违法违规行为的"温床"(见图10-14)。上述风险极高的票据流入商业银行体系,加大了有效管控和风险防范的难度,使得大量票据沦为融资套利和规避监管的工具。

图10-14 传统票据的缺点

(3)划款的及时性问题:信用风险累积。

鉴于票据自身的特性和信用背书的存在,在其贴现和承兑等环节中,往往存在信用风险暴露的问题,尤其是票据到期后承兑人不及时将相关款项划入持票人账户的现象比较突出。特别是商业银行承兑汇票,考虑到开票企业开具空头支票或资产被抵押、冻结等因素,在资金融通的过程中,自然形成了对贴现企业的风险暴露;同时,由于承兑银行提供的信用担保,信用风险缓释,承兑银行成为最终的风险暴露端。此外,信息不对称往往导致不合理的信用等级评定,使得商业银行难以精准地把控交易目标的信用风险情况,不仅提高了对中小企业的门槛,也影响了票据融资功能的发挥。

二、数字票据

数字票据采用区块链的分布式记账技术,账本按照时间序列和共识机制构建数据库(文件),且数据库不是存储在某单一的中间服务器上的,而是存储在全员共享的记

什么是
数字票据

账系统中。票据业务的金融属性和市场规模使得票据市场的发展具有重要性,而诸多痛点和巨大的风险使得其改革具有必要性,这些都形成了票据发展和业务创新的内在动力。同时,随着比特币的大热,区块链技术越来越受到重视,其公开透明、去中心化、不可篡改等特性,使得推行数字票据具备可行性。

1. 数字票据的概念

数字票据是基于区块链技术所构建的票据,与传统的纸质票据、电子商业汇票等形式完全不同,但也并非是对传统票据规则的完全颠覆,而是结合最新的计算机网络技术,将传统票据规则和应用模式进行融合、变通而形成全新的票据形式,进一步发挥了票据在经济体系中的重要作用。

2. 数字票据与纸质票据、电子票据的主要区别

票据的特点决定了票面信息和交易信息必须具备完整性和不可篡改性。与一般金融交易相比,票据金额一般较大,对安全性的要求更高。区块链通过密码学提供的安全性、完整性和不可篡改性等特性,可在一定程度上满足票据交易的需求,有助于在技术层面上防控票据业务风险。在隐私保护上,传统票据市场各金融机构通过信息隔离保护参与者隐私,区块链技术则是通过算法保护参与者隐私,为隐私保护提供了新思路。表10-2展示了纸质票据、电子票据、数字票据的主要区别。

表10-2 纸质票据、电子票据、数字票据的主要区别

项目	纸质票据	电子票据	数字票据
定义	由收款人、存款人、承兑申请人签发,承兑人承兑,于到期日向收款人支付款项的票据	出票人依托电子商业汇票系统(ECDS),以数据报文形式制作,委托付款人在指定日期无条件支付确定金额给收款人或者持票人的票据	利用区块链技术,结合法定票据业务属性、市场规则、合规要求,将电子票据升级为数字票据,拥有电子票据全部功能,从技术架构上解决(电子)票据造假、违规交易、信用风险、信息安全、操作烦琐低效等问题
流通形式	必须在票据上加盖有效印章才能流通	依托中国人民银行ECDS系统,需要接入银行才能办理相关业务	构建联盟链,基于不可篡改时间戳、联盟链信息公开、分布式共享账本、多中心化共识、智能合约实现数据真实完整、点对点、去中介化、全流程审计风控、可视化背书等特性

3. 数字票据的三大要素

1) 书面原则——完整性和不可篡改性

追溯票据的概念和内涵,特别是《中华人民共和国票据法》(下文简称《票据法》)的规定,可以看到要式性是票据行为的一个重要特征,其中书面原则贯穿了整个票据法。书面原则的实质是对票据票面信息和交易信息必须具备完整性和不可篡改性的要求。区块链技术通过计算机网络调制解调设备将搭载信息的数据电文,转化为人眼可直接感知的票面信息,然后进行后续操作。而诸如必备条款等的形式要求,如制作数字票

据时未能根据系统要求完整填写所有的内容,票据就无法发出,票据行为也就无从依附。这样,通过密码学提供的安全性、完整性和不可篡改性的特性,区块链技术实现了对票据书面原则的变通。

2)电子签章——非对称式密钥加密

票据的另一个要式行为体现在签章上,传统票据理论中,票据行为主体的确认就是基于签章的确认。票据作为一种包含支付指令的有价证券,其根本意义就在于可以通过签章确定承担金钱给付义务的主体,也即经典的"无签名则无责任"的票据基本原则,在《票据法》尚未针对电子票据进行定义的前提下,2005年开始施行的《中华人民共和国电子签名法》中提出的"可靠电子签名"为区块链技术提供了变通思路。

> 提示:在《中华人民共和国票据法》中,尚未针对电子票据进行定义。

3)交付方式——流动性和背书可逆性

票据的流动性是其诸多金融功能发挥作用的基础,传统纸质票据通过对有形载体的占有转移实现交付,进而完成票据所载权利的转让。基于区块链技术的数字票据尽管具有无形性,但考虑到其是储存在区块链各个节点共同确认的账本上的数据电文信息这一实质,通过在计算机网络环境下对数据电文信息进行传输、修改及确认,就可以实现对数字票据的虚拟化占有和交付。

传统纸质票据一旦交付给被背书人,背书行为就发生效力。数字票据的特殊性在于,背书行为的交付效力在经过所有节点的确认和记载后方才形成,鉴于各节点规模的不同,在被背书人尚未确认回复前,背书人可撤回要约,进而赋予数字票据背书转让一定程度的可逆性。

三、数字票据的特性与功能

1. 数字票据的安全性

票据的安全性较为脆弱,而电子票据最新出现的"背飞(票据交付给对方,但没收到资金)、打飞(资金付出去了,但没收到票据)"现象也成为人们关切的问题。相比较而言,数字票据具有更高的安全性,其以区块链为架构,采用分布式账本,为信息不对称、交易追踪等问题给出了极好的解决方案。

首先,在联盟链中,每一数字票据的出票、票据行为的实现,都以全网广播的形式在所有接入节点进行存储、确认,使得在连续记录的账本中不可能出现毁损、丢失、变造等现象。

其次,账本在每个节点都有一个完整的复制,系统运行并不依赖特定的中央服务器,当出现少数节点不联网、被攻击、被损坏等情况时,也不会因此出现全网交易中断、信息泄露等重大风险事件。数字票据的签名采用公钥和私钥结合的形式,接入区块链的节点均可相互查看,缺少合法的私钥就无法进行票据行为。

2. 数字票据的交易效率

数字票据只要在联网条件下就可以进行交易。电子票据的电子化提高了交易效率,数字票据在这一点上与电子票据相同。

3. 数字票据的监管

区块链特性给票据市场的监管带来全新的便利,一般采用联盟链(非公开链)可设置特殊节点(具有监管功能的主权节点),比一般用户具有更高的权限。

在本地化的账本中,监管人员对交易历史完整追溯,对特定票据行为进行监控,再结合智能合约的编程监管,使数字票据的监管效率和便利程度远高于电子票据系统,即便是在脱机的情况下仍然可以执行监管功能。

4. 票据背书的突破性与合规性

《票据法》对背书转让的规定有:"背书应当连续""背书不得附条件""背书附有条件的,所附条件不具有汇票上的约束力""将汇票金额的一部分转让的背书或者汇票金额分别转让给二人以上的背书无效"。这些规定是为了保证票据背书效力的稳定性,在保证票据的流通性的同时限制了其灵活性和特定性。

票据的拆分背书是数字票据相对于传统票据行为的颠覆式创新。数字票据具有分布式记账的功能,完全可以适应复杂的、多级的票据拆分转让。数字票据遵守"连续""不得附条件"的规定,但将票据拆分为二人及二人以上后,拆分过的票据仍然可以做进一步的拆分。票据拆分成为数字票据最值得推崇的功能,其实现机制为分布式记账的可追踪性、全程可验证性。这一功能应用于供应链金融领域,可以真正实现对全链授信。

> 思考:什么是智能合约?请举例说明。

5. 智能合约对背书的突破性

数字票据的背书行为应当通过智能合约的方式来进行,这也是对传统的以人工操作进行背书的颠覆式创新。智能合约代码是经过严格检测的公开代码,在约定的条件下产生执行相应票据的行为,由代码代理双方进行票据行为、契约行为,极大地提升了票据的灵活性。数字票据的票据行为是独立行为,智能合约的代码在执行中,如果同时或顺序执行若干票据行为,则应分别具有独立性,即每个票据行为的执行应当有结果记录(区块链记账),且独立的票据行为之间没有交叉影响。

非转让背书又分为委托收款背书和质押背书两大类。《票据法》规定汇票可以通过背书记载"质押"字样设立质押,通过背书记载"委托收款"字样委托被背书人代为行使汇票权利。数字票据实现质押和委托收款的背书采用智能合约模式,具有一定的便利性。如果使用数字货币,数字票据的结算则完全通过数字货币直接进行"点对点"实时结算,基本无须委托收款功能。

智能合约的形式使得票据在整个生命周期中具备限制性和可控制性特征。交易的控制方式、操作方式更加丰富,例如票据代持(双买断),在代码中约定买回的日期,智能合约在判断交易日期到期后票据将自动完成赎回买断。对于某些需要加强控制的环节,智能合约通过写入代码在程序中强制执行、避免违约。

采用智能合约来执行自动托收,由程序在到期时向承兑行自动发出托收申请,待托收完成后再自动记账,十分省心、省力。

6. 人工智能的突破性

人工智能(AI)在金融领域的应用已经开始。在海量单证的处理中,AI可能带来突破式创新。人对信息与知识的处理能力是较为有限的,AI使得人类的感知能力无限延伸,利用AI处理数据电文同样可以进行背书、转让等决策,为提高票据行为效率提供了无限的创新空间。

以上分析可以看出,在数字票据模式下,数字票据行为在背书、执行效率、转让等方面实现了颠覆式创新。但这类实践明显与现行《票据法》的规章制度相去较远。所以,在科学技术日新月异的今天,应积极推进法律的修订,且监管方对金融领域的票据创新应当持包容的态度,当然并不容忍利用金融创新之名而行违法之实。

四、数字票据的重要价值

金融的核心是跨时间、跨空间的价值交换,所有涉及价值在不同时间、不同空间之间进行配置的交易都是金融交易。理论上,在不同的空间之间进行价值交换是不可靠的。在不同的空间中的价值交易,需要通过人为设计的装置进行转化,而在转化中,关键在于对人的自私性进行限制。

在"互联网+"模式下,将实体企业的融资需求转为线上的数字化交易,是典型的不同时空下的价值交易行为。这种金融交易行为,既涉及跨时间(如应收账款),又涉及跨空间(未来不同的盈利和亏损状态)的价值交换。所以,为限制交易主体的道德和私欲问题,即"经济人"无法抗拒诱惑的特性,所有涉及人的因素,都应视为不可靠因素,并对此进行限制。

我国票据市场十分繁荣,票据不仅作为一种支付手段,更多的是作为融资工具而受广大小微企业所青睐。但是传统的纸质票据和依托央行 ECDS 系统构建的电子商业汇票,因其载体存在的不足及我国法律法规政策的滞后,市场乱象频发,是金融风险控制的重点问题。近几年关于票据的案件频频发生,体现出票据的主要缺陷,包括票据的伪造(票据造假、克隆票、变造票等)、票据违规交易(一票多卖)、票据信用风险(不及时兑付)等。

区块链技术正是针对人性的弱点,以"去中心化、防篡改"等机制来主动防止人为的不良干扰。区块链技术为解决现行票据交易的不足与缺陷提供了新思路。基于区块链的数字票据,其应用价值主要体现在以下方面,如图 10-15 所示。

图 10-15 区块链票据的价值

1. **实现票据价值传递的去中介化**

票据是一种有价凭证,在交易中需要一个信用较高的中间人,即"第三方"角色来确保交易双方的身份和守信。区块链技术采用分布式账本,一般不需要第三方对账本信息进行监督和验证,实现了价值在点对点之间的直接传递。

2. 提升交易效率

传统的纸质票据在其生命全流程,即从开票到承兑再到其他交易行为,均离不开物理形式的接触,因时间和空间上的限制而导致交易效率较低。而分布式记账与传统的系统开发较为不同,无须按"需求—代码—测试—投产—验证"等多个环节的流程,因其数据与代码的公开性可随时审计,省去了确认身份、验证票据真伪等的人力、物力成本,让经营决策更加简单、直接和有效,使整个票据市场的运作效率比传统票据的流转效率高出很多。

3. 改进中心化电子商业汇票交易的不足

我国电子商业汇票系统属于经典的中心化系统,交易登记和数据交换完全在中心化的服务器中完成,所有的票据承兑、交易、托收等环节都需要在 ECDS 系统中完成。其提供的标准化服务与个性化的市场之间存在矛盾。在采用去中心化的分布式账本后,将产生"多中心"模式,对票据的生命周期(从产生到消亡)更容易管理,其连续"背书"机制,真实反映了票据权利的转移过程。

4. 防范风险事件

纸质票据存在"一票多卖"等风险,电子票据存在打款背书不同步等风险,而区块链采用不可篡改交易记录的模式,具备公开透明的特性,使得交易各方难以产生抵赖行为。数字票据以数字电文的形式存在,且每一数字票据的出票、票据行为的实现,都会通过全网广播的形式在区块链节点进行存储、确认。另外,区块链系统不会因中心服务器问题而出现网络崩溃的灾难性后果。不可篡改的交易记账,使得监管方的调查、取证的成本也大为降低,使责任的追溯与认定更为简便。对于监管规则也可以用编程来建立共用约束代码,实现监管的有效控制与约束的全覆盖。

> 提示:目前在票据领域,需要加强对纸质票据业务的监管,进一步完善电子票据的系统功能,同时,试行数字票据是解决目前票据市场的新方法。

拓展之四:跨境支付结算

一、跨境支付方式现状

跨境支付方式

1. 目前主要的跨境支付方式

在国际贸易中,因为支付环节与结算风险密切相关,所以支付环节一直是交易双方的一个重要关注点。全球目前主流跨境支付方式如图 10-16 所示。在当今的国际贸易中,支付结算基本都通过银行进行,银行提供各种支付结算方式,主要有 T/T 汇款和信用证两种。

1) T/T 汇款

T/T 汇款即电汇,是汇款人通过银行向收款人直接支付价款的一种方式,其流程如图 10-17 所示。电汇方式项下,进口方和出口方约定以电汇方式结算,然后由进口方向汇款行提交申请书,并缴纳手续费,汇出行通过电讯方式向汇入行提交电汇通知书,同时将款项划拨至汇入行账户,若汇入行审核无误,再向收款人发出取款通知书,

图 10-16 全球目前主流跨境支付方式

收款人凭取款通知书到汇入行取款,由汇入行向收款人付款后,再向汇出行发出收讫通知。

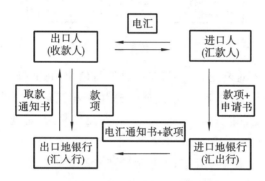

图 10-17 电汇业务支付流程图

国际贸易中,按照进口人主动付款的时间,电汇可以分为预付和到付。

电汇的特点如下:

(1)电汇是单纯性汇款服务,业务流程中,银行仅根据进口人的申请提供传递款项的服务,不提供信用。

(2)电汇是商业信用。虽然电汇是商业信用,风险有点大,但是它手续简便、费用低廉,所以它一直以来是相互信任的进出口双方交易的理想方式。此外,在支付小额交易的货款、订金等费用时也通常选择电汇方式。

2) 信用证

信用证是指由银行(开证行)依照(申请人的)要求和指示或以自身名义,在符合信用证条款的条件下,凭规定单据向第三者(受益人)或其指定方进行付款的书面文件。即信用证是一种银行开立的有条件的承诺付款的书面文件。

信用证大体的业务流程如图 10-18 所示。买卖双方签订以信用证作为结算方式的合同,然后进口方向所在地银行提出开证申请,开证行在收到开证申请后,就必须按照开证申请书上的要求,向指定的受益人开立信用证,现在信用证一般通过电讯方式通知受益人所在地的银行,请其转告受益人。

通知行在核实无误后,应及时无误地把信用证通知受益人,通知行有义务核实信用证表面的真实性,如果通知行对信用证真实性有疑问,应及时通知受益人。

受益人根据买卖合同的要求核实信用证里的要求,核实无误后按信用证相关要求发货并签发单据,向通知行交单议付,通知行对所提交的单据应进行审核。

通知行根据信用证规定将相关单据提交开证行,并发出索偿指示,请求偿付。

开证行在收到单据后,按信用证要求进行核实,没有问题后,在规定时间内进行偿付。

提醒:人无信则不立,国无信则不强,这是众所周知的,中华民族历来就有一诺千金的美德。诚乃立身之本,信为道德之基。

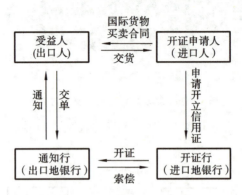

图 10-18 信用证业务流程

从上面的描述中不难看出,信用证是一种银行信用,开证行负第一性的付款责任。电汇依靠的是商业信用,业务流程比较简单,适用于相互信任的进出口双方进行小额贸易;而信用证依靠的是银行信用,业务流程相对比较复杂,是现在主流的支付方式。

2. 传统跨境支付方式存在的主要风险

在国际贸易的传统运行模式下,电汇风险通常会被划分为以下两种。

1)在货到付款模式下,出口商可能财、物两失

如果货物出口商并没有选择一个具有高信用等级的货物进口商,一旦把货物的运输单据交付给货物进口商,那么货物出口商就会失去对货物的掌控能力。如果货物出口前期没有收到货物进口商的货款,处于货到付款的形势下,那么货物出口商就极有可能面临货物进口商收到货物却不付款的问题。对于货物出口商而言,这是钱财与货物两方面的损失。

从货物出口商的角度来看,货到付款这种模式是基于出口商对货物进口商的信任,所以如果出现货物进口商在收到货物后无法付款或拒绝付款的情况,货物出口商承担的电汇风险就非常大。

2)在预付货款模式下,进口商未收到货物

就承担风险而言,预付货款的模式与货到付款的模式正好相反。在预付货款模式下,货物进口商是电汇风险的主要承担者。货物进口商预先支付货款等待货物出口商发货,但是如果货物出口商没有按照承诺准时发货,那么货物进口商就要单方面承担风险,货物出口商则可能将货物进口商预先支付的货款用在其他方面。

很多国家的银行都是私有的,只不过信用等级比较高。所以,如果开证行倒闭了,而出口商货物已经到港了,那就会存在钱货两失的情况。开证行对信用证的审核时间通常很长,针对信用证所填内容也常常有异议,需要出口商去沟通。所以总的来说,信

用证这一支付方式效率比较慢,资金周转周期长,同时存在一定的收款风险。由此可见,在国际贸易的传统运行模式下,无论是电汇还是信用证,无论是货到付款还是预付货款,货物出口商和货物进口商都会有一方承担较高的风险。所以,在这种传统的支付方式下,人们迫切需要一个有效的解决方案来处理这些风险问题。于是,火热的区块链技术被尝试引入支付领域。

电汇依靠的是商业信用,所以无论是出口方还是进口方,都存在一定的信用风险。而信用证虽然依靠的是银行信用,但是因为很多国外银行都是私有制,所以还是存在一定的信用风险。传统跨境支付方式的弊端如图10-19所示。

> 提醒:电汇和信用证都有相应的风险!

图 10-19 传统跨境支付方式的弊端

二、区块链技术对传统跨境支付结算业务带来的影响

1. 区块链优化传统跨境支付结算体系

支付结算是交易的最核心环节,目前跨境支付方式存在一些问题,因此,区块链技术的引入就显得尤为必要。

在跨境支付中,如果付款方银行与收款方银行没有建立业务关系,跨境支付就会涉及新的关键中介方——环球银行金融电信协会(Society for Worldwide Interbank Financial Telecommunications,SWIFT)。两家银行需要在 SWIFT 网络找到可以提供跨境服务的交易通信节点行来完成支付、清算和结算(见图10-20)。

图 10-20 SWIFT 系统在跨境支付中所扮演的角色

环球银行金融电信协会是一个国际银行间非营利性的合作组织,总部设在比利时

> 提示:据报道,目前 SWIFT 平均每天要为 1 万家以上的金融机构提供超过 2400 万次交易信息服务。

布鲁塞尔，运营跨国金融电文网络，为金融机构结算提供金融交易的电文交换业务，并提供规则统一的金融业安全报文服务和接口服务。中国是 SWIFT 会员国，中国银行、中国工商银行、中国农业银行、中国建设银行、交通银行等银行均加入了 SWIFT 组织，开通了 SWIFT 网络系统。

由于跨境金融机构之间系统不相通，直接结算成本高昂，同时跨境支付业务占比低，以及对手方存在不确定性，因此很难构建直接合作关系。跨境支付的成本构成包括支付处理、流动性损失、债权与资金运作、合规、换汇成本、网络管理与维护、间接费用这 7 个方面，加之存在代理行参与、协议沟通、交易信息反复确认等因素，这使得跨境支付结算周期平均需要 3~5 天，其中通过 SWIFT 进行交易确认往往需要 1~2 天。

> 提示：据媒体报道，西班牙桑坦德银行有 10% 的收入来自国际转账。

跨境支付应用区块链技术相当于创建了一个跨国金融机构间的点对点网络，汇出行和汇入行的交易需求可以直接得到匹配，从而大大降低了 SWIFT 体系的流动性损失、资金运作和换汇成本。区块链所具备的去中心化、不可篡改、可追溯的特性可以为跨境支付业务消除第三方这一角色，同时可以简化烦琐的流程。

2. 区块链降低用户跨境支付成本，提升跨境支付效率

目前发达的跨境人员、货物、贸易交流带来了频繁的货币跨境汇兑业务，不过由于跨境汇款涉及境内外多家银行和支付机构、跨境法律法规、汇率波动等诸多复杂问题，传统跨境汇款业务存在如下痛点：中间环节多，流程复杂，耗时长，到账时间不确定，到账通常要 10 分钟到几天不等，晚 7 点后汇款最早次日到账；去柜台办理还需留意银行网点下班时间；中间出现状况退钱要更久，还可能转丢；手续费不透明，资金无法追踪；跨境汇兑人工损耗大、效率低；小额高频的换汇和汇款成本高。

> 提示：应用区块链技术跨境汇款，可以很好地提升支付的效率以及便捷性，也能降低汇款的成本，同时跨境汇款全流程、全环节的有关信息在链上可追溯、可监测。

据统计，每年都有高达万亿美元的费用因为烦琐而缓慢的银行支付系统而耗费。一些国家每笔跨境转账交易的平均成本高达转账金额的 7.68%，主要包括与支付相关的服务费和汇率损失。银行从中赚得盆满钵满，成了大赢家。

区块链技术去具有中心化、可溯源等特性，尤其在跨境支付清算领域的实用性和适配度上堪称最优，被誉为"最完美的跨境支付解决方案"。例如，比特币、以太币等加密数字货币建立在分布式账本上，用户能够使用加密数字货币实现跨境支付，并通过加密数字货币交易所、点对点交易等方式实现货币兑换，全过程无须依靠银行等传统金融机构。

> 提示：随着区块链等新兴技术的出现，未来商业模式将会面临巨大挑战。洞见并把握当下危中之机，才能在新的范式下立于不败之地。

而且，分布式账本、智能合约等拥有的技术特点，使得跨境汇款参与方有了实时、可信的信息验证溯源渠道，让汇款有迹可循，更加安全，也便于相关国家的监管部门可以对跨境汇款链路进行实时、全程的监测和监管。但根据目前的情况，一些国家和地区已经开始加强对加密数字货币的监管力度，将加密数字货币作为媒介进行跨境支付结算，可能会遭遇针对反洗钱、金融诈骗等的严格监管。

3. 未来商业

在"新全球化""双循环"等新形势下，过去几十年被印证可行的众多商业模式都面临着巨大挑战。与此同时，全球各国的货币与财政政策达到前所未有的宽松程度，中国也正在加大深化改革开放的力度，积极释放制度红利，各个产业也加快了自身的数字化转型升级。不难预见，引领下一个十年或更长时间的商业新范式正在酝酿之中。

信任是商业交易的基础。在众多的挑战中,最值得关注的一点是新冠肺炎疫情和贸易摩擦加剧了信任危机的发酵,这也提醒我们换一个角度来思考商业模式的发展路径。过去的很长时期内,尽管法律、监管、协议等正式制度的出现有效降低了交易成本,但社会成员间的一般性信任等非正式制度依然在经济生活中扮演着重要作用。而当技术的发展水平仍不足以弥合信息的不对称带来的信任问题时,商业信任的建立较为困难,商业主体往往只能选择中心、权威、集中式的信任机制,甚至只能选择信任"自己",这也助长了集中式商业的发展路径。

通过区块链和分布式账本技术,可以实现信息的可信传输,从而进行更深层次、更广领域的信任传递。因此,在这种新型的信任机制和信任传递能力之下,多方参与、共享资源、跨越国界协作的分布式商业模式便具备了现实基础,成为新的商业路径选择。分布式商业模式通过松散耦合、自下而上、智能协同等能力或特征,可以增强商业韧性,提升全局的响应速度、迭代速度和应变能力,进而降低风险与成本。的确,数字科技推动了信任机制的变革,为分布式商业提供了坚实的技术基础和机制基础。同时,信任的普惠化重新定义了我们的商业边界并助力商业不断创新,从而加速了分布式商业的不断发展。

附录A

CHUANGYE GUANLI CAISHUITONG

附表 A-1　复利终值系数表一

期数	1%	2%	3%	4%	5%	6%	7%	8%	9%	10%
1	1.0100	1.0200	1.0300	1.0400	1.0500	1.0600	1.0700	1.0800	1.0900	1.1000
2	1.0201	1.0404	1.0609	1.0816	1.1025	1.1236	1.1449	1.1664	1.1881	1.2100
3	1.0303	1.0612	1.0927	1.1249	1.1576	1.1910	1.2250	1.2597	1.2950	1.3310
4	1.0406	1.0824	1.1255	1.1699	1.2155	1.2625	1.3108	1.3605	1.4116	1.4641
5	1.0510	1.1041	1.1593	1.2167	1.2763	1.3382	1.4026	1.4693	1.5386	1.6105
6	1.0615	1.1262	1.1941	1.2653	1.3401	1.4185	1.5007	1.5869	1.6771	1.7716
7	1.0721	1.1487	1.2299	1.3159	1.4071	1.5036	1.6058	1.7138	1.8280	1.9487
8	1.0829	1.1717	1.2668	1.3686	1.4775	1.5938	1.7182	1.8509	1.9926	2.1436
9	1.0937	1.1951	1.3048	1.4233	1.5513	1.6895	1.8385	1.9990	2.1719	2.3579
10	1.1046	1.2190	1.3439	1.4802	1.6289	1.7908	1.9672	2.1589	2.3674	2.5937
11	1.1157	1.2434	1.3842	1.5395	1.7103	1.8983	2.1049	2.3316	2.5804	2.8531
12	1.1268	1.2682	1.4258	1.6010	1.7959	2.0122	2.2522	2.5182	2.8127	3.1384
13	1.1381	1.2936	1.4685	1.6651	1.8856	2.1329	2.4098	2.7196	3.0658	3.4523
14	1.1495	1.3195	1.5126	1.7317	1.9799	2.2609	2.5785	2.9372	3.3417	3.7975
15	1.1610	1.3459	1.5580	1.8009	2.0789	2.3966	2.7590	3.1722	3.6425	4.1772
16	1.1726	1.3728	1.6047	1.8730	2.1829	2.5404	2.9522	3.4259	3.9703	4.5950
17	1.1843	1.4002	1.6528	1.9479	2.2920	2.6928	3.1588	3.7000	4.3276	5.0545
18	1.1961	1.4282	1.7024	2.0258	2.4066	2.8543	3.3799	3.9960	4.7171	5.5599
19	1.2081	1.4568	1.7535	2.1068	2.5270	3.0256	3.6165	4.3157	5.1417	6.1159
20	1.2202	1.4859	1.8061	2.1911	2.6533	3.2071	3.8697	4.6610	5.6044	6.7275
21	1.2324	1.5157	1.8603	2.2788	2.7860	3.3996	4.1406	5.0338	6.1088	7.4002
22	1.2447	1.5460	1.9161	2.3699	2.9253	3.6035	4.4304	5.4365	6.6586	8.1403
23	1.2572	1.5769	1.9736	2.4647	3.0715	3.8197	4.7405	5.8715	7.2579	8.9543
24	1.2697	1.6084	2.0328	2.5633	3.2251	4.0489	5.0724	6.3412	7.9111	9.8497
25	1.2824	1.6406	2.0938	2.6658	3.3864	4.2919	5.4274	6.8485	8.6231	10.835
26	1.2953	1.6734	2.1566	2.7725	3.5557	4.5494	5.8074	7.3964	9.3992	11.918
27	1.3082	1.7069	2.2213	2.8834	3.7335	4.8223	6.2139	7.9881	10.245	13.110
28	1.3213	1.7410	2.2879	2.9987	3.9201	5.1117	6.6488	8.6271	11.167	14.421
29	1.3345	1.7758	2.3566	3.1187	4.1161	5.4184	7.1143	9.3173	12.172	15.863
30	1.3478	1.8114	2.4273	3.2434	4.3219	5.7435	7.6123	10.063	13.268	17.449
40	1.4889	2.2080	3.2620	4.8010	7.0400	10.286	14.975	21.725	31.409	45.259
50	1.6446	2.6916	4.3839	7.1067	11.467	18.420	29.457	46.902	74.358	117.39
60	1.8167	3.2810	5.8916	10.520	18.679	32.988	57.946	101.26	176.03	304.48

附表 A-2 复利终值系数表二

期数	12%	14%	15%	16%	18%	20%	24%	28%	32%	36%
1	1.1200	1.1400	1.1500	1.1600	1.1800	1.2000	1.2400	1.2800	1.3200	1.3600
2	1.2544	1.2996	1.3225	1.3456	1.3924	1.4400	1.5376	1.6384	1.7424	1.8496
3	1.4049	1.4815	1.5209	1.5609	1.6430	1.7280	1.9066	2.0972	2.3000	2.5155
4	1.5735	1.6890	1.7490	1.8106	1.9388	2.0736	2.3642	2.6844	3.0360	3.4210
5	1.7623	1.9254	2.0114	2.1003	2.2878	2.4883	2.9316	3.4360	4.0075	4.6526
6	1.9738	2.1950	2.3131	2.4364	2.6996	2.9860	3.6352	4.3980	5.2899	6.3275
7	2.2107	2.5023	2.6600	2.8262	3.1855	3.5832	4.5077	5.6295	6.9826	8.6054
8	2.4760	2.8526	3.0590	3.2784	3.7589	4.2998	5.5895	7.2058	9.2170	11.703
9	2.7731	3.2519	3.5179	3.8030	4.4355	5.1598	6.9310	9.2234	12.167	15.917
10	3.1058	3.7072	4.0456	4.4114	5.2338	6.1917	8.5944	11.806	16.060	21.647
11	3.4785	4.2262	4.6524	5.1173	6.1759	7.4301	10.657	15.112	21.199	29.439
12	3.8960	4.8179	5.3503	5.9360	7.2876	8.9161	13.215	19.343	27.983	40.038
13	4.3635	5.4924	6.1528	6.8858	8.5994	10.699	16.386	24.759	36.937	54.451
14	4.8871	6.2613	7.0757	7.9875	10.147	12.839	20.319	31.691	48.757	74.053
15	5.4736	7.1379	8.1371	9.2655	11.974	15.407	25.196	40.565	64.359	100.71
16	6.1304	8.1372	9.3576	10.748	14.129	18.488	31.243	51.923	84.954	136.97
17	6.8660	9.2765	10.761	12.468	16.672	22.186	38.741	66.461	112.14	186.28
18	7.6900	10.575	12.376	14.463	19.673	26.623	48.039	85.071	148.02	253.34
19	8.6128	12.056	14.232	16.777	23.214	31.948	59.568	108.89	195.39	344.54
20	9.6463	13.744	16.367	19.461	27.393	38.338	73.864	139.38	257.92	468.57
21	10.804	15.668	18.822	22.575	32.324	46.005	91.592	178.41	340.45	637.26
22	12.100	17.861	21.645	26.186	38.142	55.206	113.57	228.36	449.39	866.67
23	13.552	20.362	24.892	30.376	45.008	66.247	140.83	292.30	593.20	1178.7
24	15.179	23.212	28.625	35.236	53.109	79.497	174.63	374.14	783.02	1603.0
25	17.000	26.462	32.919	40.874	62.669	95.396	216.54	478.90	1033.6	2180.1
26	19.040	30.167	37.857	47.414	73.949	114.48	268.51	613.00	1364.3	2964.9
27	21.325	34.390	43.535	55.000	87.260	137.37	332.96	784.64	1800.9	4032.3
28	23.884	39.205	50.066	63.800	102.97	164.84	412.86	1004.3	2377.2	5483.9
29	26.750	44.693	57.576	74.009	121.50	197.81	511.95	1285.6	3137.9	7458.1
30	29.960	50.950	66.212	85.850	143.37	237.38	634.82	1645.5	4142.1	10 143
40	93.051	188.88	267.86	378.72	750.38	1469.8	5455.9	19 427	66 521	*
50	289.00	700.23	1083.7	1670.7	3927.4	9100.4	46 890	*	*	*
60	897.60	2595.9	4384.0	7370.2	20 555	56 348	*	*	*	*

附表 A-3　复利现值系数表一

期数	1%	2%	3%	4%	5%	6%	7%	8%	9%	10%
1	0.9901	0.9804	0.9709	0.9615	0.9524	0.9434	0.9346	0.9259	0.9174	0.9091
2	0.9803	0.9612	0.9426	0.9246	0.9070	0.8900	0.8734	0.8573	0.8417	0.8264
3	0.9706	0.9423	0.9151	0.8890	0.8638	0.8396	0.8163	0.7938	0.7722	0.7513
4	0.9610	0.9238	0.8885	0.8548	0.8227	0.7921	0.7629	0.7350	0.7084	0.6830
5	0.9515	0.9057	0.8626	0.8219	0.7835	0.7473	0.7130	0.6806	0.6499	0.6209
6	0.9420	0.8880	0.8375	0.7903	0.7462	0.7050	0.6663	0.6302	0.5963	0.5645
7	0.9327	0.8706	0.8131	0.7599	0.7107	0.6651	0.6227	0.5835	0.5470	0.5132
8	0.9235	0.8535	0.7894	0.7307	0.6768	0.6274	0.5820	0.5403	0.5019	0.4665
9	0.9143	0.8368	0.7664	0.7026	0.6446	0.5919	0.5439	0.5002	0.4604	0.4241
10	0.9053	0.8203	0.7441	0.6756	0.6139	0.5584	0.5083	0.4632	0.4224	0.3855
11	0.8963	0.8043	0.7224	0.6496	0.5847	0.5268	0.4751	0.4289	0.3875	0.3505
12	0.8874	0.7885	0.7014	0.6246	0.5568	0.4970	0.4440	0.3971	0.3555	0.3186
13	0.8787	0.7730	0.6810	0.6006	0.5303	0.4688	0.4150	0.3677	0.3262	0.2897
14	0.8700	0.7579	0.6611	0.5775	0.5051	0.4423	0.3878	0.3405	0.2992	0.2633
15	0.8613	0.7430	0.6419	0.5553	0.4810	0.4173	0.3624	0.3152	0.2745	0.2394
16	0.8528	0.7284	0.6232	0.5339	0.4581	0.3936	0.3387	0.2919	0.2519	0.2176
17	0.8444	0.7142	0.6050	0.5134	0.4363	0.3714	0.3166	0.2703	0.2311	0.1978
18	0.8360	0.7002	0.5874	0.4936	0.4155	0.3503	0.2959	0.2502	0.2120	0.1799
19	0.8277	0.6864	0.5703	0.4746	0.3957	0.3305	0.2765	0.2317	0.1945	0.1635
20	0.8195	0.6730	0.5537	0.4564	0.3769	0.3118	0.2584	0.2145	0.1784	0.1486
21	0.8114	0.6598	0.5375	0.4388	0.3589	0.2942	0.2415	0.1987	0.1637	0.1351
22	0.8034	0.6468	0.5219	0.4220	0.3418	0.2775	0.2257	0.1839	0.1502	0.1228
23	0.7954	0.6342	0.5067	0.4057	0.3256	0.2618	0.2109	0.1703	0.1378	0.1117
24	0.7876	0.6217	0.4919	0.3901	0.3101	0.2470	0.1971	0.1577	0.1264	0.1015
25	0.7798	0.6095	0.4776	0.3751	0.2953	0.2330	0.1842	0.1460	0.1160	0.0923
26	0.7720	0.5976	0.4637	0.3607	0.2812	0.2198	0.1722	0.1352	0.1064	0.0839
27	0.7644	0.5859	0.4502	0.3468	0.2678	0.2074	0.1609	0.1252	0.0976	0.0763
28	0.7568	0.5744	0.4371	0.3335	0.2551	0.1956	0.1504	0.1159	0.0895	0.0693
29	0.7493	0.5631	0.4243	0.3207	0.2429	0.1846	0.1406	0.1073	0.0822	0.0630
30	0.7419	0.5521	0.4120	0.3083	0.2314	0.1741	0.1314	0.0994	0.0754	0.0573
35	0.7059	0.5000	0.3554	0.2534	0.1813	0.1301	0.0937	0.0676	0.0490	0.0356
40	0.6717	0.4529	0.3066	0.2083	0.1420	0.0972	0.0668	0.0460	0.0318	0.0221
45	0.6391	0.4102	0.2644	0.1712	0.1113	0.0727	0.0476	0.0313	0.0207	0.0137
50	0.6080	0.3715	0.2281	0.1407	0.0872	0.0543	0.0339	0.0213	0.0134	0.0085
55	0.5785	0.3365	0.1968	0.1157	0.0683	0.0406	0.0242	0.0145	0.0087	0.0053

附表 A-4 复利现值系数表二

期数	12%	14%	15%	16%	18%	20%	24%	28%	32%	36%
1	0.8929	0.8772	0.8696	0.8621	0.8475	0.8333	0.8065	0.7813	0.7576	0.7353
2	0.7972	0.7695	0.7561	0.7432	0.7182	0.6944	0.6504	0.6104	0.5739	0.5407
3	0.7118	0.6750	0.6575	0.6407	0.6086	0.5787	0.5245	0.4768	0.4348	0.3975
4	0.6355	0.5921	0.5718	0.5523	0.5158	0.4823	0.4230	0.3725	0.3294	0.2923
5	0.5674	0.5194	0.4972	0.4761	0.4371	0.4019	0.3411	0.2910	0.2495	0.2149
6	0.5066	0.4556	0.4323	0.4104	0.3704	0.3349	0.2751	0.2274	0.1890	0.1580
7	0.4523	0.3996	0.3759	0.3538	0.3139	0.2791	0.2218	0.1776	0.1432	0.1162
8	0.4039	0.3506	0.3269	0.3050	0.2660	0.2326	0.1789	0.1388	0.1085	0.0854
9	0.3606	0.3075	0.2843	0.2630	0.2255	0.1938	0.1443	0.1084	0.0822	0.0628
10	0.3220	0.2697	0.2472	0.2267	0.1911	0.1615	0.1164	0.0847	0.0623	0.0462
11	0.2875	0.2366	0.2149	0.1954	0.1619	0.1346	0.0938	0.0662	0.0472	0.0340
12	0.2567	0.2076	0.1869	0.1685	0.1372	0.1122	0.0757	0.0517	0.0357	0.0250
13	0.2292	0.1821	0.1625	0.1452	0.1163	0.0935	0.0610	0.0404	0.0271	0.0184
14	0.2046	0.1597	0.1413	0.1252	0.0985	0.0779	0.0492	0.0316	0.0205	0.0135
15	0.1827	0.1401	0.1229	0.1079	0.0835	0.0649	0.0397	0.0247	0.0155	0.0099
16	0.1631	0.1229	0.1069	0.0930	0.0708	0.0541	0.0320	0.0193	0.0118	0.0073
17	0.1456	0.1078	0.0929	0.0802	0.0600	0.0451	0.0258	0.0150	0.0089	0.0054
18	0.1300	0.0946	0.0808	0.0691	0.0508	0.0376	0.0208	0.0118	0.0068	0.0039
19	0.1161	0.0829	0.0703	0.0596	0.0431	0.0313	0.0168	0.0092	0.0051	0.0029
20	0.1037	0.0728	0.0611	0.0514	0.0365	0.0261	0.0135	0.0072	0.0039	0.0021
21	0.0926	0.0638	0.0531	0.0443	0.0309	0.0217	0.0109	0.0056	0.0029	0.0016
22	0.0826	0.0560	0.0462	0.0382	0.0262	0.0181	0.0088	0.0044	0.0022	0.0012
23	0.0738	0.0491	0.0402	0.0329	0.0222	0.0151	0.0071	0.0034	0.0017	0.0008
24	0.0659	0.0431	0.0349	0.0284	0.0188	0.0126	0.0057	0.0027	0.0013	0.0006
25	0.0588	0.0378	0.0304	0.0245	0.0160	0.0105	0.0046	0.0021	0.0010	0.0005
26	0.0525	0.0331	0.0264	0.0211	0.0135	0.0087	0.0037	0.0016	0.0007	0.0003
27	0.0469	0.0291	0.0230	0.0182	0.0115	0.0073	0.0030	0.0013	0.0006	0.0002
28	0.0419	0.0255	0.0200	0.0157	0.0097	0.0061	0.0024	0.0010	0.0004	0.0002
29	0.0374	0.0224	0.0174	0.0135	0.0082	0.0051	0.0020	0.0008	0.0003	0.0001
30	0.0334	0.0196	0.0151	0.0116	0.0070	0.0042	0.0016	0.0006	0.0002	0.0001
35	0.0189	0.0102	0.0075	0.0055	0.0030	0.0017	0.0005	0.0002	0.0001	*
40	0.0107	0.0053	0.0037	0.0026	0.0013	0.0007	0.0002	0.0001	*	*
45	0.0061	0.0027	0.0019	0.0013	0.0006	0.0003	0.0001	*	*	*
50	0.0035	0.0014	0.0009	0.0006	0.0003	0.0001	*	*	*	*
55	0.0020	0.0007	0.0005	0.0003	0.0001	*	*	*	*	*

附表 A-5　年金终值系数表一

期数	1%	2%	3%	4%	5%	6%	7%	8%	9%	10%
1	1.0000	1.0000	1.0000	1.0000	1.0000	1.0000	1.0000	1.0000	1.0000	1.0000
2	2.0100	2.0200	2.0300	2.0400	2.0500	2.0600	2.0700	2.0800	2.0900	2.1000
3	3.0301	3.0604	3.0909	3.1216	3.1525	3.1836	3.2149	3.2464	3.2781	3.3100
4	4.0604	4.1216	4.1836	4.2465	4.3101	4.3746	4.4399	4.5061	4.5731	4.6410
5	5.1010	5.2040	5.3091	5.4163	5.5256	5.6371	5.7507	5.8666	5.9847	6.1051
6	6.1520	6.3081	6.4684	6.6330	6.8019	6.9753	7.1533	7.3359	7.5233	7.7156
7	7.2135	7.4343	7.6625	7.8983	8.1420	8.3938	8.6540	8.9228	9.2004	9.4872
8	8.2857	8.5830	8.8923	9.2142	9.5491	9.8975	10.260	10.637	11.029	11.436
9	9.3685	9.7546	10.159	10.583	11.027	11.491	11.978	12.488	13.021	13.580
10	10.462	10.950	11.464	12.006	12.578	13.181	13.816	14.487	15.193	15.937
11	11.567	12.169	12.808	13.486	14.207	14.972	15.784	16.646	17.560	18.531
12	12.683	13.412	14.192	15.026	15.917	16.870	17.889	18.977	20.141	21.384
13	13.809	14.680	15.618	16.627	17.713	18.882	20.141	21.495	22.953	24.523
14	14.947	15.974	17.086	18.292	19.599	21.015	22.551	24.215	26.019	27.975
15	16.097	17.293	18.599	20.024	21.579	23.276	25.129	27.152	29.361	31.773
16	17.258	18.639	20.157	21.825	23.658	25.673	27.888	30.324	33.003	35.950
17	18.430	20.012	21.762	23.698	25.840	28.213	30.840	33.750	36.974	40.545
18	19.615	21.412	23.414	25.645	28.132	30.906	33.999	37.450	41.301	45.599
19	20.811	22.841	25.117	27.671	30.539	33.760	37.379	41.446	46.019	51.159
20	22.019	24.297	26.870	29.778	33.066	36.786	40.996	45.762	51.160	57.275
21	23.239	25.783	28.677	31.969	35.719	39.993	44.865	50.423	56.765	64.003
22	24.472	27.299	30.537	34.248	38.505	43.392	49.006	55.457	62.873	71.403
23	25.716	28.845	32.453	36.618	41.431	46.996	53.436	60.893	69.532	79.543
24	26.974	30.422	34.427	39.083	44.502	50.816	58.177	66.765	76.790	88.497
25	28.243	32.030	36.459	41.646	47.727	54.865	63.249	73.106	84.701	98.347
26	29.526	33.671	38.553	44.312	51.114	59.156	68.677	79.954	93.324	109.18
27	30.821	35.344	40.710	47.084	54.669	63.706	74.484	87.351	102.72	121.10
28	32.129	37.051	42.931	49.968	58.403	68.528	80.698	95.339	112.97	134.21
29	33.450	38.792	45.219	52.966	62.323	73.640	87.347	103.97	124.14	148.63
30	34.785	40.568	47.575	56.085	66.439	79.058	94.461	113.28	136.31	164.49
40	48.886	60.402	75.401	95.026	120.80	154.76	199.64	259.06	337.88	442.59
50	64.463	84.579	112.80	152.67	209.35	290.34	406.53	573.77	815.08	1163.9
60	81.670	114.05	163.05	237.99	353.58	533.13	813.52	1253.2	1944.8	3034.8

附表 A-6　年金终值系数表二

期数	12%	14%	15%	16%	18%	20%	24%	28%	32%	36%
1	1.0000	1.0000	1.0000	1.0000	1.0000	1.0000	1.0000	1.0000	1.0000	1.0000
2	2.1200	2.1400	2.1500	2.1600	2.1800	2.2000	2.2400	2.2800	2.3200	2.3600
3	3.3744	3.4396	3.4725	3.5056	3.5724	3.6400	3.7776	3.9184	4.0624	4.2096
4	4.7793	4.9211	4.9934	5.0665	5.2154	5.3680	5.6842	6.0156	6.3624	6.7251
5	6.3528	6.6101	6.7424	6.8771	7.1542	7.4416	8.0484	8.6999	9.3983	10.146
6	8.1152	8.5355	8.7537	8.9775	9.4420	9.9299	10.980	12.136	13.406	14.799
7	10.089	10.731	11.067	11.414	12.142	12.916	14.615	16.534	18.696	21.126
8	12.300	13.233	13.727	14.240	15.327	16.499	19.123	22.163	25.678	29.732
9	14.776	16.085	16.786	17.519	19.086	20.799	24.713	29.369	34.895	41.435
10	17.549	19.337	20.304	21.322	23.521	25.959	31.643	38.593	47.062	57.352
11	20.655	23.045	24.349	25.733	28.755	32.150	40.238	50.399	63.122	78.998
12	24.133	27.271	29.002	30.850	34.931	39.581	50.895	65.510	84.320	108.44
13	28.029	32.089	34.352	36.786	42.219	48.497	64.110	84.853	112.30	148.48
14	32.393	37.581	40.505	43.672	50.818	59.196	80.496	109.61	149.24	202.93
15	37.280	43.842	47.580	51.660	60.965	72.035	100.82	141.30	198.00	276.98
16	42.753	50.980	55.718	60.925	72.939	87.442	126.01	181.87	262.36	377.69
17	48.884	59.118	65.075	71.673	87.068	105.93	157.25	233.79	347.31	514.66
18	55.750	68.394	75.836	84.141	103.74	128.12	195.99	300.25	459.45	700.94
19	63.440	78.969	88.212	98.603	123.41	154.74	244.03	385.32	607.47	954.28
20	72.052	91.025	102.44	115.38	146.63	186.69	303.60	494.21	802.86	1298.8
21	81.699	104.77	118.81	134.84	174.02	225.03	377.46	633.59	1060.8	1767.4
22	92.503	120.44	137.63	157.42	206.34	271.03	469.06	812.00	1401.2	2404.7
23	104.60	138.30	159.28	183.60	244.49	326.24	582.63	1040.4	1850.6	3271.3
24	118.16	158.66	184.17	213.98	289.49	392.48	723.46	1332.7	2443.8	4450.0
25	133.33	181.87	212.79	249.21	342.60	471.98	898.09	1706.8	3226.8	6053.0
26	150.33	208.33	245.71	290.09	405.27	567.38	1114.6	2185.7	4260.4	8233.1
27	169.37	238.50	283.57	337.50	479.22	681.85	1383.1	2798.7	5624.8	11 198
28	190.70	272.89	327.10	392.50	566.48	819.22	1716.1	3583.3	7425.7	15 230
29	214.58	312.09	377.17	456.30	669.45	984.07	2129.0	4587.7	9802.9	20 714
30	241.33	356.79	434.75	530.31	790.95	1181.9	2640.9	5873.2	12 941	28 172
40	767.09	1342.0	1779.1	2360.8	4163.2	7343.9	22 729	69 377	207 874	609 890
50	2400.0	4994.5	7217.7	10 436	21 813	45 497	195 373	819 103	*	*
60	7471.6	18 535	29 220	46 058	114 190	281 733	*	*	*	*

附表 A-7　年金现值系数表一

期数	1%	2%	3%	4%	5%	6%	7%	8%	9%	10%
1	0.9901	0.9804	0.9709	0.9615	0.9524	0.9434	0.9346	0.9259	0.9174	0.9091
2	1.9704	1.9416	1.9135	1.8861	1.8594	1.8334	1.8080	1.7833	1.7591	1.7355
3	2.9410	2.8839	2.8286	2.7751	2.7232	2.6730	2.6243	2.5771	2.5313	2.4869
4	3.9020	3.8077	3.7171	3.6299	3.5460	3.4651	3.3872	3.3121	3.2397	3.1699
5	4.8534	4.7135	4.5797	4.4518	4.3295	4.2124	4.1002	3.9927	3.8897	3.7908
6	5.7955	5.6014	5.4172	5.2421	5.0757	4.9173	4.7665	4.6229	4.4859	4.3553
7	6.7282	6.4720	6.2303	6.0021	5.7864	5.5824	5.3893	5.2064	5.0330	4.8684
8	7.6517	7.3255	7.0197	6.7327	6.4632	6.2098	5.9713	5.7466	5.5348	5.3349
9	8.5660	8.1622	7.7861	7.4353	7.1078	6.8017	6.5152	6.2469	5.9952	5.7590
10	9.4713	8.9826	8.5302	8.1109	7.7217	7.3601	7.0236	6.7101	6.4177	6.1446
11	10.3676	9.7868	9.2526	8.7605	8.3064	7.8869	7.4987	7.1390	6.8052	6.4951
12	11.2551	10.5753	9.9540	9.3851	8.8633	8.3838	7.9427	7.5361	7.1607	6.8137
13	12.1337	11.3484	10.6350	9.9856	9.3936	8.8527	8.3577	7.9038	7.4869	7.1034
14	13.0037	12.1062	11.2961	10.5631	9.8986	9.2950	8.7455	8.2442	7.7862	7.3667
15	13.8651	12.8493	11.9379	11.1184	10.3797	9.7122	9.1079	8.5595	8.0607	7.6061
16	14.7179	13.5777	12.5611	11.6523	10.8378	10.1059	9.4466	8.8514	8.3126	7.8237
17	15.5623	14.2919	13.1661	12.1657	11.2741	10.4773	9.7632	9.1216	8.5436	8.0216
18	16.3983	14.9920	13.7535	12.6593	11.6896	10.8276	10.0591	9.3719	8.7556	8.2014
19	17.2260	15.6785	14.3238	13.1339	12.0853	11.1581	10.3356	9.6036	8.9501	8.3649
20	18.0456	16.3514	14.8775	13.5903	12.4622	11.4699	10.5940	9.8181	9.1285	8.5136
21	18.8570	17.0112	15.4150	14.0292	12.8212	11.7641	10.8355	10.0168	9.2922	8.6487
22	19.6604	17.6580	15.9369	14.4511	13.1630	12.0416	11.0612	10.2007	9.4424	8.7715
23	20.4558	18.2922	16.4436	14.8568	13.4886	12.3034	11.2722	10.3711	9.5802	8.8832
24	21.2434	18.9139	16.9355	15.2470	13.7986	12.5504	11.4693	10.5288	9.7066	8.9847
25	22.0232	19.5235	17.4131	15.6221	14.0939	12.7834	11.6536	10.6748	9.8226	9.0770
26	22.7952	20.1210	17.8768	15.9828	14.3752	13.0032	11.8258	10.8100	9.9290	9.1609
27	23.5596	20.7069	18.3270	16.3296	14.6430	13.2105	11.9867	10.9352	10.0266	9.2372
28	24.3164	21.2813	18.7641	16.6631	14.8981	13.4062	12.1371	11.0511	10.1161	9.3066
29	25.0658	21.8444	19.1885	16.9837	15.1411	13.5907	12.2777	11.1584	10.1983	9.3696
30	25.8077	22.3965	19.6004	17.2920	15.3725	13.7648	12.4090	11.2578	10.2737	9.4269
35	29.4086	24.9986	21.4872	18.6646	16.3742	14.4982	12.9477	11.6546	10.5668	9.6442
40	32.8347	27.3555	23.1148	19.7928	17.1591	15.0463	13.3317	11.9246	10.7574	9.7791
45	36.0945	29.4902	24.5187	20.7200	17.7741	15.4558	13.6055	12.1084	10.8812	9.8628
50	39.1961	31.4236	25.7298	21.4822	18.2559	15.7619	13.8007	12.2335	10.9617	9.9148
55	42.1472	33.1748	26.7744	22.1086	18.6335	15.9905	13.9399	12.3186	11.0140	9.9471

附表 A-8　年金现值系数表二

期数	12%	14%	15%	16%	18%	20%	24%	28%	32%	36%
1	0.8929	0.8772	0.8696	0.8621	0.8475	0.8333	0.8065	0.7813	0.7576	0.7353
2	1.6901	1.6467	1.6257	1.6052	1.5656	1.5278	1.4568	1.3916	1.3315	1.2760
3	2.4018	2.3216	2.2832	2.2459	2.1743	2.1065	1.9813	1.8684	1.7663	1.6735
4	3.0373	2.9137	2.8550	2.7982	2.6901	2.5887	2.4043	2.2410	2.0957	1.9658
5	3.6048	3.4331	3.3522	3.2743	3.1272	2.9906	2.7454	2.5320	2.3452	2.1807
6	4.1114	3.8887	3.7845	3.6847	3.4976	3.3255	3.0205	2.7594	2.5342	2.3388
7	4.5638	4.2883	4.1604	4.0386	3.8115	3.6046	3.2423	2.9370	2.6775	2.4550
8	4.9676	4.6389	4.4873	4.3436	4.0776	3.8372	3.4212	3.0758	2.7860	2.5404
9	5.3282	4.9464	4.7716	4.6065	4.3030	4.0310	3.5655	3.1842	2.8681	2.6033
10	5.6502	5.2161	5.0188	4.8332	4.4941	4.1925	3.6819	3.2689	2.9304	2.6495
11	5.9377	5.4527	5.2337	5.0286	4.6560	4.3271	3.7757	3.3351	2.9776	2.6834
12	6.1944	5.6603	5.4206	5.1971	4.7932	4.4392	3.8514	3.3868	3.0133	2.7084
13	6.4235	5.8424	5.5831	5.3423	4.9095	4.5327	3.9124	3.4272	3.0404	2.7268
14	6.6282	6.0021	5.7245	5.4675	5.0081	4.6106	3.9616	3.4587	3.0609	2.7403
15	6.8109	6.1422	5.8474	5.5755	5.0916	4.6755	4.0013	3.4834	3.0764	2.7502
16	6.9740	6.2651	5.9542	5.6685	5.1624	4.7296	4.0333	3.5026	3.0882	2.7575
17	7.1196	6.3729	6.0472	5.7487	5.2223	4.7746	4.0591	3.5177	3.0971	2.7629
18	7.2497	6.4674	6.1280	5.8178	5.2732	4.8122	4.0799	3.5294	3.1039	2.7668
19	7.3658	6.5504	6.1982	5.8775	5.3162	4.8435	4.0967	3.5386	3.1090	2.7697
20	7.4694	6.6231	6.2593	5.9288	5.3527	4.8696	4.1103	3.5458	3.1129	2.7718
21	7.5620	6.6870	6.3125	5.9731	5.3837	4.8913	4.1212	3.5514	3.1158	2.7734
22	7.6446	6.7429	6.3587	6.0113	5.4099	4.9094	4.1300	3.5558	3.1180	2.7746
23	7.7184	6.7921	6.3988	6.0442	5.4321	4.9245	4.1371	3.5592	3.1197	2.7754
24	7.7843	6.8351	6.4338	6.0726	5.4509	4.9371	4.1428	3.5619	3.1210	2.7760
25	7.8431	6.8729	6.4641	6.0971	5.4669	4.9476	4.1474	3.5640	3.1220	2.7765
26	7.8957	6.9061	6.4906	6.1182	5.4804	4.9563	4.1511	3.5656	3.1227	2.7768
27	7.9426	6.9352	6.5135	6.1364	5.4919	4.9636	4.1542	3.5669	3.1233	2.7771
28	7.9844	6.9607	6.5335	6.1520	5.5016	4.9697	4.1566	3.5679	3.1237	2.7773
29	8.0218	6.9830	6.5509	6.1656	5.5098	4.9747	4.1585	3.5687	3.1240	2.7774
30	8.0552	7.0027	6.5660	6.1772	5.5168	4.9789	4.1601	3.5693	3.1242	2.7775
35	8.1755	7.0700	6.6166	6.2153	5.5386	4.9915	4.1644	3.5708	3.1248	2.7777
40	8.2438	7.1050	6.6418	6.2335	5.5482	4.9966	4.1659	3.5712	3.1250	2.7778
45	8.2825	7.1232	6.6543	6.2421	5.5523	4.9986	4.1664	3.5714	3.1250	2.7778
50	8.3045	7.1327	6.6605	6.2463	5.5541	4.9995	4.1666	3.5714	3.1250	2.7778
55	8.3170	7.1376	6.6636	6.2482	5.5549	4.9998	4.1666	3.5714	3.1250	2.7778

参考文献
REFERENCES

[1] 崔翰林. 从零开始学开公司[M]. 北京:化学工业出版社,2019.

[2] 陈国平,刘勇. 创业基础[M]. 北京:国家行政学院出版社,2019.

[3] 周焕月,许勤. 大学生创业基础[M]. 西安:西安交通大学出版社,2019.

[4] 吕长青. 一本书读懂创业融资[M]. 北京:北京工业大学出版社,2016.

[5] 曾增. 创业融资那些事儿[M]. 北京:中国铁道出版社,2017.

[6] 亚历山大·奥斯特瓦德. 商业模式新生代[M]. 北京:机械工业出版社,2016.

[7] 聂桃. 中小企业财税一本通[M]. 3版. 北京:北京联合出版公司,2018.

[8] 斯蒂芬 A. 罗斯. 公司理财[M]. 12版. 北京:机械工业出版社,2020.

[9] 马元兴. 企业财务管理[M]. 3版. 北京:高等教育出版社,2017.

[10] 梁伟样. 税法[M]. 6版. 北京:高等教育出版社,2021.

[11] 胡玉玲. 税收筹划[M]. 2版. 北京:北京邮电大学出版社,2020.

[12] 张新民. 从报表看企业——数字背后的秘密[M]. 4版. 北京:中国人民大学出版社,2021.

[13] 深圳前海瀚得互联网金融研究所. 区块链金融[M]. 北京:中信出版社,2016.

[14] 刘振友. 区块链金融[M]. 北京:文化发展出版社,2018.

[15] 刘洋. 区块链金融:技术变革重塑金融未来[M]. 北京:北京大学出版社,2019.